江苏省道德发展智库、公民道德与社会风尚协同创新中心资助项目成果

物权的道德
—— 法律平等保护私有财产权
伦理正当性研究

方兴 著

中国社会科学出版社

图书在版编目（CIP）数据

物权的道德：法律平等保护私有财产权伦理正当性研究／方兴著．
—北京：中国社会科学出版社，2024.4
（东大伦理博士文库系列）
ISBN 978 – 7 – 5227 – 3402 – 6

Ⅰ.①物… Ⅱ.①方… Ⅲ.①财产权—法律保护—研究—中国 Ⅳ.①D923.24

中国国家版本馆 CIP 数据核字（2024）第 073743 号

出 版 人	赵剑英
责任编辑	郝玉明
责任校对	谢　静
责任印制	戴　宽

出　　版	中国社会科学出版社
社　　址	北京鼓楼西大街甲 158 号
邮　　编	100720
网　　址	http://www.csspw.cn
发 行 部	010 – 84083685
门 市 部	010 – 84029450
经　　销	新华书店及其他书店
印刷装订	北京君升印刷有限公司
版　　次	2024 年 4 月第 1 版
印　　次	2024 年 4 月第 1 次印刷
开　　本	710×1000　1/16
印　　张	13.25
字　　数	226 千字
定　　价	79.00 元

凡购买中国社会科学出版社图书，如有质量问题请与本社营销中心联系调换
电话：010 – 84083683
版权所有　侵权必究

总　序

　　东南大学的伦理学科起步于20世纪80年代前期，由著名哲学家、伦理学家萧昆焘教授、王育殊教授创立，90年代初开始组建一支由青年博士构成的年轻的学科梯队，至90年代中期，这个团队基本实现了博士化。在学界前辈和各界朋友的关爱与支持下，东南大学的伦理学科得到了较大的发展。自20世纪末以来，我本人和我们团队的同仁一直在思考和探索一个问题：我们这个团队应当和可能为中国伦理学事业的发展作出怎样的贡献？换言之，东南大学的伦理学科应当形成和建立什么样的特色？我们很明白，没有特色的学术，其贡献总是有限的。2005年，我们的伦理学科被批准为"985工程"国家哲学社会科学创新基地，这个历史性的跃进推动了我们对这个问题的思考。经过认真讨论并向学界前辈和同仁求教，我们将自己的学科特色和学术贡献点定位于三个方面：道德哲学；科技伦理；重大应用。

　　以道德哲学为第一建设方向的定位基于这样的认识：伦理学在一级学科上属于哲学，其研究及其成果必须具有充分的哲学基础和足够的哲学含量；当今中国伦理学和道德哲学的诸多理论和现实课题必须在道德哲学的层面探讨和解决。道德哲学研究立志并致力于道德哲学的一些重大乃至尖端性的理论课题的探讨。在这个被称为"后哲学"的时代，伦理学研究中这种对哲学的执着、眷念和回归，着实是一种"明知不可为而为之"之举，但我们坚信，它是我们这个时代稀缺的学术资源和学术努力。科技伦理的定位是依据我们这个团队的历史传统、东南大学的学科生态，以及对伦理道德发展的新前沿而作出的判断和谋划。东南大学最早的研究生培养方向就是"科学伦理学"，当年我本人就在这个方向下学习和研究；而东南大学以科学技术为主体、文管艺医综合发展的学科生态，也使我们这些90年代初成长起来的"新生代"再次认识到，选择科技伦理为学科生长点是明智之举。如果说道德哲学与科技伦理的定位与我们的学科传统有关，那么，重大应用的定位就是基于对伦理学的现实本性以及为中国伦理道德建设作出贡献的愿望和抱负而作出的选择。定位"重大应用"而不是一般的"应用伦理学"，昭明我们在这方面有所为也有所不为，只是试图在伦理学应用的某些重大方面和重大领域进行我们的努力。

基于以上定位，在"985工程"建设中，我们决定进行系列研究并在长期积累的基础上严肃而审慎地推出以"东大伦理"为标识的学术成果。"东大伦理"取名于两种考虑：这些系列成果的作者主要是东南大学伦理学团队的成员，有的系列也包括东南大学培养的伦理学博士生的优秀博士论文；更深刻的原因是，我们希望并努力使这些成果具有某种特色，以为中国伦理学事业的发展作出自己的贡献。"东大伦理"由五个系列构成：道德哲学研究系列；科技伦理研究系列；重大应用研究系列；与以上三个结构相关的译著系列；还有以丛刊形式出现并在20世纪90年代已经创刊的《伦理研究》专辑系列，该丛刊同样围绕三大定位组稿和出版。

"道德哲学系列"的基本结构是"两史一论"。即道德哲学基本理论；中国道德哲学；西方道德哲学。道德哲学理论的研究基础，不仅在概念上将"伦理"与"道德"相区分，而且从一定意义上将伦理学、道德哲学、道德形而上学相区分。这些区分某种意义上回归到德国古典哲学的传统，但它更深刻地与中国道德哲学传统相契合。在这个被宣布"哲学终结"的时代，深入而细致、精致而宏大的哲学研究反倒是必需而稀缺的，虽然那个"致广大、尽精微、综罗百代"的"朱熹气象"在中国几乎已经一去不返，但这并不代表我们今天的学术已经不再需要深刻、精致和宏大气魄。中国道德哲学史、西方道德哲学史研究的理念基础，是将道德哲学史当作"哲学的历史"，而不只是道德哲学"原始的历史""反省的历史"，它致力探索和发现中西方道德哲学传统中那些具有"永远的现实性"的精神内涵，并在哲学的层面进行中西方道德传统的对话与互释。专门史与通史，将是道德哲学史研究的两个基本维度，马克思主义的历史辩证法是其灵魂与方法。

"科技伦理系列"的学术风格与"道德哲学系列"相接并一致，它同样包括两个研究结构。第一个研究结构是科技道德哲学研究，它不是一般的科技伦理学，而是从哲学的层面、用哲学的方法进行科技伦理的理论建构和学术研究，故名之"科技道德哲学"而不是"科技伦理学"；第二个研究结构是当代科技前沿的伦理问题研究，如基因伦理研究、网络伦理研究、生命伦理研究等等。第一个结构的学术任务是理论建构，第二个结构的学术任务是问题探讨，由此形成理论研究与现实研究之间的互补与互动。

"重大应用系列"以目前我作为首席专家的国家哲学社会科学重大招标课题和江苏省哲学社会科学重大委托课题为起步，以调查研究和对策研究为重点。目前我们正组织四个方面的大调查，即当今中国社会的伦理关系大调查；道德生活大调查；伦理—道德素质大调查；伦理—道德发展状况及其趋向大调查。我们的目标和任务，是努力了解和把握当今中国伦理道德的真实状况，在此基础上进行理论推进和理论创新，为中国伦理道德建设提出具有战略意义和创新意义的对策思路。这就是我们对"重大应用"的诠释和理解，今后我们将沿着这个方向走下去，并贡献出团队和个人的研究成果。

"译著系列"、《伦理研究》丛刊，将围绕以上三个结构展开。我们试图进行的努力是：这两个系列将以学术交流，包括团队成员对国外著名大学、著名学术机构、著名学者的访问，以及高层次的国际国内学术会议为基础，以"我们正在做的事情"为主题和主线，由此凝聚自己的资源和努力。

马克思曾经说过，历史只能提出自己能够完成的任务，因为任务的提出表明完成任务的条件已经具备或正在具备。也许，我们提出的是一个自己难以完成或不能完成的任务，因为我们完成任务的条件尤其是我本人和我们这支团队的学术资质方面的条件还远没有具备。我们期图通过漫漫兮求索乃至几代人的努力，建立起以道德哲学、科技伦理、重大应用为三原色的"东大伦理"的学术标识。这个计划所展示的，与其说是某些学术成果，不如说是我们这个团队的成员为中国伦理学事业贡献自己努力的抱负和愿望。我们无法预测结果，因为哲人罗素早就告诫，没有发生的事情是无法预料的，我们甚至没有足够的信心展望未来，我们唯一可以昭告和承诺的是：

我们正在努力！

我们将永远努力！

樊　浩

谨识于东南大学"舌在谷"

2007 年 2 月 11 日

自　序

　　法律平等保护私有财产权，是法律问题，更是道德问题，本质上是普遍性的伦理问题。我们可以很坚定地说：受到平等保护私有财产权是一种人权，是人的内在价值实现的基础！

　　当今社会，无论是法律制度、经济政策还是道德导向，无不在为解决人类的财富最大化、平衡财产利益的冲突而努力。但是我们不免要问：财富真的是人类的最终价值追求吗？诚然，财富是重要的，但是对于道德的人们而言，财富的拥有从来就不是或至少不应当成为生活的最终目标。人的内在价值的全面发展才是一切人类制度的终极人文关怀。在一定财产权利基础之上的主体内在价值的提升，如正直、宽容、爱心的获得，个人涵养、艺术才华的增加，激荡灵魂、震撼心灵的情感的丰富等，或许才能真正理解为实现自我的人本生活。同时，人的内在价值的发展与完善也可以为解决财富创造和分配过程中存在的冲突提供外部条件，为社会的良性发展扫除障碍。

　　对人的价值的关怀是一切人文科学的理论基础，是伦理学家们关于人的精神生活的方式、态度、思想、观点的诉求，包括人的自然价值、人的自我价值和人的社会价值的规定与实现等方面。在伦理学的范畴里，"价值"是指客体属性可以满足主体需求的一种特定关系。"人的价值"是价值论中的一个重要命题。马克思主义认为实践是人的本质，"人的价值"在实践活动中表现出一种二重性，即人一方面是自身实践活动的计划与目的，另一方面同时是实现自身计划与目的的主体条件和手段。由于需要以自身计划与目的为基础，"人的价值"在本质上区别于物的价值；但同时作为条件和手段，其又是同物的价值在内容上相一致的。而在作为一种人权而受到平等保护的私有财产权利体系中，人只能是被作为目的性的存在。

2　物权的道德

本书遵循如下逻辑思路展开具体内容，第一章阐明了本书需要解决的核心问题。以对《物权法》是否违宪的质疑，其实是对《物权法》价值的怀疑作为理论出发点，进而论证从实证法学出发、以宪法为标准对法律进行法律价值分析无法根本解决这一问题，只有以伦理学的价值论分析为进路对相关法律进行伦理价值的分析，才能真正解决对法律价值的怀疑问题。在对法律进行伦理价值分析的过程中，物权的道德是分析的基础，私有财产权的道德合理性是问题的核心。

第二、三、四、五章是运用权利的辩证法来确证法律平等保护私有财产权伦理基础的研究。第二章通过对伦理层面财产概念的分析，指出广义的财产概念体现了财产的主体性原则，与人格直接相关；第三章分析了实证法学对物权概念的界定只是一种法律规定下的权利资格，而与伦理无涉，因此只是一种浅层次的物权概念，应当在伦理学中被否定；第四章以物权内涵的道德性为出发点，论述了广义的财产权利是实现主体人格的首要要素，而私有财产权作为人格的"直接定在"，即一般伦理学意义上的物权，证明了个体与具有普遍本质的权利体系之间的伦理关系；第五章从人权概念的道德内涵出发，论证了自由的私有财产权必然是平等的。受到平等保护的私有财产权的伦理属性是完整的人权，这是法律平等保护私有财产权的终极原因。

第六章是对私有财产权道德正当性基础的一个全面研究。该章从自然法理论出发论证了私有财产权是人因其自然本性而应当享有的一种"天赋人权"；以黑格尔（Hegel）的权利哲学为基础，论证了私有财产权是个体自由意志的源泉；以罗尔斯（Rawls）的正义理论为依托，论证了私有财产权是社会正义的保障；以功利主义伦理思想为标准，通过波斯纳（Posner）对法律的经济分析，论证了私有财产权有利于促进社会效率的最大实现。

第七章以马克思经典作家的论述回应了对《物权法》违宪的质疑，指出共产主义要消灭生产资料私有制，以及被资本主义生产资料私有制异化的资本主义所有权关系，但是共产主义并非要完全消灭私有财产权。在一定条件下保护私有财产权具有必然性，并不否定共产主义理想。

第八章涉及应用伦理学的问题，它从道德角度出发具体研究了《民法典》中对于国家征收的条文规定与立法现状，对征收的前提条件——"公共利益"提出了伦理判断的标准，并从道德角度提出了对具体法律条文的修改意见。

本书的特色与创新之处在于两点，第一，首次运用了权利的辩证法来分析私有财产权的伦理本质，除了论证私有财产权的道德正当性基础，更重要的是论证了私有财产权如何确证个体与具有普遍本质的权利体系之间的伦理关系，并进而论证了私有财产权的人权属性，以此作为法律平等保护私有财产权的伦理基础；第二，打破了"伦理不可说"的实证法学禁锢，认为伦理不仅应当成为法理学研究的基础，更可以对具体的法律条文说上一说。

本书的基础是我在东南大学哲学与科学系攻读伦理学博士学位的论文，并经过后续几年的积累和增修而成。我2000年自东南大学法律系毕业，之后一边继续读书，在东南大学取得了经济学硕士和哲学博士的学位，一边则从事兼职律师的工作。在法律实务工作中，我深深感受到权利意识和平等观念，在我国法律界乃至全社会发展和深化的过程。我们每个人都得益于这样的发展与深化，我们每个人也都有义务有责任继续推动和促进平等观念和权利意识在全社会范围内生根，特别是成为立法者、司法者、行政者所奉守的圭臬。

本书能够顺利出版，我要感谢很多人。要感谢我的家人，平时工作繁忙，经常无暇照顾家人，但是他们一直是我能够安心工作、不断学习的坚强后盾，他们永远是我生命中最重要的人！要感谢我的博士导师田海平教授，田教授在我读博期间以及博士毕业后一直对我悉心教导，师恩终生难忘！要感谢南京医科大学马克思主义学院的领导和同事们，南京医科大学马克思主义学院的大家庭是一个温暖的集体！还要感谢东南大学樊和平教授对我的教导，许敏老师在本书写作之初的指导与支持，以及中国社会科学出版社编辑郝玉明老师对本书出版的大力帮助！

目　录

绪　言 ……………………………………………………………（1）

第一章　从《物权法》的法律价值判断到伦理价值判断 …………（6）
第一节　问题的背景：对《物权法》是否违宪的质疑 ………（6）
第二节　问题的分析：从存在论到价值论的进路 ……………（10）
第三节　《物权法》伦理价值判断的基础是物权的道德 ……（18）
第四节　私有财产权的道德正当性是物权道德的核心问题 …（20）

第二章　理解财产：物权道德之意义 ………………………………（24）
第一节　从财产的狭义概念到广义财产概念 …………………（24）
第二节　广义财产凸显了财产主体性原则 ……………………（27）
第三节　广义财产揭示财产与人格的内在联系 ………………（28）

第三章　实证法学对物权的伦理中立性解释面临的困境 …………（33）
第一节　法律维度的物权定义及特征 …………………………（33）
第二节　实证法学范畴的物权法律概念只是一种
　　　　法律规定下的权利资格 ………………………………（35）
第三节　从法律权利到道德权利 ………………………………（40）

第四章　一般伦理学意义上的物权 …………………………………（43）
第一节　物权的道德蕴涵 ………………………………………（43）
第二节　财产权利是人格实现的第一要素 ……………………（65）
第三节　确证了个体与具有普遍本质的权利体系之间
　　　　伦理关系的私有财产权 ………………………………（71）

2　物权的道德

　　第四节　一般伦理学意义的物权向人权的发展 …………………（74）

第五章　完整的人权：受到平等保护的私有财产权的伦理属性 ……（76）
　　第一节　人权是人类社会最低限度的道德标准 …………………（76）
　　第二节　平等是人权的本质属性 …………………………………（85）
　　第三节　受到平等保护的私有财产权即人权 ……………………（88）
　　第四节　中西私有财产制度传统之间的差异 ……………………（95）

第六章　私有财产权的道德合理性 ……………………………………（113）
　　第一节　"自然"的权利 ……………………………………………（113）
　　第二节　自由的源泉 ………………………………………………（125）
　　第三节　正义的保障 ………………………………………………（137）
　　第四节　促进效率的实现 …………………………………………（152）

**第七章　马克思主义的物权道德观：在一定条件下保护
　　　　　私有财产权** …………………………………………………（164）
　　第一节　资本主义生产资料私有制下资本私有权的
　　　　　　道德非正当性 …………………………………………（165）
　　第二节　在一定条件下保护私有财产权是马克思主义的
　　　　　　基本观点 …………………………………………………（176）

第八章　对《民法典》"物权编"征收规定的伦理考察 …………（180）
　　第一节　我国现有民事法律对征收制度的创新 …………………（180）
　　第二节　公共利益及国家征收之正当性的伦理判定 ……………（185）
　　第三节　立法的探讨与建议——修订并完善《民法典》
　　　　　　相关法律条文 ……………………………………………（192）

参考文献 ……………………………………………………………………（194）

后　记 ………………………………………………………………………（199）

绪　言

　　物权制度，与人类社会一同诞生，在任何社会发展阶段里都是最基本的权利制度体系，更是现代国家制度文明的核心与基石。但是，物权制度并非总是充满效率，在人类历史长河中，大量无序或低效的物权制度与充满效率的物权制度常常并存。人们如何安排物权制度，被哪些因素制约和影响，物权制度运行的效率又被何种因素制约，涉及一系列非常复杂的问题，诸如社会生产力发展水平、民族文化、历史传统以及社会利益集团博弈等。一个社会伦理道德规范体系中所蕴含的财产权利价值观念，是极为关键的核心因素。合理的财产权利价值观念、完善的物权道德体系、合理的物权法律制度，是社会资源优化配置及社会经济持续高效发展的重要助力。

　　私有财产权的伦理正当性问题是物权道德体系的核心要素。伦理的本质是黑格尔所提出的个体的公共本质或普遍本质。樊浩教授指出："伦理所涉的关系有两种，一是个体与'伦'的关系，二是个体与'理'的关系。'伦'，即个体的公共本质，也就是个体的普遍性。抽象意义上的'伦'是本体世界中的普遍性，具体意义上的'伦'是生活世界中的普遍性。本体世界与生活世界公共本质的同一，只有在意义世界中才能实现，于是便有了个体与'理'的关系。在伦理中，个别性、个体性的人，与它的公共本质发生关系，发生关系的目的是扬弃个体的个别性，使自己上升、回归于普遍性或公共本质。"[①] 私有财产权是一种对世的绝对权。私有财产权所包含的四个"权能"，即占有、使用、处分、收益，是权利法律体系最核心的内容。同时，私有财产权所包含的道德内涵，也是现代社会道德体系最基础的内容。所以，作为权利主体伦理本质最直接的体

---

① 樊浩：《耻感与道德体系》，《道德与文明》2007年第2期。

2　物权的道德

现，私有财产权是个体与具有普遍本质的权利体系之间伦理关系的最有力证明。最为重要的一点，私有财产权直接体现个体的自由意志，其在本质上必然是平等的。平等保护私有财产权是所有社会共同体都应当尊重的最低限度的道德标准，这是社会制度是否正义的评判标准。从这个意义上说，受到平等保护的私有财产权即人权。

纵观西方伦理思想史，不仅仅是自然法伦理思想家，包括功利主义思想家在内的西方伦理思想家们，都不否认私有财产权的伦理正当性，以及其所蕴含的诸如自由、平等、正义、效率等道德合理性。西方社会的思想家自古希腊、古罗马时期开始，就开始关注私有财产权的伦理本质。亚里士多德在《政治学》一书中提出，私有财产权是人们获得幸福的保障，国家应当立法保护行使私有财产权的自主性。而近现代西方社会物权制度则基本以罗马法所确立的私有财产权价值观为理论基石。穿越黑暗的宗教时代，经过文艺复兴运动的倡导者及思想启蒙的先贤们的不懈努力，西方社会最终确立了以私有财产神圣不可侵犯、私有财产权的自由原则及功利价值为基础的资产阶级私有财产权伦理思想。

对个人财产权进行保护源于罗马法，但罗马法规定不同身份的人享受的财产权利不同，因此，直到文艺复兴后"法律面前人人平等"成为法律的基本原则，以及以洛克（Locke）自然权利思想为代表的自然法理论在西方社会确立基石地位，"私有财产神圣不可侵犯"原则才真正成为西方资本主义制度最根本的理论基石。洛克认为人生而平等，是"他自身和财产的绝对主人，天赋人权使人自然享有一种权利……可以保有他的所有物——即他的生命、自由和财产——不受其他人的损害和侵犯"[1]。私有财产来自人利用自己身体的劳动行为，个人对其劳动成果当然地拥有神圣不可侵犯的权利。

西方私有财产权伦理思想一直非常推崇私有财产所体现的个体自由。黑格尔（Hegel）提出，人的自由意志的外在体现是抽象人格，抽象人格的直接实体是私有财产权，人的意志只有在私有财产权关系中才直接体现为自由意志。"人为了作为理念而存在，必须给它的自由以外部的领域。因为人在这种最初还是完全抽象的规定中是绝对无限的意志，所以这个有别于意志的东西，即可以构成它的自由的领域的那个东西，也同样被规定

---

[1] ［英］洛克：《政府论》，刘晓根译，北京出版社2007年版，第116页。

为与意志直接不同而可以与它分离的东西……所有权之所以合乎理性不在于满足需要，而在于扬弃人格的纯粹主观性。人唯有在所有权中才是作为理性而存在的。即使我的自由这种实在性最初存在于一个外界事物中，从而是一种坏的实在性，然而抽象人格，就因为它存在于其直接性中，所以除了在直接性的规定中的定在以外不可能具有任何其他定在。"① 此外，以亚当·斯密（Adam Smith）为代表的古典经济学派，从现实的社会关系与社会经济交往出发也对私有财产权的自由价值进行了论述。亚当·斯密的理论也是以洛克的自然权利思想为基础的。他认为既然劳动是"天赋人权"，通过劳动获取的正当财产任何人都无权侵犯或剥夺，人们通过劳动获得财产并自主使用体现的就是人的自由，这是一种自然权利。斯密之后，大卫·李嘉图（David Ricardo）和密尔（Mill）等思想家，包括当代思想家哈耶克（Hayek）、诺齐克（Nozick）等，也对私有财产权的自由价值进行了阐述。

18 世纪末，随着资本主义社会政治经济状况的发展，以自然法和社会契约论为基础的自由资本主义伦理思想开始向功利主义伦理思想转变。20 世纪六七十年代，以波斯纳为代表的经济分析法律学派，遵循"追求利益最大化"的功利主义理论，提出私有财产权的排他性是资源有效配置和利用的必要条件。罗尔斯（Rawls）在《正义论》一书中提出的"作为公平的正义"，认为在确保私有财产权所蕴含的自由价值的基础上，财产分配应向"最小受惠者的最大利益"倾斜。德沃金（Dworkin）在《认真对待权利》一书中提出虽然应当保障私有财产权所体现的自由价值，但是当自由与平等发生冲突时，仍然应以平等原则优先。

但是，西方资产阶级私有财产权伦理价值观也存在明显的不足。如过分强调私有财产神圣不可侵犯，将会导致社会公共利益与私有财产权发生冲突时，减弱对公共利益的关注与法律。还有财产获得的道德正当性问题，也是一个常常被回避的问题。社会贫富差距的不断扩大，从某种程度上已经成为影响整个人类社会稳定发展的恶疾。

我国传统文化中有关财产权利的伦理思想，最著名当数"有恒产者有恒心"。说明我国古代思想家们很早就意识到，人们选择合理的道德行为的前提与基础之一是清晰的财产关系。但是诸如土地这样最基本的生产

---

① [德] 黑格尔：《法哲学原理》，范扬、张企泰译，商务印书馆 1961 年版，第 570 页。

4　物权的道德

资料，受"普天之下，莫非王土"君主专制思想制约，在长达几千年的君主专制时期，完全的私有土地只是非常小的一个范围，所以我国传统文化中也一直无法像西方社会那样建立一个纯粹的私有财产保护理论和制度体系。相较于西方文化，我国传统文化中的财产权利价值观更加重视财产权利来源的道德正当性，更加重视财富分配的公平性，"重公抑私"的倾向更加明显。总的来说，我国的传统财产权利思想认为涉及财产关系的行为只是一种伦理行为，但是在法律上如何规范这类行为却较少涉及，这也是我国古代甚至近代商品经济发展受到很大制约的重要因素。

我国作为社会主义国家，对我国的财产权利道德价值观进行研究，马克思、恩格斯对私有财产权伦理思想的论述必然要成为重要的理论基础。中华人民共和国成立后，在很长一段时期里我国对私有财产权是完全否定的，但这是对马克思主义财产权利思想的误读。马克思和恩格斯并不认为完全消灭所有私有财产权是共产主义社会的特征。相反，他们在唯物史观的基础上指出，私有财产权在一定程度上是社会正义的源泉，在一定条件下保护私有财产权具有历史必然性。共产主义社会要消灭的是被资本主义私有制所异化的产权制度，并且要在消灭私有制的基础上实现财产权利制度的真正正义与公平。

马克思通过对剩余价值理论的分析揭露了资本主义剥削的奥秘。马克思指出，资本本身并不产生增殖，劳动者创造了剩余价值从而实现了资本的增殖，但是劳动者创造的剩余价值又被资本家占有。从表面上看，劳动者出卖劳动力是一个"自由"的过程，但是由于资本家完全掌握生产资料，工人的劳动过程与其人格相分离，即已经被异化。从而这种以异化劳动为基础的生产方式，以及在此基础上所构建的上层建筑，都是被异化的，在道德上也是不正当的。也正是由于资本主义私有制下被异化的财产权利制度，贫富差异不断扩大。马克思主义针对财产权利的核心伦理观点是，劳动的付出与财富的获得应当是统一的。在一个社会里，人们可以通过自己的劳动公平地获得财产以及相应的财产权利，这个社会及其赖以存在的财产权利制度才是正义的。马克思认为只有以公有制为基础的生产方式才能诞生真正正义的财产权利制度。

由于我国传统文化针对私有财产权价值观念的讨论比较少，社会特别是政府缺乏对私有财产权的保护意识。中华人民共和国成立后的一段时期内，因为对马克思主义理论的教条理解，又一度将完全消灭私有财产权作为社会主义社会建设的目标之一。改革开放以后,学术界以及立法、执法、司法机关对私有财产权的保护意识逐渐增强,但是也几经反复。如对平等保护私有财产权是否违宪的争论,一度影响《物权法》的审议与颁布。这场争论,究其本质,是对私有财产权道德正当性基础的怀疑。所以,从伦理学出发,系统梳理私有财产权的道德正当性基础,并由此廓清法律平等保护私有财产权的伦理价值,对平等保障每个社会成员的基本权利,特别是妥善协调不同社会群体的利益,促进社会和谐稳定发展,在当代中国具有非常重要的理论与现实意义。

第一章　从《物权法》的法律价值判断到伦理价值判断*

第一节　问题的背景：对《物权法》是否违宪的质疑

2020年我国颁布了《民法典》，其中的"物权编"是以2007年颁布的《物权法》为基础进行的修订和整理汇编。物权制度是人类社会最古老也是最基本的制度安排之一。不论任何文化环境下的民族国家，也不论这个国家中任何时期中的政府，建立自己的物权制度无不是统治者考虑的首要问题。中华人民共和国成立后，由于对社会主义经济制度理解上的偏差，一度将物权制度认为是资本主义特有的经济现象，甚至出现过数次大规模破坏民众财产权利的情况。诸如20世纪50年代后期发生的以人民公社名义无偿剥夺社员房屋、禽畜、农具、林木等财产的所谓"共产风"，还有在十年动乱中发生的大规模侵犯公民人身权和财产权的暴行。在中华人民共和国成立后的很长一段时间里，我国不仅没有专门的物权法律制度，甚至连涉及物权的法律都是空白。改革开放40余年，公有制经济与非公有制经济作为我国经济的重要组成部分，已经得到《宪法》的确认。广大人民群众的财产状况也有重大变化，民间财富得以迅速积累。党中央提出了全面建成小康社会的目标，更要依靠进一步发挥广大人民群众的主观能动性，从而激发和维持全社会的经济活力。其前提条件是理顺物权关系，完善物权制度。

但是，与经济发展状况不符的是，我国的物权法律制度建设进展缓

---

* 本章的核心内容收录在拙作《〈物权法〉的道德性：从法律的功利判断到法律的价值判断》（方兴、田海平合著）中，发表于《南京社会科学》2011年第2期。

慢，物权制度在很长一段时期内一直落后。在 2007 年《物权法》颁布之前，我国对于物权制度的专门法律规定只出现在《民法通则》第五章第一节的短短五条规定中，以及在《土地管理法》《城市房地产管理法》《担保法》《海商法》《民用航空法》等民事特别法中有一些针对特殊物权的特别规定。此外在国务院颁布的一些行政法规中还有零散的规定。这样的物权制度是不可能切实、妥善地保护公民财产权益的。特别是当公民私有财产受到公权力的侵害时，法律对公民私有财产的保护并不能真正实现平等而完全。

为了改变这种物权法律制度缺位的现状，适应建立法治国家的目标，1998 年 3 月第八届全国人大常委会委托梁慧星、王利明等九位民法学领域的专家学者组成起草工作小组，负责起草《物权法草案》，希望在 4—5 年内完成制定《物权法》的工作。2001 年年底，全国人大常委会法制工作委员会完成了《物权法草案》第一稿，并于 2002 年提交全国人大常委会进行第一次审议。从此《物权法草案》进入了一个漫长的审议过程，《草案》内容也几经易稿。经过向社会各界广泛征求意见，以及法学专家的反复修订，最终在 2007 年 3 月 16 日，由第十届全国人大第五次会议审议通过《物权法》，并决定该法于 2007 年 10 月 1 日正式生效。

《物权法》是一部具有里程碑意义的法律。它是中华人民共和国成立以来制定时间最长、参与讨论人数最众、层面最广以及人大审议次数最多的单行民事基本法律之一。众多针锋相对的观点在《物权法》制定与审议的漫长过程中一直在碰撞，甚至一度达到异常尖锐的程度。其中最具代表意义、影响最广泛和深刻的就是对"平等保护私有财产权是否违宪"的大论辩。

2005 年 8 月 12 日一封公开信燃爆网络，这封公开信题目是"一部违背宪法和背离社会主义基本原则的物权法草案"，发布者为北京大学法学院教授巩献田。这份公开信公开指责当时正在全国范围内征求意见的《草案》违背了宪法基本原则，认为其抄袭资产阶级法律，与国民党《六法全书》没有本质区别，有利于富人、不利于穷人，其背离了社会主义方向，开历史倒车，需要经过原则性修改才能通过。这封公开信犹如一声炸雷，在全国范围内引起了极大反响。其中巩献田教授提出的"穷人打狗棍不能和富人宝马别墅一样保护"的观点受到了国内众多境遇不佳者的赞同。公开信也引起了全国人大相关领导的高度重视，当年 10 月召开的第十届全国人大常委会第十八次会议，就决定将《物权法草案》推迟到2007年再提交全国人大审议。《物权法草案》未能在2005年12月底的第十届全国人大常委会第十九次会议上如期接受"五审"，也未被列入2006年3月全国人大的审议议程。

巩献田教授及其支持者的"《物权法》违宪论"，使得《物权法》的立法进程一度搁置，亦使得《物权法》本身遭遇了开始制定以来最大的挑战。这一状况引起了参与《物权法》制定的学者们的一致不满，他们纷纷撰文对"《物权法》违宪论"展开辩驳[1]，在全国范围内开展了一场《物权法》是否违宪的政治与法律争论。在"合宪论"的众多学者中，有人对巩献田提出了非常尖锐的批评，如主持《物权法》制定工作的中国社会科学院民法研究所所长梁慧星教授提出："进入21世纪以来，改革开放和社会主义市场经济在取得伟大成就的同时，发生了两大严重社会问题：一个是国有资产的严重流失，另一个是两极分化的扩大。加上出现了房价高、看病贵、教育乱收费等新矛盾、新问题，导致一些人对改革产生怀疑，那些本来就不赞成改革开放的人因此认为改革开放搞糟了、搞错了，于是形成一股新的否定改革、反对改革的思潮。这就是自2004年开始，围绕中国国有企业改革、医疗、教育、住房改革、贫富差距等问题展开的第三次大争论。2004年以来的这一股新的否定改革、反对改革思潮，由三部分组成：一是民粹主义倾向的滋长，这在网络中十分明显，他们以嘲讽、挖苦、打倒权威为快事；二是年轻人情绪化，他们对当前就学难、就医难、就业难、住房难等现状极为不满，因而迁怒于改革，认为都是改革的错；三是有一部分人，一直抱着极'左'观点，从来不认同改革，利用改革过程中产生的问题，将争论引入意识形态，重现'姓社姓资'之争，从而定论改革失败。他们否定市场经济，否定改革，要走回头路，这是要害。以巩献田为首的一批人，就是一直抱着极'左'观点，从来不认同改革，否定市场经济体制，要求走回头路的极'左'派。他们连篇累牍地摘抄马克思主义经典著作的词句，却闭口不提'实践是检验真理的唯一标准'这一马克思主义的精髓，闭口不提邓小平关于建立社会主义市场经济体制的南方谈话；喋喋不休地鼓吹单一公有制的计划经济体

---

[1] 北京大学公法网、中国民商法网等权威法学网站以及《法学》杂志2006年第3期都曾开辟专栏对此问题进行讨论。

第一章　从《物权法》的法律价值判断到伦理价值判断　9

制的优越性，拼命向市场经济体制改革泼脏水，却闭口不提规定'国家实行社会主义市场经济体制'的现行《宪法》第十五条；极力反对《物权法》规定对国家、集体、私人财产实行平等保护，顶礼膜拜所谓苏俄民法典开创的社会主义传统理论，强烈要求恢复所谓国家财产特殊保护原则；以所谓'新马克思主义派'相互标榜，号召所谓'新马派'、'老马派'联合所谓'新左派'，共同抵制所谓'市场化改革'。一言以蔽之，就是挑战中共中央十一届三中全会决定改革开放的既定方针，反对现行《宪法》确立的社会主义市场经济体制，要求走单一公有制的计划经济的回头路！"①

总结来看，"违宪派"与"合宪派"之间就平等保护私有财产权的争议焦点主要集中在以下几个方面。是否违背《宪法》基本原则？"违宪派"认为《物权法》试图以"私有财产神圣不可侵犯"的精神和原则取代"社会主义的公共财产神圣不可侵犯"这一《宪法》核心条款，是一种违宪行为。而"合宪派"则认为"法律面前人人平等"是《宪法》的基本原则，如果要建立真正的市场经济机制，必须平等保护所有财产权利。

是否扩大了贫富差距？"违宪派"认为在贫富差距悬殊的情况下讲平等，只是资本的平等，而不是劳动的平等。这与资本主义社会没有区别。"合宪派"则认为《物权法》是对财产分配结果的确认，只要是合法获得的财产，法律都要平等保护。至于社会财富的再分配，另有专门法律（比如税法和劳动及社会保障法）予以保障，不是《物权法》调整的范畴。

是否弱化了以公有制为主体的经济体制？"违宪派"认为以公有制为主体是社会主义市场经济体制的核心与基础，所以应当优先保护国家和集体的物权。"合宪派"则认为在个人权利永远弱于国家公权力，单纯强调对国家和集体财产的优先保护，忽视对个人财产的保护，是无法建立法治国家的，从而也不利于保障公有制的主体地位。

事实上，我国改革开放的进程中，确实出现国有资产流失以及贫富悬殊加大两项难题。"违宪派"所列举的《物权法》"违宪"的理由，虽然

---

① 梁慧星：《中国物权法的制定》，中国法学网，http：//iolaw.cssn.cn/zxzp/200709/t20070912_4600130.shtml，2021年8月12日。

导致法律被部分妖魔化，但是在现实中能够找到相当的赞同声音。甚至在负责参与制定《物权法》的学者中，是否对不同客体类型的物权采取不同的保护措施，对国家、集体所有和私有财产采取不同等的保护，还是采取"合法财产一体保护"的原则，也是讨论了很久，并导致《物权法草案》在这个问题上几易其稿。最终学者们和立法机关在这一问题上取得了基本一致的意见，学者们均放弃了对于国有财产倾斜保护的观点，在建议稿中删除了对国有财产特殊保护的条款。

第二节 问题的分析：从存在论到价值论的进路

一 存在论前提下的法律价值判断

对一部法律是否违宪的怀疑，其实是对该法律价值的怀疑。休谟（Hume）认为对一个事物进行道德哲学的判断可分为事实判断与价值判断。这一价值判断模式不只局限于道德哲学领域，在实证法学领域也存在对一部法律进行价值判断的过程。实证主义是目前我国法学研究的主要方法论依据，其对一部法律的价值判断过程，前提是现实生活中存在哪些冲突的利益关系，该部法律的上位法对这些冲突的利益关系的处理原则是什么，以及该部法律对这些冲突的利益关系进行调整的策略的社会功效如何。根据这些前提，进而得出适用这样的法律手段调整这些冲突的利益关系是否合适的结论。因此，实证法学的价值判断过程是一种以既定的实存的法律利益、上位法规定和社会效果为前提和标准的判断过程，是一种功利前提下的价值判断，或者我们可以将其称为纯粹的法律价值的判断。

就《物权法》而言，对其进行法律价值判断，前提是在现实生活中存在哪些与财产有关的冲突的利益关系，《宪法》和《民法典》这些上位法对这些冲突的财产关系是否有规定（无论是原则性的或是具体的），以此判断用这样的法律手段去调节这些冲突的财产关系会产生怎样的社会功效，最终得出《物权法》是否具有法律正当性的法律价值判断结论。是否符合上位法的立法精神和基本原则，对于《物权法》的法律价值判断而言，是一个具有决定性意义的判断依据。各国法学界均公认，《物权法》具有浓厚的固有法和本土法的特质，其作为调整一国领域内财产归属及利用的基本法律，必然要与该国《宪法》所确立基本制度相一致，是《宪法》中各项保护财产权利原则的具体化。西方国家普遍将"私有财产神圣不可侵犯"写入《宪法》的基本原则,而我国《宪法》并未明确公共财产和私有财产孰优先保护的问题,所以在公有制为主体的大背景下出现对规定平等保护私有财产权的《物权法》违宪的指责也就不奇怪了。

其实,"违宪派"所强调的《物权法》"违宪"的理由,在法学理论和宪政理论的层面很容易就能够找到反驳的突破口,他们的观点与现代主流宪法理论存在较大的偏差。《物权法》所涉及的平等保护是限于在物的归属和使用过程中权利人法律权利的资格平等。《物权法》是对财产占有现状进行保护的法律,并不能对既有的不合理分配的结果进行调整。国家可以通过诸如税收等其他再分配法律对不合理的分配结果进行纠正,但对于通过合法方式取得的既得财产权利,必须给予平等的保护。这是法制社会的基本原则。对于《物权法》"违宪"的指责,混淆了一个民事法律的立法目的与整个社会法律制度体系终极目的之间的区别,将法律上的权利平等问题放置到所有制范畴中去考察,没有将代表公共利益的财产问题与私法所调整的物权问题进行本质区分,从而超越了物权法本身去指责它。平等保护是多种所有制形式共同发展的前提,《物权法》也必须将平等保护作为自己的基本原则。《物权法》中所确立的平等保护原则,符合我国《宪法》规定的基本法制理念,是我国《宪法》所确立的基本经济制度的反映,完全体现《宪法》精神。

从法学角度分析,"违宪论"反而是不符合我国《宪法》基本原则和立法精神的。其一,"违宪论"混淆了所有制所代表的政治经济关系与物权所代表的法律关系。"违宪论"认为,既然《宪法》规定了以公有制为主体、多种经济形式共同发展的基本经济制度是我国的基本经济制度,则公有制的地位必然高于其他所有制形式。公共财产作为公有制的基石,其法律地位必然高于私有财产。《物权法》不仅不能对私有财产和公共财产予以平等保护,反而应优先保护公共财产。

诚然,社会主义市场经济体制是以公有制为主导,但是所有制是用来描述生产资料归谁所有的整体性的抽象政治经济学概念。如因公有制占有主导地位,就一定得出不同类型财产权利的法律地位不平等的结论,是混淆了财产的经济地位与财产的法律地位之间的区别。

物权是一个法律概念,一般在法律上被用来表述一项具体的利益配置情况,或者被用来表达其权利人所被赋予的某种特定身份。不同的法律所反映的社会关系不同。财产权利是否平等，取决于该部法律所调整的社会关系的性质。在公法领域，由于公权力主体与私权主体之间地位的不平等，公权力主体有权根据公共利益的需要征收私有财产，或通过改变税收标准等方式来调整财产分配模式。然而在私法领域，无论何种性质的财产，都居于平等地位。这是由民法所调整的财产关系的性质，即民事活动的特有属性所决定的。如我们经常挂在嘴边的"国有资产"，既包括国家直接拥有和支配的代表公共利益的财产，也包括国家作为投资人所享有的投资人权益。但在民法领域，国家投资人的身份所带来的法律地位，在权益属性上，与其他投资人的法律地位是没有区别的。

其二，"违宪论"混淆了法律上的财产归属与社会学范畴的贫富差距问题。马克思所设想的共产主义，是在社会生产力极大提高，资源的配置和生产的组织由国家统一进行，以"按劳分配"为原则，消灭剥削和压迫，消除贫富差距。在共产主义社会，不存在商品和商品交换，生产的目的不是交换而是满足人民生产和生活的需要，财产已经无须再区分私有和公有，自然也不再需要《物权法》去确认和保护私有财产。然而中国尚处在社会主义初级阶段。这一阶段中，市场经济和商品交换仍然是生产力发展和社会财富创造的主要途径。商品经济作为一种竞争性的经济形态，必然会出现优胜劣汰，也必然会在一定范围内出现贫富差异，甚至导致贫富悬殊的社会现象。但是，改革开放40余年的成果证明了中国在一定历史时期里坚持走社会主义市场经济道路的合理性和必要性。否定这个合理性，就是否认改革开放的合理性。基于以下原因《物权法》不应当单独承担平衡贫富差异的重任。

1. 身份与人格相剥离是现代民法的特征，一切合法财产都应受到法律的平等保护

摧毁封建等级制度，实行法律面前人人平等，是近代资本主义法治革命的一个历史性成就。近现代法律的基本理念，是将身份与人格相剥离。每一个社会主体的人格，不因其出身、性别、种族、信仰的不同，特别是拥有财产的多寡而有所区别。因此，"穷人"也好，"富人"也罢，在法律眼中只是一种身份的区分，而无涉于他们都应当受到法律平等保护的前提。

当然，财产来源是否合法，法律也必须作出判断。但任何法律判断标准必须是同一的，不能因财产权利主体身份的不同而有区别。《物权法》

对物权的确认和保护，必然要以其来源合法性为前提。但不能因财产主体的身份区别而不同此即"法律面前人人平等"的本质内涵。国家也好，集体也好，私人也好，只要是正当性获得的财产，都应当得到平等的保护，这样正常的财产归属秩序方能得以建立，否则有违现代法制的基本原则与立场。

2.《物权法》非财产分配法，矫正分配不正义不是《物权法》的主要功能

国家公权力中一个最重要和最基本的领域是社会财富的再分配，其中税法、劳动和社会保障法等公法是重要手段之一。税法通过设定不同收入人群的不同税收方式和比例来合理控制贫富差距，以实现整体利益与个人利益的平衡；劳动和社会保障法通过对弱势劳动者的特殊保护，保证他们具有基本的物质生存条件。

社会财富分配的不合理，需要通过调整分配制度和完善再分配手段去解决。《物权法》存在的目的，是对已经合法取得的财产权利予以确认和保护。《物权法》不具备通过对既有分配结果再次调整的方式去矫正分配不合理的功能。这是完善与构建法治社会的基本要求与条件。

当然，某些民法制度也具备参与社会经济利益和风险分配的积极功能，可以通过再调整的方式维系社会公平。例如侵权法规定的高度危险作业者所承担的无过错赔偿责任；合同法对消费者等弱势群体利益的特殊保护等，也是民法对财富分配体制的一种事后救济方式。但这样的制度也是建立在保障财产权利主体地位真正平等的基础之上的。而且这种救济方式只是对可能发生风险和损失的分担，并不是对业已确定的财产归属结果的重新确定。所以，在《物权法》眼中只有财产的合法与非法之分，而没有高低贵贱之分。

不可否认，社会保障机制的不健全和社会再分配制度的不合理，是导致一定领域内贫富悬殊的重要原因。由此引发了学界关于中国经济体制改革走向的争论，并通过对《物权法》"违宪"的指责来表达对目前国内存在的贫富差距的不满以及对经济体制改革走向是否正确的怀疑。所谓"乞丐的打狗棍与富人的宝马车应不应该平等保护"的命题，忽视了对物权来源正当性的考察。在《物权法》的视野中，合法的"宝马车"与"打狗棍"应当也必须具有同等的法律地位。

基于上述分析，我们可以得出一个比较确定的结论，即《物权法》

完全符合我国宪法的基本原则。《物权法》体现了"法律面前人人平等"这一基本《宪法》原则。"法律面前人人平等"是一个社会制度合法性的前提，只有在平等的前提下，全体社会成员方可有能力和愿望探讨实现整体社会分配合理性的问题。自人类社会进入资本主义时代，"法律面前人人平等"是任何文明国家《宪法》都必须规定的首要原则。我国《宪法》也不例外。现行《宪法》第三十三条第二款规定："中华人民共和国公民在法律面前一律平等。"《宪法》所确立的法治原则必然包含对各类财产权平等保护的内容。

同时，我国《宪法》第六条规定："中华人民共和国的社会主义经济制度的基础是生产资料的社会主义公有制，即全民所有制和劳动群众集体所有制。社会主义公有制消灭人剥削人的制度，实行各尽所能、按劳分配的原则。国家在社会主义初级阶段，坚持公有制为主体、多种所有制经济共同发展的基本经济制度，坚持按劳分配为主体、多种分配方式并存的分配制度。""以公有制为主体，多种所有制经济共同发展"这一基本经济制度的前提就是各种所有制形式平等发展与一体保护。"公有制为主体"指的是公有制经济成分应当在涉及国计民生、政府主要宏观调控方向以及其他对国民经济有重大影响的领域内起到基础性作用，以保证国家的经济安全和实现政府的调控目的，并以保证基本经济领域的社会主义属性与方向。在经济实践中，国家为了体现基本经济制度，在公共资源配置、市场准入、信贷支持等方面给予了不同所有制经济形式以不同的政策支持。但是这些政策上的差异皆属于国家宏观调控手段上的差异，属于公法的范畴。然而"以公有制为主体"和国家政策的差异，只是因不同所有制形式在国民经济中的作用不同而使得国家在宏观上的调控趋势不同，而不能理解为法律地位的不平等。《宪法》所规定的多种所有制形式共同发展，是对社会主义初级阶段经济发展规律的总结。平等保护与共同发展相辅相成，失去任何一端，另一端也就失去了存在的实际意义。

有一种观点认为，不同性质财产在我国《宪法》中的地位是不能同等的。他们的主要依据是《宪法》第十二条[①]和第十三条[②]的规定。从

[①] 《宪法》第十二条："社会主义的公共财产神圣不可侵犯。国家保护社会主义的公共财产。禁止任何组织或者个人用任何手段侵占或者破坏国家的和集体的财产。"

[②] 《宪法》第十三条："公民的合法的私有财产不受侵犯。"

《宪法》的条文来看，对于公共财产规定是"神圣不可侵犯"，而对私有财产规定的只是"不受侵犯"。因此，从条文中就可以引申出国家对国有财产优先保护的结论。这种观点过于狭隘。公共财产与国有财产并非同一个范畴，公共财产属于全体公民，并由全体公民授权政府行使权利，代表公共利益的财产，主要是指土地、自然资源等。从强化主权的角度出发，对公共财产宣示其"神圣性"并优先保护符合宪法精神，也符合全体公民利益。但是，公共财产是公法领域的范畴，而进入私法领域后的国有财产与私有财产必须是也只能是平等的。不能因为"神圣"两个字就认为《宪法》对私有财产区别对待。保护私有财产并不是要搞私有制。虽然我国目前鼓励和保护多种所有制形式共同发展，但这是社会初级阶段的基本特点所决定的，是一种整体经济战略取向，与法律平等保护所有物权是不矛盾的。

二 价值论前提下的伦理价值判断

依据实证主义法学理论，当我们确定《物权法》平等保护所有物权符合《宪法》的基本原则和立法精神时，对《物权法》的法律价值判断过程就已经结束了。因为实证法学将法律仅仅看作一种高度的技术性规范，法律可以根据功利的考虑而不断变化，只要是通过合法的创制程序，并与上位法不冲突，一项法律必定是有效的，亦即是有价值的。由于"法律面前人人平等"是《宪法》的基本原则，因此《物权法》必须平等保护所有物权。但是，如果我们继续深入追问，我们将发现认为《物权法》平等保护私有财产权违宪的观点，不可否认具有相当深刻的理论洞察力，他们看到了平等保护是有限性保护的特质，以及作为自由的财产权与平等原则的冲突问题，而在实证法学的层面是无法完全解决这一问题的。阿玛蒂亚·森（Amartya·Sen）在研究传统的平等观时指出，传统的平等观忽略了人际关系的差异性，导致这些理论由于不能适应复杂的人际关系要求而缺乏实质的意义。为了解决这个问题，罗尔斯提出了改变"形式的机会平等"为"公平的机会平等"的理论。他认为"形式的机会平等"由于没有排除社会偶然因素的影响，会导致实质上的不平等。唯有减低诸如贫穷、歧视、教育机会等不公平社会因素的障碍，并进行后天的补偿，提供特别的协助，才能追求一种机会的真正平等。他们对平等原则的批评和调整对《物权法》的平等保护原则从表面上看是一种冲击，因为代表自由的财产权在现实生活中与平等原则会发生实际的冲突，冲突的主要方面表现为社会财富分配的不平等。共同富裕是我国作为社会主义国家的主要奋斗目标，消除贫富极端差距是我国现阶段的政策方向之一，在这样一个经济和社会状况下提倡平等保护所有的财产与物权，确实不能不引起人们的怀疑，这种怀疑将会动摇法律价值判断所得出结论的可靠性，我们由此而不得不面对另一个难题：合宪就一定合理吗？《宪法》规定平等原则的理论基础在哪里？在社会分配领域大量存在不平等现象的情况下坚持平等保护的理论依据又在哪里？

法律上的合理存在，与道德上的合理存在，是两个层面的问题。法律的价值判断问题，是对法律是"好"还是"坏"的一种价值判断，可以从两个层面上来展开：第一个层面是立法技术的好坏或者说是制度安排效率与否，这是一个法律层面的判断，也可以说是形式价值的判断；第二个层面则是伦理价值层面上的判断，即法律的制度安排在道德上到底是好的还是坏的判断。伦理学研究的主题与法学以及其他的学科研究的主题是不同的。一部立法技术先进的法律或者一部有效率的法律，不一定是一部"善"的法律。当一部法律认可、保障、促进人们能够获得的基本条件时，它才是"善"的法律。从伦理学的角度出发，立法本身是一个道德价值判断和技术选择并进的过程，因为立法必须确认人们所追求的美好的道德价值，从而满足人们追求美好生活的基本条件。当不同的道德价值发生冲突时，哪种价值更优先，立法必须首先作出判断，然后再作出选择，最后通过法律来进行确认。所以，既然立法是一个伦理价值判断和伦理价值选择的过程，法律就会碰到伦理价值判断与伦理价值选择的难题。要解决这些难题，我们只有且必须转换我们分析问题的进路，从实证法学的存在论前提下的法律价值判断进入伦理学层面的价值论前提下的价值判断，即法律的伦理价值判断。

对法律的伦理价值基础的反思也就是对法律进行道德批判的过程。法律与道德关系的核心问题是法律与道德是否存在必然的逻辑关联。在西方思想史中占有极为重要地位的自然法学派一直主张道德是法律的存在依据和评价标准。他们认为所谓自然法，是自然万物的理性法则，其实质是道德准则，在社会中的充分实现就是实在法。它不但是实在法制定的最终依据，也是评价实在法的最终标准。唯物史观所阐释的经济基础决定上层建筑的客观规律告诉我们，从观念到观念的抽象思辨不可能找寻到法律的本质，只有深入人类社会存在的必然性即具体历史事实的展开过程中，方能找到法律与道德内在深刻联系的契合点。

"人类的自然特性决定人类个体必须以一定方式联合起来才能获得认识自然、征服自然的力量，求得自己的生存与发展，这是人类社会存在与发展的必然性。也正是这种必然性导致了个人需要、个人利益与他人需要、他人利益以及社会需要、社会利益之间的矛盾。为解决这些矛盾，道德规范由此产生。道德规范作为社会必然性的展开，无疑是社会存在的根本纽带，是一个社会有序而美好的根本。但是在一个充满复杂利益关系的社会里，道德本身的存在是不够的，它本身既无力阻止也无法惩处破坏他的行为。由此社会需要另一种规则来弥补这些不足，这种规则可以明确道德规定的内容和范围，可以控制道德规范的发展变化并决定其取舍，可以确定一个权威来裁定纠纷和执行裁决。这就是法律。真正的法律必须体现和保障维系社会存在的基本道德义务，这是它与生俱来的使命。"[①] 道德价值因素是法律作为一种制度所必然内含的核心构成要素。从这个意义上说，法律是一种价值性和道德性的存在。法律的价值是在其调整和规范社会主体行使权利和履行义务的过程中被确证的。

就法律层面的平等原则而言，其是针对某一方面或某几个基本方面的平等，并不能完全涵盖所有方面的平等概念。一个良好的法律制度的根本价值追求在于让所有的社会成员能够平等地追求自身利益最大化以及社会的整体和谐。这种平等是一种前提意义上的平等，它在伦理价值层面上超越了"法律面前人人平等"这一宪法原则。它从人性出发，以代表自由意志的个体的抽象人格的平等为前提，从而证成了平等原则的伦理意义所在，并确证了法律平等保护所有权利的最终原因。在坚持伦理意义平等的前提下调整社会分配领域的不平等，才是真正的平等。因此，对《物权法》平等保护所有物权的伦理价值判断，是对《物权法》是否符合伦理意义的抽象平等原则的判断，是终极的价值判断，是该部法律的伦理正当性来源。

---

① 曹刚：《法律的道德批判》，江西人民出版社2001年版，第13页。

第三节 《物权法》伦理价值判断的基础是物权的道德

物权毋庸置疑首先是一种权利,从伦理学的角度来理解权利,可以将其定义为社会所确认的权利主体可以去获得并支配某项客体的一种肯定关系。伦理学意义上权利本质上就是一种人与人之间的关系,这不仅表现在一定主体的权利需要通过与其他社会成员的关系互动来确认,而且还表现在一定主体对某项客体权利的界定,同时也就规定了他人应当如何对待这项权利。权利是道德哲学中一个具有根本性意义的概念,权利本身就具有道德性。权利是道德产生的基础,权利的界定与行使所产生的社会关系的冲突,使得道德调节成为可能与必要。人们对于权利的维护与尊重其实就是在维持基本的社会道德秩序。道德核心的基础与目的就是对人们正当权利的尊重和维护。同时,道德又具有对权利的超越性,道德所要求的权利主体对他人权利的尊重,会超越权利本身成为权利主体自身的德性。这种源于权利又超越权利,本质内容是在权利运作过程中去调节人们因权利互动而产生的社会关系,并深植于人类道德价值体系之中,成为人类核心道德规范与价值理念的伦理体系,它的本质是个体与具有普遍性的权利体系之间的伦理关系,它的基础就是权利伦理,或者可以称为权利的道德。

而所谓物权,从伦理学的角度来理解,广义的物权可称为财产权利,它是为社会所确认的人们与财产有关的各种权利义务的结合,是基于一定财产的存在和利用所引发的人与人之间的一系列社会关系的集合,是人的社会存在的一种肯定方式。物权是一种权利,伦理学层面的物权的本质是个体与具有伦理普遍性的财产权利体系之间的伦理关系,是所有社会共同体都必须尊重的最低限度的道德标准,它的基础是物权本身所具有的道德性。

物权是具有道德性的。物权的道德是调节人们之间财产权利关系的价值观念、伦理规范和道德意识的总和,它体现在人们占用、使用、处分、收益财产的社会实践之中,并深植于物权制度领域,是主体认知和处理物权关系的一种实践精神,是一种物权价值观。物权道德的实质与核心就是对权利主体正当财产权利的尊重和维护。它包含三个层次的本质规定性:

第一，在物权制度安排和社会整体伦理价值取向上，必须强调对所有主体正当物权的尊重，将维护人们的物权作为制度安排与运行的基本伦理原则；第二，每一个社会成员都应将不损害他人的物权，尊重他人行使物权的行为选择，以及保证他人物权的实现作为自己内在的道德准则；第三，权利主体所拥有的物权应当是正当的，主要是指来源正当，以及物权本身符合道德合理性的要求。

物权伦理或称物权道德也是一种法伦理，是一定的物权法律制度内在的伦理依据和运行的价值尺度。为什么物权伦理是一种法伦理而且首先应当是一种法伦理，这是由物权及物权伦理本身的内在规定性所决定的。一般来说，伦理道德是一种非强制性的规范，其特征是一定程度的普适性，不可能也不需要很具体。不过物权伦理是体现在物权的产生、运作过程中的道德性，在公认的"物权法定"的法制前提下，物权的产生、运作必须由法律来规定，物权伦理必须以正式的物权法律制度为载体体现出来，并内在于具体的物权法律之中，从而变得具体和规范，甚至带有相当的强制性。同时，物权法律制度安排的公正性是物权伦理研究的主要对象，即什么样物权法律是公正的，物权法律如何保证物权交易的公平。因此物权伦理涉及的不仅仅是权利主体自身的德性问题，它更多关心的是在物权法律制度安排及其实施机制中所体现的一种公共德性。所以物权伦理是一种法伦理而且应当首先是法伦理。

不过物权道德并非一种依存于法律的道德活动，它具有自身的独立性和对法律的超越性，是一种"自在自为"存在的道德活动。一定的物权道德的产生与演变都有其深刻的社会根据与文化根源。首先，物权道德是由一定社会物质生产方式所决定的，是一定社会历史条件下的物权关系在人们观念意识中的伦理化的客观反映。不同的社会物质生产方式下，物权的道德有着本质的区别。其次，物权道德也是一定经济形态下资源配置方式的客观要求的反映，不同的物权道德的区别不仅表现在其代表的物权的不同，也表现在该物权体系的运行机制和资源配置方式的不同。最后，物权道德还要受一定社会历史传统的影响和制约。所以，作为整个社会伦理的核心与基础的物权伦理是具体的、历史的，有其自身的产生、变化与发展的客观规律。物权道德的失范，必将导致整个社会秩序的崩溃。

第四节　私有财产权的道德正当性是
　　　　物权道德的核心问题

私有财产权是作为个体的人所拥有的占有、使用、收益、处分财产的权利。根据马克思主义的观点，无论是哲学认识主体、社会实践主体还是法学上的权利主体，都可以分为个体、集团、社会总体（一般形式是国家）、人类总体四种主体形态。在这四种主体形态中，我们又可以把它们进一步分为个体和公共两种主体形态。因此在一个完整的社会权利体系中，个体权利与公共权利是一对基础性的矛盾关系，个体权利与公共权利的矛盾运动推动了社会权利体系的向前发展。而哪一个权利是社会权利体系的基础，是需要深入研究的问题。笔者认为，在社会权利体系中，各种权利的地位不是一成不变的，而是变化的；不是绝对的，而是相对的，强调个体权利在我国有着相对重要的作用和意义。

在社会权利体系中，个体权利的前提与基础是具体的、现实的个人或者由少量个人组成带有人格意义的小型经济组织，因此个体权利也是比较具体的权利。公共权利，不论是集体权利、国家权利还是人类总体的权利都只能在普遍的个体权利中存在，离开了个体权利，公共权利只能是在思维和概念中存在的某种抽象性存在。从这个角度出发，个体活动就是公共活动的基础与前提。所以我们有理由说，公共权利是存在于个体权利之中的，是在个体权利的基础上派生和抽象出来的，公共权利只有体现个体权利的本质且能够促进权利的平等实现，才有其自身的存在价值。诚如高清海先生所言："人和社会作为两个概念，其间当然不能没有差别。从区别的意义上说，人是社会的主体即生命的实体基础，社会则是个人活动借以实现的社会形式。个人只能在社会中先成为人，因而社会就成为个人发展的必要条件，它也就是一个放大了的'人'。这样，我们研究社会发展，就始终不能忘记人，不能忘记舞台和演员的关系，不能让条件淹没或压倒主角。"[①]

公共利益源于私人利益的让渡，私人利益是公共利益的目的。现代社会分工越来越细致，私人自治的领域已经无法满足人们的全部需求，必须

[①] 高清海：《哲学的奥秘》，吉林人民出版社1997年版，第176页。

通过凌驾于个人之上的国家为公民提供最基本的福利待遇，提供必要的医疗救助，并根据个人的经济状况提供必需的经济补助，改善不特定多数人的生存环境，实现可持续发展，这些都是国家必须完成的社会公共事业。而国家从其本源上来说是没有自己的财产的，其原初财产的来源是基于个体权利的让与。公共利益是以私人利益为立足点和目的的，没有私人利益的地方，也就不存在公共利益。从宏观层面对作为个体权利的私有财产权进行分析可以得出这样的结论：在社会权利体系中，个体权利是公共权利的基础与出发点，在物权体系中私有财产权处于核心地位。

除此之外，我们还可以从微观层面亦即物权本身来对私有财产权的核心地位进行分析。物权的基础是所有权，私有财产权也可以称为私人所有权，所有权涉及的是《物权法》的核心问题即归属问题。对《物权法》的伦理价值判断至少会涉及三个层面的问题：第一个层面是立法目的的价值选择，即归属还是利用的问题，《物权法》选择了归属；第二个层面是确定了归属之后，再涉及归属中的个人本位还是公共利益的优先问题；第三个层面是在前两个层面的问题解决后如何保障整个社会自由与平等价值的实现，自由和平等的价值问题是政治、法律以及其他制度在现代社会中追求的最终价值理念。因此，当我们站在伦理学的角度来看待《物权法》价值判断所涉及的三个层面的问题时，归属的价值选择是最基本与最重要的。因为归属涉及社会成员的主体性价值。自主与公正是物权道德中最根本的价值取向。物权的归属（即所有权）其实体现的就是一种自主的价值，是物权道德的核心。

所有权是物权的核心，而其核心的核心只能是私人所有权，或者说是私有财产权。在西方道德观念中，私人所有权不仅是物权的核心甚至是整个社会经济的核心，这已经是经过了几百年的讨论已经形成的理论定论。但是在我国传统文化中，"私"往往是不道德的同义语，崇公贬私是我国根深蒂固的一个文化传统，至今影响很大。再加上社会主义社会，无论是生产方式或是生活方式，均强调"公"为先，所以对"私"的评价基本上是负面的。应该说，从人类一般道德的发展历程看，私有财产权制度在伦理上确实存在明显的负面效应。剥削、社会财富的不公、贫富差距扩大、自私自利的不道德行为与私有财产都存在不同程度的关联。但是我们也必须认识到，私有财产所表现的所谓"恶"，并不是财产或权利本身的"恶"，而是与一定社会历史条件下的整体社会制度相结合所导致的，这些所谓"恶"的出现与私有财产权本身并无直接关联，反而多数是肆意践踏私有财产权的结果。总体来看，私有财产权对于人类道德行为的发展所起的积极作用在于以下三个方面。

第一，从伦理学理论分类的角度分析，目的论伦理学认为道德的最基本要求是保障人们的基本权利不受侵犯，而义务论伦理学认为道德是赋予人们的一种义务，即人们在处理相互关系时不能损害他人利益。无论这两种伦理学理论区别如何，在保护人们的正当权利这一问题上是一致的，而私有财产在起点上与这一基本道德诉求是契合的。私有财产肯定了每个人可以不受侵犯地依自己意愿对财产来占有、使用、支配并收益，特别是保障个体权利免受以公权力面目出现的任意剥夺。这就赋予了这种个体基本权利以道德正当性，并从制度上对这种个体权利不受他人侵害的道德正当性进行保护。如果没有对私有财产权的界定和保障，人们可能会因为对财产的争夺或救济，陷入霍布斯（Hobbes）所说的人与人争斗的"自然状态"中，社会秩序和道德体系也将荡然无存。

第二，私有财产权为人的独立发展创造了物质条件。马克思主义认为个体自由发展的前提是每个社会主体个性的自由发展。私有财产权从财产上将群体与个体分离，使个体意识到了自己是不同于他人的个性存在。同时私有财产权又要求人们对自己的财产负责，结果就是促使人们去获取属于自己的生活资料和发展条件。这些都将成为促进个体主观能动性的发挥、个体个性生成及自我意识发展的重要动力。"私有财产权为人们按照自己的意志去进行生产和从事其他社会活动提供了物质条件，也有利于社会整体的发展。如果人类一直维持原始社会的财产公有而没有私有财产权的出现，人类社会就不会出现千差万别、各具特色的个体，就不会有多姿多彩、丰富多样的生活方式，也就不会有人类文明的进步与发展。因此私有财产就其在一定历史条件下、一定程度上促进了个人发展而言，是具有道德合理性的。"[①]

第三，私有财产权激发人们创造财富的积极性，促进了市场繁荣。市场经济的发展有赖于以自由、平等为道德基础的竞争机制。这种道德基础在我国原有的计划经济体制下是无法实现的。原有的计划经济体制以绝对

[①] 罗能生：《保护私有财产权的伦理分析》，《湖南大学学报》（社会科学版）2004年第5期。

的公有制经济为基础，企业产权不明，权责不清，势必无法形成自由竞争的态势。而私有财产权所带来的私营经济的发展对市场经济发展起到了关键的推进作用。私营经济天生就是属于市场的，它本能地要求通过自由、公平的竞争来求得发展，也正是由于私营经济的不断发展，以自由、公平竞争为道德基础的市场竞争机制才逐步发展和成熟。同时，市场经济的发展带来的最直接的益处就是财富大量创造，人民生活水平大幅度提高。评价一种财产权利制度安排是否合乎道德，它是否给老百姓带来实际的福祉，必然是核心标准之一，改革开放40余年的巨变已经充分证明了这一点。

所以从物权本身来说，所有权是物权的核心，私有财产权是所有权的核心，从而也就是物权的核心之核心。私有财产权的道德合理性是一个社会整体道德的基石，是物权法律制度的伦理基础，从而也是物权道德的核心。对私有财产权道德合理性的错误认识或是无认识，是我国《物权法》长期以来一直处于缺位状况的根本原因。即使是在《物权法》的制定过程中和审议通过后，对于私有财产权是否应当保护以及应当给予多大程度的保护，一直都存在争议。因此我们有必要从一般伦理学意义上的物权出发，在道德上再一次确立私有财产权的合理性与正当性，从而廓清人们的道德观念，夯实法律的伦理基础，保证其顺利实施。

第二章　理解财产：物权道德之意义

既然物权属于财产权利，而研究财产权利，应当首先从理解它的客体，即理解财产概念开始。从这一意义看，物权之道德的内涵和意义，取决于我们如何理解财产。对物的概念定义及对概念的解释与列举多由法律完成，我们称之为法律概念。然而，厘清财产概念还有一个方向，即从"由与物有关的人或其他实体中间所形成的特定关系"① 出发来理解财产。笔者认为，从伦理学的角度来考察，把财产既作为物（普通概念），又作为人与人之间或与物有关的其他实体之间的关系（复杂概念）来考虑，可以得出一个广义财产的概念。广义财产的概念使得关于物权道德的一般理论成为可能，它体现了财产权利的主体性原则，揭示了财产与人格的内在联系。

第一节　从财产的狭义概念到广义财产概念

财产的通常理解或者是狭义概念一般都是由法律特别是民法来规定的。因此我们对财产的理解也通常是从法律概念或称狭义概念开始的。在罗马法中"'物'这个词的含义比'财产'的含义广。物包括我们的可有物以外的那些物，而财产的含义同处于可有物状态的那些物有关。可见，古罗马人眼中的财产外延比物要小，物是财产的上层概念。随着罗马法的发展，特别是自然人个人开始拥有财产，罗马法也渐渐地把物限定在有用物，与财产概念统一。"②

法国民法区分了"动产"和"不动产"两个概念，"动产"是指

---

① ［美］斯蒂芬·芒泽:《财产理论》，彭诚信译，北京大学出版社2006年版，第14页。
② 吴清旺、贺丹青:《物的概念与财产权立法构造》，《现代法学》2003年第6期。

可以移动而不影响其使用价值的物以及各种物权；"不动产"包括地产与地上定着物以及不动产所生之权利。不过法国民法也将古罗马法理论进行了修正，认为财产概念与物的概念存在区别，物权的范围要大于财产，不仅仅限于特定某一样物品。物是事实上的理解，财产是法权意义上的理解。

德国民法首次明确了物的特征，德国民法认为物应当符合以下特征：一是兼具可感知性和可控制性。物之有体是指有确定的形体，既可能是固体也可能是液体、气体，但无论何种形体它都必须是能为人所控制。不能为人所控制便不能负载权利。此处的控制，只能是普通人的控制，而非专门的科学家采用专门手段的控制。二是具有流通能力，或可转让性。物要流转才有意义，可转让性是法律上物的根本属性之一。它主要是指法律上允许的流通。三是特定性。此属性与可控制性及流通能力是一个问题的两个方面，不特定也就无法流通也往往是不可控制的。[①]

英美法在物的概念上与欧洲大陆民法不同，它们极少使用"物"这个词而较多使用"财产"概念。英美法对财产的理解分为两个层次：第一个层次指向现实世界中的实体物，认为财产是法律保证为某人所有的有价值的东西；第二个层次指向的是无财产世界，认为财产是一种"关系"，是根据法律所享有的权利和承担的义务。

在我国的法律用语和学术界的普遍观点中，一般认为物是指占有一定空间、能够为人力所支配并能满足人们的需要、代表权利主体的物质利益的物体，既包括人力创造的物也包括处于自然状态的物。在对于人体本身及其器官是不是物的问题上，我国民法并没有完全照搬法德民法的理论，而是认为物原则上是不包含人体自身器官或其他组成部分的。诸如假肢、假牙等，一旦与人体相结合，也是属于人体的一部分，就不能再将其称为"物"。同理，一些原先属于人体上的一部分，如器官等，如果与人体分离，其法律属性也可转为"物"。"至于人的尸体能否成为物的问题，随着现代社会观念的进步，尸体作为没有生命现象的肉体，在不违反法律和社会公共道德的前提下，是可以作为物进行处分的。"[②]

---

① 参见吴清旺、贺丹青《物的概念与财产权立法构造》，《现代法学》2003 年第 6 期。
② 钱明星：《物权法原理》，北京大学出版社 1994 年版，第 24 页。

财产的狭义概念或者是法律上物的概念基本限定在有体物的范围内，当然随着公司法人与知识产权制度的发展，无形财产也开始被法律归入物的范畴。但是无论是有体物还是无形物，法律对财产的概念的规定主要指向于财产作为一种物所具备的实用性或经济价值，而较少涉及财产的伦理关系。不过在当代英美法对财产的深层理解中我们已经看到了狭义的财产概念向广义财产概念转化的迹象。尹田教授在阐述"广义财产"概念时，引述了19世纪法国著名学者奥布里和罗（Aubry et Rau）提出的"广义财产"概念，"他们在其著名的《民法学原理》一书中系统地阐释了广义财产的概念：'广义财产由积极财产和消极财产组成。积极财产为财产之整体，亦即权利的总和；消极财产则为债务及负担。'这一理论第一次从整体的角度对人的财产状况进行观察，其抽象、概括和独特的视角具有里程碑意义。"[①] 这种对财产的广义理解揭示了财产所有人拥有财产的整个状况，将一个人所拥有的个别财产以及承担的具体权利义务抽象概括为一个伦理上的整体单位，从而使其构成一个所有者之"积极"财产和"消极"财产相互之间结合严密、协调一致的辩证关系。广义财产理论也得到了国内学者的认同。梁慧星教授认为财产指具有经济价值、依一定目的而结合之权利义务的总体，财产是由积极财产和消极财产构成的。"财产上权利之总体，谓之积极财产；财产上义务之总体，谓之消极财产。财产一语，用于广义，则包括积极财产与消极财产二者。"[②]

到这里我们可以得出我们理解财产的第一个结论：狭义的财产是指法律上对物的定义，狭义的财产或者说是物的本身无关乎道德。广义的财产是权利与义务的结合，更多地指向权利本身。道德性是权利的基本属性之一。作为社会成员的个体，只有能做到给其应给、得其应得，他、她才能称为完整意义上的社会成员。他的权利（他作为一个社会成员被授予的资格）由所有应该给他的东西组成。既然社会是由一个一个的成员个体组成的，享有权利又是社会性个体的本质属性之一，那么从这个意义上说，没有权利就没有社会。如果要实现人类社会的长期稳定存在与发展，

---

① 尹田：《无财产即无人格——法国民法上广义财产理论的现代启示》，《法学家》2004年第2期。

② 梁慧星：《民法总论》，法律出版社1996年版，第88页。

就必须保障社会成员能够享有和行使权利,这是任何组织形式下的人类现代社会的核心组成部分。公平、正义、平等、自由是权利的道德基础,从而也是广义财产的道德基础。以广义财产为基础,我们方能够展开对私有财产权的伦理本质分析。

第二节 广义财产凸显了财产主体性原则

涉及财产的行为,其本质特征就是突出的主体性。广义财产认为财产是一种权利义务的结合。一般来说,一个社会的财产制度安排,都会面临一些贯穿于财产行为全过程的核心价值问题,诸如如何认识和处理人们之间的权、责、利,以及如何认识和实现权利的主体性价值问题。财产主体性原则,是指人们在从事财产活动时,要充分尊重和体现财产权利的主体性,既要保障财产主体的自由与自主,使得财产行为的选择有利于主体个性发展和价值实现,也要求财产主体自觉承担与财产有关的主体责任。广义财产理论作为对财产制度安排与财产行为选择中主体道德权利和伦理责任的内在规定性,凸显了财产行为所内含的主体性原则。

广义财产本质地内含了财产主体性原则。它首先要求财产主体拥有免受他人干扰,自主地处理自己财产的权利。从更高的价值层面来看,财产行为选择中所内含的自主与自由是人权的内在伦理要求。在道德框架内自由地处分财产是人权的重要组成部分,是人的自由的一个基础与保障。财产行为选择自由与自主是人其他社会自由实现的基础,财产行为选择的自由,是促进人们自由权利实现的重要手段。一个无法自由和自主支配自己财产的人,不可能拥有真正的自由。人们将在自主支配财产的过程中完善自己的自由意志,从而保障自己的人格尊严。总之,广义财产理论所体现的财产主体性,是财产伦理价值的最高体现,也是人类社会活动的终极价值目标之一。

作为一种伦理原则,财产主体性原则主要由财产行为选择自由、对自己的财产行为负责及财产行为有利于人的发展三个方面的规定性组成。财产行为选择自由主要包括财产使用自由和财产交易自由。财产使用自由指人们拥有按照自己意愿使用自己财产的权利和充分自由,除非有道德上的正当性,国家与法律不能强行干预这种权利和自由;财产交易自由主要指人们可以按照意愿对自己的财产进行交易,而不受其他强制性干预与控制。财产交易自由首先要求政府应当为财产交易提供良好的外部环境，包括不直接干涉交易过程，制定一般的公正规则，以及尽力维护交易持续稳定。同时，交易自由也包括人们在交易财产时不受交易对方或其他相关者的强制，这是相对于垄断经济而言的。

财产行为选择的自主性，不仅要求国家乃至全社会尊重人们自主使用和交易财产的自由，而且要求人们应当也必须对自己在财产行为选择中的责任自负其责。这是财产行为选择的内在伦理规定性。根据权利与责任是对立统一的哲学理论，当人们对自己的财产行为作出自由选择的时候，也就意味着必须对自己的自主行为承担责任。

从人权角度来看，财产使用与交换的自由是人的自由权利的最直接体现，通过财产的自由使用与交易，促进人们社会自由的实现，并最终实现人的全面自由发展，是财产伦理所应当体现的最高价值。同时，对自己的财产行为选择负责的伦理要求也包括尽量有利于他人和社会的内在规定性。因此，作为一种伦理原则，财产自主性原则要求财产行为选择应当以人的发展为最高目标，以是否有利于人的发展为最高伦理尺度。康德认为，无论何时，人都应当被当作目的，而不能被看作手段。因此人是一切政治、经济、道德活动的终极目的，人类社会的所有制度安排都应当以促进人的生存与发展、实现人的全面自由为最终目标。财产行为选择作为一种社会最基本的行为选择，也应当以促进人的全面发展、实现人的内在自我价值为最终的伦理诉求。我们这里所说的有利于人的发展中的"人"，不仅仅是指财产所有人或与财产行为有关的人，而应当指向社会中的不特定多数人。只有利于财产所有人或与财产行为有关的人的财产行为选择也是不正义与不道德的。

第三节　广义财产揭示财产与人格的内在联系

近代以来，财产与人格已经被分裂成为两个独立的范畴，人格可以完全脱离财产而独立存在。人格已经被缩减成为一种单纯的法律意义上的人格权利主体资格，对人格的保护已经被限定在了人格权保护的范畴内，财产保护完全失去了人格保护的意义，甚至被放到了人格保护的对立面。财产与人格的剥离，否定了财产在任何意义上与人格的价值认同，如此导致财产在任何意义上均只具有经济价值而丧失了精神价值，财产所具有的人文属性均被剥夺，形成了一种人格的"空壳化"。这种人格的"空壳化"，导致人格原本所散发的人道主义的伦理光芒均被视而不见，法律保护财产及财产权利的意义也只被限制于经济范畴，而没有了人文的关注。

要确定财产与人格的关系，首先要弄清"人格"一词的含义。"人格一词（personality）来源于拉丁语的'persona'一词。'persona'原指戏院中演戏用假面具，后经过古罗马哲学家的运用，尤其是经过中世纪经院哲学派的发展，逐渐被确定为'人格'的意义，即表示理性的、个别的存在。"[①] 对于人格的伦理学概念，不同的学派从不同的角度对其进行了不同的理解，甚至同一学派的不同思想家也有不同的理解。马克思主义哲学对人格的定义是，人的尊严、价值和品质的总和，这是人与其他动物相区别的内在规定性，也是个人在一定社会中的地位和作用的统一。我们可以从两个层面对马克思主义对人格的这一定义进行理解。第一，就个体层面而言，人格是个体价值和品格的总和。人格是每个社会成员所特有的，通过后天形成的一种内在的品格规定性。每个人自身的学习和实践，所生长的家庭、生活、工作环境，以及所受的教育程度与质量，都不断地沉淀为个人的内在品质。而这种价值又使得个人在社会中居于某种地位、产生某种作用，并最终决定个人的人生价值。这些因素结合起来，会使个体产生一种相对稳定的生活态度和行为倾向，从而形成一种较为稳定的内在精神气质。我们正是根据一个人比较稳定内在的精神气质来确认其人格。然而人们所认识的某人的人格，只是某人内在人格所表现出来的一个或多个方面，还不是其全部。因而，我们所说的人格，并不能完全去掉其最初的"面具"的含义。但是，我们还是可以得出这样一个结论，个人所呈现在世人面前的人格表象总是其真实人格的折射，虽然这种折射可能是虚幻或曲折的，不过我们还是可以透过这个人的诸般表现去洞察其人格的本来面目。

第二，就社会共性层面而言，社会成员在个性人格之外，也有共性人格可寻。每个个体人格中所内含的人之为人的内在尊严，以及从这种内在尊严所延伸出的人格平等，是人格的社会共性。人格平等指社会中的每一个个体，不论性别、年龄、民族、种族、工作、财富多寡以及地区文明发

[①] 王利明、杨立新、姚辉：《人格权法》，法律出版社1997年版，第1页。

达程度，都应当得到平等的尊重与保护。

从马克思主义哲学对人格的理解可以看出，人格不仅仅是现代民法所理解的一种权利能力或者说是一种享受权利的资格。人格是一种"人之为人"的社会的、政治的、伦理的地位。罗马法对人格的属性有过明确的界定。虽然罗马法是一部法律，但是罗马法也是一部奠定了西方社会大部分伦理道德基础的伦理准则，从一定意义上来说，现代西方社会的伦理道德基础很大程度上都是在罗马法的基础上发展而来的。罗马法没有将人格仅限定在民法的范畴内，它所标示的人格是人的全面而一般的伦理地位，这种地位是取得自由人、市民以及家父三个身份的结果，而不是前提。当然，罗马法将取得某种身份作为具备人格的前提是有其历史局限性的。但是罗马法的这种规定也明确地告诉我们，人格不是一种"资格"，而是一种地位，一种"人之为人"的地位。因此我们应当区别民法上人格是一种"资格"的定义与伦理学上人格是一种"人之为人"的道德地位的定义，广义的人格是体现"人之为人"的各项伦理、法律、政治要素或权利集合，其中也必然包含民法范畴的权利资格在内的人所具备的一般道德地位。

广义财产系于主体的人格，是人格的表现。尹田教授认为广义财产理论确定了四条基本原则。（1）唯有具备主体资格的人可以拥有广义财产。无主的广义财产是不存在的。（2）一切主体均有其广义财产。即使某人一无所有，即使其债务超过财产甚至于只有债务，其亦拥有广义财产。例如，婴儿一旦出生，即已有广义财产（其享有要求其父母抚养的权利），无产者亦如此。由于缺乏劳动能力，其要求生活费的债权也可构成完全的无财产者之不可减少的财产。无产者的广义财产表现为一项对抗社会的债权。实质上，广义财产为一种可以完全被"空置"的"范围"，它可以表现为获得权利的资格即主体资格。正是基于这一点，广义财产表现了它与人格的紧密联系。（3）任何人均只有一项广义财产。如同人格之不可分割，广义财产也具有不可分割性：一个人可以将其某些财产用于某种目的（如商业经营），将另外的财产用于另外的目的（如个人消费），但其广义财产只有一项。其用于商业经营的全部财产（营业资产）并不构成一项独立的广义财产，而只为广义财产的组成部分。广义财产的这种不可分割性具体表现为以下两个基本内容：一是不能被部分继承，二是当事人的任何财产都应用来清偿其债务，即"全部财产抵偿全部债务"。广义财产的这些特征,构成了其概括性特点。(4)广义财产与主体的人格同生共灭。广义财产在生者之间不可让与,仅其包含的某些因素(特定的财产)可以成为有偿转让或无偿转让的标的。所谓广义财产除了包括具有经济价值的权利之外,还包括人格权利。"广义财产理论明晰地揭示了人格与财产的联系,将个人拥有的抽象意义上的全部财产视为其人格的自有之物而非派生之物或者异己之物。根据这一理论,整体抽象意义上的财产本身即人格的构成要素,无财产即无人格。"①

由此,我们得出这样的结论:人格并不仅仅是一种法律上的"空壳"的主体资格,其包含了由各种实实在在的权利所构成的丰富内涵。这些权利不仅包括实证法意义上的法定权利,更重要的是包括人因其自然本性而应当享有的"天赋权利"。

就人格何以能够直接包含人享有财产权利的问题,我们还需要进行特别的阐明:我们以往在论述财产与人格的关系时,我们一般会认同对财产或财产权利的侵害就是对财产所有者人格尊严的侵害这样一个观点。但我们往往也会因为具体财产所包含的权利义务是可以全部或部分依照人的意志而转让、放弃的,而拒绝承认财产即为人格本身,还仅仅将其认定为人格的派生物。其实这种观点限制了我们对广义财产内在的人格属性的理性认识,脱离了财产的人格不是一种完整的人格,财产因素失去后,无论自由也罢,安全也罢,尊严也罢,均会成为空头支票。因此,"广义财产理论无比聪慧地运用了一种最为抽象的方法,阐明了人格之中所必须包含的财产要素,使人格的阐释达到丰满。""一个声称'一切人均有其平等人格'的社会竟然不能给予一切人均有其保证基本生存条件的财产时,其关于人人生而自由、平等的宣称便是一纸空文!在此,民法对私人财产保护的社会价值,得以酣畅淋漓的表达。"②

人格的内涵也有助于我们进一步深化对广义财产概念的理解。广义财产显然不是指现实存在的物质资料,但也不是人所实际享有的财产权利义务的单纯叠加,它是一种权利义务的结合或总和。权利义务的总和与构成该总和的具体权利义务不是同一层面的范畴。"总和"更多的是一种状

---

① 尹田:《无财产即无人格——法国民法上广义财产理论的现代启示》,《法学家》2004年第2期。

② 尹田:《无财产即无人格——法国民法上广义财产理论的现代启示》,《法学家》2004年第2期。

态。这种状态是一种高度抽象的概念，它并不考虑具体权利义务的形态、多寡或性质。同时，这种权利义务的总和是具有财产要素的，"人之为人"首先需要最基本的物质保障，仅仅赋予人们一系列毫无实体意义的权利义务或者某种"资格"，是不足以使人真正成其为人的。因此，在一个更深层次上成为人格的体现的广义财产，它所展示的是人生存状态的本质规定性。

第三章 实证法学对物权的伦理中立性解释面临的困境

由于实证主义法学在现代法学中统治地位的影响，法律维度的物权概念认为物权是权利主体在法律规定范围内对物（狭义的财产）所享有的绝对的支配权，物权的类型、内容、范围、产生、变更、消灭都必须源自法律的明确规定，物权只是法律范围内权利资格的体现。实证主义法学虽不排斥法的道德性及权利与道德进行联系，但是也不将实定法所不能解决的问题诉诸法律本身以外的价值内涵。在实证主义法学的理论体系中，物权的正当性来源于立法者的法律制定，各国立法者又因为自己的政治体制、经济制度和传统文化的影响，导致对物权的理解也不同，甚至大相径庭。从而实证主义法学范畴物权概念是一个充满自然可能性、不确定性和主观性的概念。而在实现了法律权利向道德权利的转化后，实证主义法学范畴的物权概念在伦理学范畴内被辩证地否定，并向一般伦理学意义上的物权概念转化。

第一节 法律维度的物权定义及特征

在法律语境中，物权意指对权利人在法律规定基础上对物的占有、使用、处分、收益的排他性权利。物权的基础是所有权，在物的使用过程中又衍生出担保物权、用益物权等权利体系，担保物权主要包括抵押权、质权等，用益物权主要包括地上权、地役权、典权等。这些衍生权利都是为了保护所有权和更好地利用物而产生的，它们主要来源于法律的技术性规定，其不论是法律基础还是道德性基础都来源于所有权。因此我们虽然讨论的对象是物权，但基本不涉及担保权、用益权这些衍生权利，研究对象仍然主要集中于所有权范畴内。

法律对所有权的一般性规定，都是认为它体现为主体之间在法律框架之内由于物的独占支配而形成的一种民事法律关系。大部分国家法律使用的都是全能列举的方式来明确所有权的效力范围。法国民法典对所有权的定义是所有权为对物完全按个人意愿使用及处分的权利。德国民法典则定义所有权为，物的所有人在不违反法律以及侵犯第三人权利的前提下，可以排除他人一起干涉自由处分其物的权利。我国《民法典》第二百四十条对所有权的定义是"所有人依法对自己的财产享有占有、使用、收益和处分的权利"。

从法律层面而言，法律维度的物权概念指由物权主体在法律规定的范围内所享有的直接支配特定物并对抗第三人的绝对权利，所有权是物权的基础和核心，具有支配性、绝对性、公示性和法定性的法律特征。

支配性。物权主体对作为客体的物的直接支配。其一方面，指物权主体对物可以依据自己的意志采取合法的支配方式。任何人，包括国家与政府在内，非经物权主体的同意，不得加以干涉乃至侵害；其二方面，是指物权主体对物的支配，无须得到他人的同意，能够依据自己的独立意志依法直接占有、使用、处置其物。物权的支配性决定了其所具有的优先性、排他性等特点。物权的优先效力直接源于物权的支配性。而且，能够支配某一实体物，在没有其他法律或合同限制的情况下，必然能够支配该物所体现的价值。例如，保护权利人对土地和房产的支配，也就保护了其对该土地和房产价值的支配。所以，权利人在法律上所享有的直接支配一定物的权利，必然也体现了法律对其支配物所带来的利益的认可与肯定。

绝对性，也称对世权，是指物权的权利人所享有的对世并排他的权利。权利人的权利可以对抗一切不特定的义务人。除权利人以外，其他任何人（包括国家与政府）都对权利人的权利负有不可侵害和妨碍的义务。

公示性。该特征是绝对性的延伸。正因为物权是一种对世的绝对权利，必然要给予一般义务人一个认知或知晓权利界限的途径。所以物权也必须是一种公开性的权利，其设立和移转必须要公示，以产生公信效力，以防止出现无意识的侵权行为。

法定性，也称"物权法定原则"。任何国家的物权法律，其最核心与最基本的规定就是"物权法定原则"。所谓"物权法定原则"，就是任何物权的产生、变更、消灭，其原因与过程都必须由法律严格规定。

也就是说，任何人在没有法定原因和法定名目的前提下，不能随意创设一项物权；任何人没有法定理由且不经过法定过程，均不得变更或消灭一项物权，否则变更与消灭均不产生法律上的效力。"物权法定原则"是实证主义法学在物权法律上的突出表现，它的中心思想是物权作为一项权利，它的唯一来源就是法律的规定，物权只是由法律所赋予权利人的一项在法律范围内不受干涉地占有、使用、收益、处分物的法律权利能力或资格。

物权的支配性、绝对性、公示性和法定性，是物权的基本法律属性，四个属性相互支撑、相辅相成。支配性是绝对性的前提与基础，物权貌似一种对物的权利，但究其实质是一种人与人之间的关系。物权本身就是要强调支配性和绝对性这两个基本属性所体现的人与人之间关系性的本质。公示性是绝对性的保障。在一种单纯的完全封闭形态下，物权的界定没有任何意义。因为资源稀缺的存在，从而引发人们对这是"我的"、那是"你的"的权利的界定。能够明确知晓物权的不同归属或分配，是物权法律的核心内容。不过，我们也必须认识到，在法律维度内，物权概念最核心与最前提的内容是法定性，物权的前三个特征存在的前提都是要符合法定性，如果一项所谓"物权"不符合法定性的要求，支配性与绝对性是无法发挥作用的，也不可能获得公信力。因此，我们也可以说，法律维度的物权是一种法律规范限定内的财产权利，这里的财产是指一种狭义的财产，单指有体或无形的具有经济价值的物质存在。这是实证主义法学在物权概念上的直接反映。

第二节 实证法学范畴的物权法律概念只是一种法律规定下的权利资格

实证主义法学由 19 世纪英国法学家、分析法学派的代表人物约翰·奥斯丁（J. L. Austin）初创。奥斯丁认为法律是主权者为支配社会成员的行为而发布的总命令，他把法律的权威完全建立在主权者损害不服从者的能力或意志上。奥斯丁提出的法律是主权者命令的学说成为"二战"时纳粹德国的主要立法指导思想，由此也导致了世人对实证主义法学的普遍质疑。"二战"后，现代实证主义法学的集大成者哈特（Hart）将实证主义法学理论重新整合与阐述，以使其能适应现代社会与法律的发展。总的来说，实证主义法学是在绝对的工具理性和道德虚无主义的影响与支配下对法律进行分析的学派，他们认为法律是一种高度技术化规范，法律可以依据社会功利的考虑而发生变化。只要是通过合法的创制程序，一项法律必定是有效的。同时，由于实证主义法学只考虑行为者的主观目的和意图，从而将法律的内容与结构都引向形式化。在实证主义法学看来，法律的价值都是超验的，对法律的分析只需要纯粹客观的分析即可，即不需要涉及法或权利的内容与价值问题。

与实证主义法学相对应的是自然法理论，自然法理论认为法律与道德之间具有必然的联系，在实定法之外还存在一个被称为"自然法"的绝对律令。自然法是以人的理性为基石的更高级的规范，不符合自然法的实定法不能称为法。应该说，相比较自然法理论而言，实证主义法学有其存在的积极意义。自然法以自然理性先验存在的原则与价值为终极追求，过于理想化，难以真正发挥法律应有的实际应用效力。而实证主义法学将那些终极原则变为经验范围内的、切实可行的法的规范或规则，从而用工具理性、法的客观性与普遍化特征扬弃了自然法理论中的不确定性和任意性。法律实证主义反映了现代生活精确化和工具化的倾向，使诸如"法律是什么"之类的问题，可以用一些比较简单、精确的概念来回答，使法理学成为相对独立的一门学科，也使得真正意义上的现代法治社会的建立成为可能。

实证主义法学与自然法理论均对人类社会法学理论的发展作出了无可比拟的贡献。但是我们也必须认识到，实证主义法学以经验事实为基础，认为法律的效力的前提是履行了完整的立法程序，从而引发"恶法亦法"的诟病。实证主义法学对法的正义性和道德价值持疏离态度，很多时候都自觉或不自觉地将道德性和价值性的内容从法的基础范畴——权利中排除出去，导致法学理论成为一种绝对的工具理性。工具理性在认知过程中将人的情感因素予以排除，将思维对象数量化和客观化，以及将价值中立，是一种形式化的认知技能。法学理论的工具化也造成了现代法哲学的片面化倾向。诚如阿图尔·考夫曼（Atul Kauffmann）所指出的："那些不关心道德价值和哲学问题的'纯法学家的法理学家'过分迷信技术理性，片面醉心于纯粹形式主义和法条主义；他们企图离开道德价值和哲学问题特别是法的基本问题去回答法律的问题，其结果必然是把法律仅仅归结为纯粹的技术和规则,进而必然导致法哲学的粗俗化、平庸化。"①

罗纳德·德沃金(Ronald Dworkin)在批评哈特的实证主义法学理论时,曾对实证主义法学的主要观点作了一个精炼的概括:"一个社会的法律,是由该社会直接或间接地、为了决定某些行为将受到公共权力的惩罚或强制的目的而使用的一套特殊规则";"如果这样一条法律不能很明确地处理某人的案件时,那么这一案件就不能仅仅依靠'适用法律'来裁决而必须由某些官员,例如由一名法官行使自己的自由裁量权";"只有在一个现存的法律规则设定了一项法律义务时,这项法律义务才存在"。②针对于此,德沃金提出,实证主义法学忽视对人们权利的研究。权利是法律的基础,法律是对权利的界定与宣告。实证主义法学虽然不否认权利本身应当有正当性的基础,但是它认为权利正当性源于法律规范本身。只要是经由法律界定和宣告的权利都是正当的。德沃金指出,实证主义法学这样的观点是忽视了人们应当享有的一些基本权利。因为众所周知,人们享有的许多最基本的权利,即使法律没有明确界定与宣告,它也是存在的。其实在国家和法律产生之前,人们就已经开始享有蕴含于人类社会基本理念之中的一些权利,如免受他人对自己人身、财产侵害的权利。而且,如果认为权利只是法律宣告的结果,而滞后性又是法律的一个特性,法律不可能及时甚至提前去解决由经济、社会、政治新发展所带来的新问题,法律的有效性会出现断层,而当新的法律规范尚未制定,旧的规范已经无法适用的时候,权利是不是就不存在了呢?因此,德沃金指出,我们应该适用一种整体性法律概念,将法律界定为规则和原则的结合体。规则是规定权利、义务以及法律责任的准则,它赋予人们一种制度化的权利。原则是泛指法律、政治、道德、伦理等领域的价值诉求,是诸如公平、正义的要求,或者其他道德层面的价值要求。原则的目标是确立个人权利,是"描述权利的陈述"③。原则赋予人们的是一种抽象的背景权利。所谓背景

---

① [德] 阿图尔·考夫曼、温弗里德·哈斯默尔主编:《当代法哲学和法律理论导论》,郑永流译,法律出版社2002年版,第9—10页。

② [美] 罗纳德·德沃金:《认真对待权利》,信春鹰、吴玉章译,中国大百科全书出版社1998年版,第34—35页。

③ [美] 罗纳德·德沃金:《认真对待权利》,信春鹰、吴玉章译,第126页。

权利,是以抽象的形式掌握在个人手中用以"论证社会所做出的决定的权利"[①]。背景权利是普遍的实在权利的终极证明,是为所追求目标的正当性划定严格界限的基本价值诉求,也就是我们所说的权利的道德正当性源泉。

我们知道,罗马法开启了生物意义的人与伦理意义的人的二分思路,认为"伦理人"是人在伦理上的抽象物。但是在罗马法那里,身份又是从生物人过渡到伦理人的关键。同时众所周知,罗马法中的伦理与法律没有完全清晰的界限,在古罗马时期以及之后的很长时期,伦理人与法律人在某种意义上也是同一的。直到法国民法典时代,人的自然理性逐渐取代身份成为取得法律人乃至伦理人资格的关键。1789年法国《人权宣言》宣布,在权利方面,人们生来而且始终自由平等,自由、财产、安全反抗压迫是人的自然的不可动摇的权利。而法国民法典中的财产即我们前文所分析的广义财产,是权利义务的结合,是人格的内在要素。然而,以功利主义为基础的实证主义法学兴起后,从以实证法学代表著称的德国民法典开始,广义财产的概念逐渐被舍弃,财产权利和人格被人为割裂。财产权与人格权都成为一种法律"施舍"之下的"法律权利能力",或者说是一种法律所赋予的资格。

法人制度是德国民法典在民法发展史上作出的最大贡献之一,它不仅解决了团体人格的塑造问题,而且据此形成统一的民事主体制度。但是为了法人制度的创设,德国民法典不得不有选择地改造了罗马法和法国民法典中的人格理论,它仅仅截取了罗马法中"权利主体资格"的形式要素,创制出一种新式的人格面具即"法律权利能力",并将这一人格面具赋予成为交易主体的团体,使之区别于其他组织,能够成为财产权利义务的载体。同时,抽去人格之"人之为人"的本质内涵,将已经面目全非的"人格"赋予那些团体,使之能够被视为"法律上的人",并拥有"法人"的称谓。[②] 德国民法典这一创新,创造了一种新兴的名词"法律权利能力"。这种以"法律权利能力"为内容的"人格"取代了本来意义的人格,导致了人格的"空壳化"。同时也使财产权利(或者是物权)和人格

[①] [美]罗纳德·德沃金:《认真对待权利》,信春鹰、吴玉章译,第129页。
[②] 参见尹田《无财产即无人格——法国民法上广义财产理论的现代启示》,《法学家》2004年第2期。

发生了完全的分离，成为一种与道德内容无关的法律资格或者民法地位。财产权利中所蕴含的精神内容被完全剥离，人文属性被忽略甚至完全否定，财产权利与人格不再存在任何意义上的价值认同，成为彻彻底底的法律范畴的"物权"。因此我们也可以理解，为什么本书开头介绍的对"《物权法》是否违宪"的论辩，大家大多在寻找法律本身的依据，而较少有人从道德价值、伦理诉求的角度为《物权法》平等保护私有财产权寻找理论依据。因为我们中的大部分人都认为，法律的疑问只能从法律本身去寻求解答。

德国民法典在近现代民法发展史上占有举足轻重的地位。直到今天，它仍对我国的法学研究起着根本的影响作用。但是作为德国民法基石的实证主义法学，它的绝对技术主义和法条主义导致了财产权利理论研究的片面发展，使得财产权利在任何意义上均只具有经济价值而无精神价值，财产权利仅仅被当作一种实在法意义上的，不再是人人与生俱来、当然拥有且不可剥夺，而且必须依赖于制定法承认与赋予的"法定权利"。具体可以归纳为三个方面。（1）割裂了权利的道德性，抛弃了传统的以正义、自由、平等为基本内容的权利价值理论，取消了财产权利的终极价值和正义追求，把一切道德价值判断都视为非理性的说教。（2）过分注重法的客观科学性，把物权法律外化为由技术手段、游戏规则组成的科学技术，仅仅认为物权的概念是根据法律进行思考而得出的结论，而不是对物权概念进行伦理辨析的成果，导致了无法实现对《物权法》的整体理解，从而丧失了物权应有的道德灵魂。（3）将财产权利正当性的源泉只寄托于立法者的法律制定过程，法律肯定与宣告的财产权利就是正当的。但是由于各国立法者对各项财产权利的内容、在本国法律中的地位，以及应当优先保护哪一项财产权利理解是不同的，受到本国经济体制、政治体制、传统文化等各方面的影响，导致各国法律对于相同财产权利的保护也是不同的，甚至大相径庭。由此，从这个意义上而言，实证主义法学所理解的与伦理无涉的物权只是一种浅层的物权概念，是一个充满自然可能性、不确定性与主观性的概念，只是一种纯粹的法律权利资格，与伦理价值无涉。其应当在伦理学中被否定，从而实现从法律维度的物权概念向伦理学维度的财产权利概念的发展。而发展的前提就是法律权利向道德权利的转化。

第三节　从法律权利到道德权利[①]

　　法律权利和道德权利都是一种权利能力的存在。无论是在哪一种权利体系中，权利能力都是指抽象主体所享有的，以追求自身正当性为目的，以人格和财产的拥有为基础，实现自身合理存在状态的资格。权利能力主体是脱离了具体、现实社会历史情景的广义的人，而这广义的人承受的也是抽象的权利义务关系。权利能力是法律与道德共有的一个概念，但是由于法律权利能力来源于法律的明确规定，其更为世人所知，甚至在很多时候被直接等同于权利能力本身。权利能力的诞生，在人类社会发展史上有着巨大的进步意义。在人类历史的漫长岁月中，无论是古代东方法还是古罗马法，身份都是人能够享有法律权利和承担法律义务的标志，具有某种身份的人可以享有多种特权，承担很少甚至不承担任何义务；而另一些人又因为具有另一种身份而承担很多义务，却很少甚至不享有任何权利。资产阶级启蒙思想家认为，人类原先是一群没有差别的人，平等享有天赋的权利，他们为了维护各自的自然权利，通过订立社会契约而组成社会，建立政府。人们进入社会后，仍然保留着自然权利，只不过是将保护权利的权力让渡给了国家，人们在国家的管理和运行过程中因为其他原因被后天赋予了身份差别。权利能力是从道德和法律角度对天赋权利的确认，是对人们享有权利的资格始于出生、终于死亡、终身享有的确认。在权利能力的框架内，人的身份差别作为附属的功能性的东西被抽象掉了，是对有史以来人类不平等的身份制度的彻底否定。

　　但是，权利能力一旦和实证主义法学的工具理性相结合，成为现代民法乃至整个法制社会的价值支点后，它逐渐成为一个虚无的形式主义的法律资格标志。法律权利能力是一种由法律确认的资格。按照社会契约论的观点，社会是由相互独立且自利的人组成的，他们为了摆脱"自然状态"而订立契约，让渡一部分权力给公众组织，从而形成一个利益合作体，亦即国家。法律权利能力是法律确认自利个体加入利益合作体的资格。如果没有法律对法律权利能力和法律权利的确认，即使是一个生物意义上的

[①] 本节的核心内容收录在拙作《道德权利如何为正当的权利体系奠基》（方兴、田海平合著）中，发表于《南京社会科学》2012年第2期。

"人"也不能被认为是一个法律上的人,不能参与社会活动。在法律权利的框架内,社会成员以经济利益为依托,虽然他们追求的利益也包含一定人身和财产的因素,但是这两种利益更多地被赋予了经济利益的成分。这两种利益的满足是个体得以生存的基本要素。国家及政府存在的正当性,就是最大限度地满足这些基本需求。法律制度是国家为有效调整和合理满足这种需求所确定的行为规范,法律权利只是在国家所制定的这些行为规范中所设定的权利。亦即是说,具有法律权利能力能够享受法律权利的人只是被法律当作一种用于规范秩序的工具,是一种被法权规定抽象掉了各种社会角色与身份的抽象物。法律权利只是一种法律的附属,法律可以决定它的存在与取舍。

实证主义法学的工具理性把现代社会的制度体系归属于工具主义和形式主义的统治之下,它重视通过"规则"来调节人们的实际利益,而不关心人究竟应当如何生活、什么样的生活是"善"的生活等具有终极价值和意义的问题。在法律权利的视野里,权利优先于价值,而不是价值优先于权利。曹刚教授指出,实证主义法学所确立的单纯的法律权利,"是以抽象的人为逻辑起点,它的立足点只能是局部的而非人的全面本质。首先,由于它预设了自利的个体,抽象掉了人的超越层面,也就抽象掉了人与自然的否定性统一关系。由于实践的存在本性使人具有自在和自为的双重本性,人可以用内化的方式去转化外部世界的自然力量,天地自然也以人为核心去实现自身最大的潜能,从而建立人与自然的本质性一体关系。但在只注重人的生存利益的法律权利的框架里,却无法容纳如此宏大的天人关系,相反还会割裂人与自然的一体性联系。""其次,由于它抽象掉人的各种社会角色和身份,使人成为一个'能力装置'。人的本质是社会关系的总和,社群主义也持有类似的观点。他们认为自我是由社群来建立起角色和社会身份的,这种身份标志不是个人的偶然属性,也不是人们借此来发现一个真实的自我后剥离的东西。相反,如果没有这样一种特殊的身份关系的纽结与规定,我就什么也不是了。在权利能力的框架里,人所具有的所有社会关系都被抽象掉了,只剩下一个孤零零的自我,毋宁说,剩下一个能履行权利义务的装置,'法人'的出现就是典型的例子。""最后,它抽象掉了人的情感等非理性的存在,只剩下一个'强而智'的人。"[1]

---

[1] 曹刚:《从权利能力到道德能力》,《中国人民大学学报》2007年第2期。

因此，在实证主义法学的视野里，物权只是一种单纯的法律权利，是一种法律权利义务的容器，物权人可以依据物权来强有力地维护自己的利益，并根据利益的可能的计算结果来衡量遵守或违反法律的利弊。但是在这样一种单纯的法定物权中，权利人所内含的价值性以及与外界的道德交互均被抽象掉了，只剩下一个在法律框架内享受法定权利、履行法定义务的"机械装置"。因此，当我们面对一个物权是否需要保护以及应当给予多大程度保护的问题时，我们只能走入一个用法律解释法律的困境。而且由于法律的滞后性与有限性，法律不可能考虑到所有的物权，而法律没有规定的权利我们是否就可以认定它不存在了呢？这些都是实证主义法学所无法解决的。所以，我们要超越实证主义法学对物权伦理中立性解释的困境，将物权纳入伦理学的范畴来考察。首先必须要超越法律权利的价值内涵，向道德权利发展，并以此明确权利的道德性。

道德权利是一种内在价值的向度，它是在人类的历史发展过程中，人类存在与发展的本质需求，是"人之为人"的基本价值诉求。道德权利以现实的人为逻辑起点。"现实的人"就是在社会关系中从事实践活动的人，是活动着的对象化的人。它超越自在生命，突破个体局限，与他人、他物融合为一体，获得了无限的性质，从而容纳人与自然的内在统一关系。现实的人是社会的人，是充当各种社会身份与关系的人，它既摆脱了市民社会的外在必然性强制的力量，又能在文化共同体内达到自我实现的完满境界。"现实的个人是具有复杂的个性的人，既是自然的存在又是精神的存在，既是理性的存在又是非理性的存在，所以它能实现富有创造性的、充满激情的、有着坚强意志的自由个性。"[①] 法律权利显然无法实现人的这些内在价值，只有道德权利才能指向它们。道德权利比法律权利更能合理地成为社会伦理秩序的价值支点。

[①] 曹刚：《从权利能力到道德能力》，《中国人民大学学报》2007 年第 2 期。

第四章　一般伦理学意义上的物权

物权在实证主义法学中只是一种与伦理无涉的法律权利资格，一旦割裂了物权与人格的联系，物权就会成为一种主观性与不确定性的概念，走入其自身无法解决的困境。要从根本上解决这一问题，实证法学意义上的物权概念必须实现向一般伦理学意义上的物权概念的转化，成为具有道德性且受道德约束，并体现权利主体抽象人格的广义财产权利，从而证成其伦理普遍性与客观性。

第一节　物权的道德蕴涵[①]

一　权利的道德合理性是具有普遍本质的权利体系的基础

权利与义务是现代社会中一对最基本的矛盾关系。权利与义务的辩证统一、矛盾运动成了推动现代社会发展的主要内在动力之一。实证主义法学认为合法性是权利存在的前提，但是实证主义法学无法从价值层面解决法律为什么要保护权利并维护其存在与发展的深层问题。如果仅仅认为权利能够为社会发展带来实际的利益，那这种评价只是停留在了对权利的功利性评价层面，即"是什么"的层面。物权概念如果需要走出物权道德中立性解释所带来的困境，并使得物权在具有普遍本质的权利体系中实现其价值性存在，即达到一般伦理学意义上物权概念层面，我们必须触及物权"应当是"或"为什么是"的层面。法律权利向道德权利的转化是证成物权"应当是"或"为什么是"的前提，权利的道德合理性是建构具有普遍本质的权利体系的第一步与基础性环节。

[①] 本节的部分内容收录在拙作《道德权利如何为正当的权利体系奠基》（方兴、田海平合著）中，发表于《南京社会科学》2012年第2期。

（一）权利的概念

"直至中世纪结束前夕，任何古代或中世纪的语言里都不曾有过可以准确地译成我们所谓'权利'语句。大约在 1400 年前，这一概念在希伯来语、希腊语、拉丁语、阿拉伯古典或中古语里缺乏任何表达方式，更不用说在古英语里或晚至 19 世纪中叶的日语里了。"[①] 古希腊思想家并没有直接论及权利问题，在他们的著作中也没有出现过"权利"一词，在他们的词汇表中也不存在与现代"权利"等值或内涵相当的词汇。但他们从伦理学、政治学的角度探讨当人们出现相互冲突的主张时，何为正义以及正义标准在何种场合可以适用的问题时，这其实就是在讨论权利的概念。中世纪时期，托马斯·阿奎那（St. Thomas Aquinas）首次解析性地将在罗马法中被赋予了多种含义的拉丁语"jus"，以自然法为基础解释为人们依据自然权利提出的正当要求。中世纪末期，随着文艺复兴和资产阶级启蒙运动的蓬勃发展，权利观念才逐渐成为普遍的社会意识。权利作为一种人类历史的文化现象，在历史上被很多思想家依据各自不同的哲学方法和法律倾向作出解释。特别是近代，权利这一概念更是成为西方伦理学、法学、社会学及政治学所关注的重点。杨春福教授围绕权利的定义问题，总结了影响较大的利益说、资格说、自由说、要求说、选择说等几种理论。

第一，利益说。利益说以德国法哲学家耶林（Jhering）的理论为代表。利益说认为，为法律所承认和保障的利益可以称为权利，法律的核心作用之一就是保护一个人的利益免受他人侵犯，并促进利益的最终实现。根据功利主义理论，每个人所负有的义务，都是为了保障或促进他人的利益而设定的。利益说主要是将权利与一定的利益相关联，每一种权利都代表了一种合法的利益。

但是利益说也有无法克服的问题。有些权利对权利人而言是没有利益的，比如所有权人将其拥有的物品进行物理上的毁损，是行使所有权中处分权的行为。这个行为可能是没有利益的。而且在很多情况下，权利只是获得利益的一种手段，利益是权利的目的，权利本身是无法表征利益的。

[①] ［英］A. J. M. 米尔恩：《人的权利与人的多样性——人权哲学》，夏勇、张志铭译，中国大百科全书出版社 1995 年版，第 5 页。

第二，资格说。资格说最初由格老秀斯（Grotius）提出，他从自然法的角度出发，认为权利是一个人有占有或使用某样东西的正当资格，而且这种资格是人作为理性动物所固有的一种道德品质。

资格说有其重大的理论意义，一个人只有获得了成为权利主体的资格，才能够提出要求别人承担义务的主张，才具有从事某项活动而不受他人干涉的权利。但是，资格说也有其片面性。按照资格说的观点，一个人被赋予权利是因为他所具有的某种资格，并不取决于他提出的请求是什么。某人取得某种资格而被赋予了权利，而被赋予了权利又意味着取得某种资格，这在逻辑上本身是一种循环定义。更重要的是，资格说只是从静态的角度，从规范及蕴含在规范中的基本精神中去研究权利，而没有从动态的角度，即权利的实际享有和行使上去研究权利，对权利的关注是浅层的。

第三，自由说。自由说是另一个占有重要地位的关于权利的学说，其核心观点为权利是受法律保护的自由。荷兰哲学家笛卡尔（Descartes）首先提出了这一观点。英国哲学家霍布斯则进一步将自由与法律联系在一起。自由说认为权利主体为或不为一定行为不受他人的干预或胁迫，这代表了权利主体的意志自由和行动自由。而且自由说是在人与人的关系中去研究权利，表明权利是一种关系概念。这些都是它的合理之处。但是，权利主体的权利如何体现自由，自由说并没有给予太多关注。

第四，要求说。要求说认为权利是一种对自己主张或要求的宣告。要求说是从关系的角度来研究权利，并强调了权利与义务的对应关系。但是按照要求说的解释，人的要求必须要得到回应才能成为权利，无人应答则不能称为权利，这是要求说的最大缺陷。

第五，选择说。选择说是英国法哲学家赫伯特·哈特（Herbert Hart）提出的。哈特认为权利实质上是一种法律选择。法律赋予权利主体以某种资格，实质即为法律承认该权利主体的法律选择优先于其他人特别是特定义务主体的法律选择。权利主体可以选择做某事，也可以选择不做某事。面对义务主体，权利主体既可以选择要求其履行义务，也可以选择放弃要求其履行义务。选择说的积极意义在于看到了权利或者义务的主体性和可选择性，有利于权利主体的利益和自由的实现。其片面性在于无法解释某些无法选择的义务及其相对应的权利，比如在义务教育阶段接受教育的权利。

杨春福教授总结认为，我国学术界给权利的定义内容，受苏联法学理论的影响，普遍认为权利是指法律所规定的，权利主体所享有的做出某种行为的可能性。这一定义表明了由法律规范所承载的权利仅仅是一种可能，始终处于待用的状态，如果权利主体不行使或者不能行使权利，则对于他来说，权利只是一种可能。这个定义的优势在于倡导人们要在法律规定范围内勇于追求和捍卫自己的权利。但是它的片面性在于只注意到了法律规范明确规定的权利，而没有注意到权利主体在法律规定之外在具体的伦理关系中所应实际享有的权利。[1]

（二）权利的特性

1. 正当性

按照利益说的理论，只有正当的利益才可以得到法律固定而成为权利。因此权利至少在形式上是正当的，或者说是正义的。权利一方面是正当利益的固定，另一方面又是追求正当利益的行为自由，而这个自由本身也是一种正当利益。这样，正义和权利就统一了。"古希腊哲学家基本上没有人讨论权利，而是讨论什么是正义、什么是不正义的话题，当古罗马人发展了古希腊哲学家的观念，用法律的强制力来支持一切正当或者正义的事情时，就把权利的正当性完全体现出来了。"[2]

2. 确定性

这个特征要从两个方面来理解。一方面，权利必须明确，一项具体的权利，鉴于其绝对的对世效力，其中的权利主体、权利期限、权利所对应的义务主体及责任范围等权利内容，必须公示。这种公示制度就是向世人"明确"权利。就权利内容而言，由法律对权利的具体内容进行明确规定本身就是最强有力的公示。但是对于权利主体、期限等内容，则必须经过特定的公示手段之后才能为法律所明确。如我国《民法典》第二百一十四条规定："不动产物权的设立、变更、转让和消灭，依照法律规定应当登记的，自记载于不动产登记簿时发生效力。"第二百一十七条又同时规定："不动产权属证书是权利人享有该不动产物权的证明。不动产权属证书记载的事项，应当与不动产登记簿一致；记载不一致的，除有证据证明

---

[1] 参见杨春福《权利法哲学研究导论》，南京大学出版社2000年版，第67—69页。
[2] 彭诚信：《主体性与私权制度研究——以财产、契约的历史考察为基础》，中国人民大学出版社2005年版，第198页。

不动产登记簿确有错误外,以不动产登记簿为准。"此外还有如人身权的一些变动也需要特殊的公示制度,夫妻权利的取得需要结婚登记,丧失需要离婚登记,收养所形成的亲子关系也需要登记。这些登记都是这些权利存在与否的法定标志。

同样,权利必须要有明确的义务承担主体,而义务也是来源于公示的。义务公示的途径一般有三种。第一,法律明确规定某些主体应负的义务。如《个人所得税法》第一条规定:"在中国境内有住所,或者无住所而一个纳税年度内在中国境内居住累计满一百八十三天的个人,为居民个人。居民个人从中国境内和境外取得的所得,依照本法规定缴纳个人所得税。在中国境内无住所又不居住,或者无住所而一个纳税年度内在中国境内居住累计不满一百八十三天的个人,为非居民个人。非居民个人从中国境内取得的所得,依照本法规定缴纳个人所得税。"第二,法律明确规定的禁止性规定。如《民法典》第一百五十三条规定:"违反法律、行政法规的强制性规定的民事法律行为无效。但是,该强制性规定不导致该民事法律行为无效的除外。违背公序良俗的民事法律行为无效。"第三,法律对某些责任的承担主体进行明确。如《公司法》(2018年版)第三十条规定:"有限责任公司成立后,发现作为设立公司出资的非货币财产的实际价额显著低于公司章程所定价额的,应当由交付该出资的股东补足其差额;公司设立时的其他股东承担连带责任。"

就物权而言,公示制度主要是针对物权的存在和变动而设立的。这主要由物权制度的特性所决定。"物权既具有绝对性,在物权之间并有排他的优先效力问题,与社会公益攸关,其得丧变更,须有一定的公示方法,以维护交易安全,乃产生物权法定原则。"[1] 物权的公示制度历史悠久,方式方法也在不断地变化和改进当中。"当一个所有者将土地卖给其他人时,就在被移转的土地上举行一个公开仪式,以标志土地的转让。原先的土地所有者,当着公证人的面,在仪式上把地产的一块土和一根枝条作为'产权让渡证书'交给新的所有者。然后,出席仪式的成年人痛殴一名目睹了移交土地和枝条的孩子。严厉的毒打使孩子对这一天终身难忘。这

---

[1] 王泽鉴:《民法总则(增订版)》,中国政法大学出版社2001年版,第88页。

样,通过孩子的受惊挨打,这项转移的一个活记录便产生了。"① 这段话描述的是中世纪的英国人们为了公示土地的转让而采用的一种方式。当然今天已经没有人再使用如此野蛮的方式了。现在是根据具体财产和其上权利的设置而采用书面登记方式,而且这种书面登记是公开备查的,目的就是要让已存的权利和权利的变动被世人知晓。

3. 恒定性

一项权利应当与其载体共始终,甚至在其载体消失后的一段时间内都应得到保护。权利不应当随着政策的变化或政权的更迭而改变,权利的变动及消灭只能经过法定程序,而不能由任何政府、官员或个人随意决定。权利的永恒确定、绝对受尊重在缺乏私权传统观念的中国更应特定强调。权利的恒定意味着它能给人们带来稳定的预期。如果权利不能给予人们稳定的预期,就不是真正的权利。权利的稳定感来源于权利主体的自由支配、其他主体的绝对尊重和国家强制力的最终保护。如果没有权利人的同意,任何个人、组织甚至国家都不能随意侵犯。在这个意义上,社会信誉的基础是权利,社会道德的基础也是权利,而信誉、道德又从更深层次上尊重和保护着权利。恒定权利总能给予人们日常交往的可靠感和信赖感,只有对权利的足够尊重,人们才能够树立其对道德与法律的信仰,权利的确定性是人们信仰道德与法律的真正基础。

4. 安全性

在现实世界中,没有对具体个人的正义就无所谓公共正义。只有使个人权利受到普遍尊重,人们才会有真正的安全感。权利的一个重要特性就是能够有效对抗公权力的扩张。所谓"风可进,雨可进,国王和他的军队不能进",就是试图彰显权利是安全感的前提。权利的正当、确定和安全为人们提供了获得尊重、得到保护的基础。就私有财产权而言,这些特性给人们参与社会经济活动提供了有效的合理预期,是社会经济发展的基点。

(三) 义务的本质

义务是人类社会生活中普遍存在的关系和要求。每一个社会都会给自己的社会成员提出义务要求,把社会成员的行为选择及社会成员之间的社

---

① [美] 罗伯特·考特、托马斯·尤伦:《法和经济学》,张军等译,上海三联书店、上海人民出版社1994年版,第205页。

会关系调节和引导到一定的社会秩序中去。任何人在同他人乃至整个社会的关系与交往中，无论其是否能够意识到，他总是包含着要尽某种义务的本质规定性。正是由于义务是社会经济、政治、法律和道德生活的重要环节，所以义务历来是伦理学研究的重要对象。

义务一词在西方伦理学史上使用较多，在中国伦理思想中却较少出现。但是，中国古代思想家们一直在使用"义"这个概念，如果将其作为一种基本的行为要求，其必然包含义务内容。义务总是相对权利而言，所以要分析义务的内涵，首先要对义务与权利进行一个比较。

首先，从抽象层面上看，权利义务相伴而生，义务是判断一项权利是否实际存在的标志。人们在参与正当性标准的评价程序，并把某项利益上升为权利加以保护的同时，他们自己也明确了自己尊重权利并辅助权利实现的义务。一个找不到相对应义务主体的所谓"权利"，是没有实际存在价值与意义的。

其次，并不是所有的权利、义务在具体内容上都是一一对应的。有的权利面对众多义务主体，这样的权利往往和抽象义务相对应，并不固定某一个具体的义务承担者，权利主体之外的所有人都负有保证其权利不受侵犯的义务，如物权这样的对世权。另外在公权力领域则存在一个具体义务对应多个权利的情形，如政府提供的治安管理义务。

在将权利和义务进行对比之后，我们可以试着分析一下义务的伦理含义。从一般伦理学意义上讲，所谓义务，就是一定社会基于该社会的正当性标准，"对个人确定的任务、活动方式及其必要性，所作的某种有意识的表达"[①]。

无论是诸如物权、人身权这样对世的绝对权利所对应的义务，还是债权这样相对性的合同权利所对应的义务，义务背后所负有的责任均是社会关系主体共同选择的结果。质言之，尊重权利、践行义务，是每个人的自愿选择。

义务的本质就是自愿性。这句话可以这样理解。第一，权利的正当性决定了义务遵守的自愿性。正是因为社会主体共同参与制定了道德正当性标准并肯定权利的道德正当性，因此，尊重权利且自愿履行义务，是人们

---

① 罗国杰、马博宣、余进编著：《伦理学教程》，中国人民大学出版社1985年版，第216页。

真正理解权利内涵的必然结果。"权利只有在它们得到承认时才得以存在，并且只有那些要求权利的人也承认别人也有这样的权利时，它才存在。""人们不能要求有这样一种权利，它并不同时确认自己有义务尊重其他所有人的那种权利。""如果人们能够承认权利存在并能够对它们有所要求，那么，他们就能够形成社会，建立制度，这种制度的权威将存在于社会自身之内。"①

第二，义务自愿性符合个人自治的本质要求。义务的自愿性在契约行为表现得淋漓尽致。义务的自愿性是信用的基础，促使人们自愿履行自己的义务。所以我们可以发现在人类社会法治发展进程中，由于签约者信用的提升，契约的外观形式要件逐步简化。从广义角度出发，任何由人们参与形成的制度都是契约的结果。人们参与正当性标准评价，本身也是一种契约行为。义务的履行绝非外部力量的强迫。订立契约是为了实现某个特定的目的，权利对应的义务能得到自愿履行也是权利人的主观追求。从另一个角度讲，没有义务的自愿履行，道德和法律对义务的强迫履行是苍白无力的。所以，从这个角度讲，义务也需要契约双方协商一致，任何人都不能随意对他人强加义务，除非他自愿承受，或因法律规定而承受。这也是共和制度的来源，是个人自治的基础。所以，义务的自愿性是符合个人自治的本质的，社会主体自愿选择尊重权利和履行义务，人格与权利才能够统一。

第三，义务自愿性的正当性源泉是道德。义务人自愿履行义务，抑或拒绝履行义务，都是义务人自由意志决定的结果。从这个角度出发，即使是法律在这个义务人凭借自由意志作出自主决定的阶段都无法约束义务人，即使进行约束也毫无意义。从法律诞生至今，只要能被称为法律，都会有禁止侵害他人权益、自觉履行契约之类的规定，但是侵权人、违约人并未因此减少。其实从根本上讲，法律是无法杜绝违反义务的行为的。法律只是通过法律责任承担的方式，对违约或违法行为进行调整和制裁。正是在这个意义上，"服从法治是一项道德原则，对于社会秩序和人的行为的正当性来说，最具有前提性意义的不是规则，而是主体尊重和服从规则的品质。"②

---

① 彭诚信：《主体性与私权制度研究——以财产、契约的历史考察为基础》，第248页。
② 樊浩：《伦理精神的价值生态》，中国社会科学出版社2001年版，第411页。

所以说，义务自愿性的正当性源泉是道德。现实中义务履行不能都要依靠外在的强制才能实现，否则权利及权利的价值都会受到质疑，社会组织及社会规则也将失去其正当性源泉。

第四，权利的道德蕴涵。关于道德的性质，在伦理学史上大致可以划分为义务论和目的论。义务论认为人们应当为或不为一定行为，源自道德赋予人们的一种义务，这种义务是一种"善"；目的论则强调人们的行为基于某种正当性目的，而道德是基于这种正当性目的而确立起来的评价标准。进入现代之后，西方理论界兴起了一种全新的道德理论——以权利为基础的道德理论。这其中以英国伦理学家麦凯为代表。麦凯认为，一般的道德理论都有三个内容，即作为善的目的、被强制为或不为的义务、可以要求他人做或不做的权利。这三个概念是由此及彼被推导的。因此，麦凯认为可以以"权利"概念为基础来解释"目的"和"义务"，建立一个以权利为基础的道德理论。他还提出了他认为可以作为构成道德理论基础的权利，即人们进行性地选择他们将如何生活的权利。[①] 麦凯的理论，为我们在现代社会中重新确立权利（包括义务）与道德的辩证关系提供了一个全新的进路。

从广义上即抽象角度去理解权利，权利是对人的社会性的一种肯定，它肯定社会主体可以去支配或取得某种对象客体，亦即黑格尔所言之"人格的定在"。基于此，从伦理层面探析权利，其本质上体现了人与人之间的社会关系。一个权利主体所享有的权利需要通过另一个义务主体来实现，义务主体对权利的尊重和对义务的自愿履行，就是这种社会关系的内涵。同时，权利又受到不同社会关系的制约。不同的社会历史条件下或者同一社会历史条件下处于不同社会关系中的人，由于社会对其社会关系确定或确定程度不同，其所享有的权利确为不同。

权利（无论是法律明确规定的，还是根据人性推定出来的权利）都是体现人们在日常生活、经济交往过程中所需要的个体行为自由和具体的个人的善。权利是公众参与正当性标准设定的结果，所以其也是人们尊重、信仰道德与法律的思想根源，从而成为法治的核心与精髓。如果说理解了的信仰才是真正的信仰，那么对利益进行正当性评价的过程，就是人们理解权利的过程。

---

① 参见罗能生《产权的伦理维度》，人民出版社2004年版，第7页。

能够作为道德的基础和目的的权利，必须是正义的。正义作为一种正当性标准是相对固定的。因为在一个特定的时期，人们总是需要一个相对稳定的价值判断标准。所以，权利在现实世界中能以正义标准的要求引导人们追逐利益的过程，是社会稳定的"定海神针"。但是，权利的正当性只是形式上的正义，并不代表永恒的正义标准。任何正义，都存在一种外在的评价机制，或者说是一种价值取向，它是处在不断变化之中的。因为现实生活中被人们用于进行正当性评价的价值判断标准，会随着社会发展而不断丰富及变化。在任何历史阶段，具体的权利的外在固定形式，不可避免地存在一定的历史局限性。这种局限性最终会被社会实践纠正。不过，由于权利是以社会上大多数人的意志为标准所产生的价值取向，是人们追求利益的行为自由及其界限，权利没有使人们走向道德善的功能，却是禁止道德恶产生的工具。因此在现实社会中，对于不正义的权利在正义标准改变之前我们也必须尊重，如果经过人们共同参与制定的正义标准都得不到遵守和执行，那更加无从判别这个社会中还有没有其他正义存在了。

权利最主要的正当性意义在于它的不可侵犯性，它的正当性不意味着人们必须以符合"善"的标准地去行使它，物权主体既可以使用其财产，也可以不使用其财产，只要不影响他人的利益。这是权利的自由。但是这种不可侵犯性并不是消极的，因为它是有限度的，权利主体不能为了实现权利不被侵犯而去减少或降低他人以及社会的幸福总量。我们应当在积极意义的层面上强调权利的意义，诸如个人价值的实现、社会财富的增加，等等。只有积极地行使权利，才能真正维护权利，正如财产的充分使用是实现财产价值的最有效手段，也是财产权利得以维护的最佳手段之一。

如果说权利是人们信仰和尊重道德与法律的理论基础，那么权利在现实生活中的真正运作依靠的是诚信。诚信是对他人权利的内在尊重和对自己所负义务的自觉履行。同理，诚信也是自己的权利能够获得他人的内在尊重及自觉履行的基础。权利的正当性是诚信产生的基础。权利的正当性标准是人们共同参与制定的，人们在制定并认同权利正当性标准的同时，也同时产生了尊重权利、履行义务的自觉性。可见，权利的存在包含着人们的相互信任，而诚信有推动权利发挥更多、更大的作用。法治的社会必然是一个权利社会，真正的权利社会又必然是一个诚信的社会。① 所以，权利是道德关注的核心内容。权利是道德的基础，具有深刻的道德蕴涵。维护和约束权利也是道德运作的基本对象。

第五，道德的权利是建构具有普遍本质的权利体系的基础。具有普遍伦理本质的权利体系，其基础是道德的权利或者说是体现道德内涵的权利。只有由道德的权利所构成的权利体系，才具备成为具有普遍伦理本质的权利体系的可能。具体说来，内含在具有普遍本质的权利体系中的权利，应当体现以下几个道德要素。

（1）自由

所有的权利都是自由的。当一项利益成为权利之后，就意味着权利人对于该权利可自由支配，与之相对应的其他义务主体必须对该权利予以尊重并积极配合其权利的实现。在这种情形下，权利和自由意志才真正结合起来。因此，权利范围内的自由才是真正的自由，没有和权利联系起来的自由只是个人的纯粹任性。平等和自由的主体资格是人们能够参与形成正义标准程序的前提和基础，而能体现正当权益的权利恰恰是人们行为自由的尺度和界限。②

对于权利主体而言，最能体现其自由的权利就是如物权这样的绝对权利（即对世权）。权利人可以依自己的意志对财产进行使用和处分，也可以通过契约的方式将财产权利中的各项权能分割转让，如设定抵押等，以获得最大限度的利益追求。此外，权利的自由还可以表现为，权利主体可以为他人设定权利，而无需相对人的同意，从而使相对人纯获利益。如赠与，权利人可以单方表达一个赠与的意思表示，使得被赠与人获得一定的利益。当然，有时赠与也会附有一定的义务，但是赠与行为只要能够完成，对于相对人而言，所附义务一定是小于所得利益的。

相比较权利主体的自由，义务主体则不能提主张和要求，义务主体只能积极配合并促成该权利的实现。权利就是权利主体对义务主体单纯意志的强加。其中以形成权最为典型。形成权主要是为了排除权利实现的障碍而设的，针对具体情形径直赋予权利主体依其单方意思表示而发生效力。

---

① 参见彭诚信《主体性与私权制度研究——以财产、契约的历史考察为基础》，第213页。
② 参见彭诚信《主体性与私权制度研究——以财产、契约的历史考察为基础》，第202页。

如受欺诈人、受胁迫人及重大误解之人的撤销权,基于对方明示违约或默示毁约而成生的契约解除权等,都是这种性质的权利。此外,对特定义务主体的豁免也是形成权的一种,亦是权利自由的体现。如无权处分的追认权,无权处分他人财产是无效行为,但是真正的权利人可以通过事后追认的方式赋予其权利,使处分行为归于有效。

(2) 平等之对等

所有的权利都应当平等地被尊重。当一项利益成为权利时,它就给社会上所有的个人、组织乃至国家都设定了一项普遍的义务,即对权利予以尊重且不得干涉的义务,除非这种干涉有道德上的正当理由。尊重权利对于个人和政府来说,要求是不同的。对于个人而言,当他把某项利益评价为正当并上升为权利而予以保护的时候,他也必须做好自愿尊重他人该项权利的心理准备。他的尊重是表现为对他人权利的不干涉和对义务的自觉自愿履行,这是权利的对等。对于政府而言,对权利的尊重要复杂得多。人们设立政府的目的是更好地保护公民权利和发展公益事业,积极排除这些正当利益实现过程中的障碍是政府必为的义务。同时,由于政府是一个社会中最强有力的组织,其在运转过程中必然会和其中的成员产生利益上冲突,而面对政府的侵权行为,一般公民很难正面对抗,从而导致利益的最大受损。所以,政府对权利的尊重更多地表现为对公民权利的积极保护和不妨碍。

同时,权利就其抽象效力而言,没有孰先孰后、孰优孰劣之分,应当平等地予以尊重。平等意味着个人实现权利的自由不能超过他人的权利界限,不能以损害他人利益为代价。权利平等是在抽象意义上来说的,即所有人在相同条件下所享有的权利都是一样的。无论何种权利,只要经过了同样的正当性评价程序,其效力应当相同,否则,生成这种权利的正当程序就会不复存在。

(3) 划定公权力的界限

当一项利益成为权利的时候,它也就获得了强制保护的效力。权利制度为人们实现和追求正当利益创造了最广泛的自由和平等尊重的条件,并为利用最终意义上的强制力保护正当利益提供了正当性基础。有公权力保护的权利才能给予人们以安全感与合理预期,没有超越于个人之上的公权力进行保护的利益,其存在是异常艰难的。

但是,超越于个人之上的公权力本身也是极其危险的,它是一把双刃剑,"一切有权力的人都容易滥用权力,这是千古不易的一条经验。有权力的人们使用权力一直到遇有界限的地方才休止"①。人类社会的历史实践已经证明,为了私权的有效保护,公权力的存在是必要的,但是必须通过特定的制度设计对其进行适当限制。公权力保护私权、服务于私权的特性,决定了其正当性必然来源于有着平等和自由等基本权利的个人授权。人们在把其利益上升为法律进行保护的同时,也就把保护其权利的强制力交给了他们自身参与设计的公权力机关,毕竟个人的权利无论如何强大也是不足以完全实现其利益追求的。所以,公权力是个人通过特定方式授予特定机关所行使的以强制力为后盾的执行特定公共事务的手段。一切公权力都来源于私权,没有凌驾于个人权利之上的公权力。如果个人拥有公权力,那么必然是处在极端专制的政体中。一个民主国家,人们既然可以通过法定程序修改、完善正当性评价标准,也可以通过法定程序来改进公权力内容。

此外,在具有普遍本质的权利体系中,权利不仅应当体现道德的本质要求,同时道德的目的和基础也是维护人们的正当权利。其一,道德发生的前提是为了实现权利的区分和界定。人一旦成为社会主体,就必然拥有社会身份。其所享有的权利,诸如人身权、财产权等,是其社会身份被认知与界定的前提。权利不仅是社会承认某个社会主体存在的基本依据,也是该社会主体进行自我肯定的基础。道德通过调节人与人之间的权利关系,进而调节人与人之间的社会关系。尊重和维护权利,就是平衡与协调权利主体之间的社会关系。从这个角度上讲,一个人只有成为权利主体,才能成为道德主体;只有拥有权利存在,才能成为有道德存在。

其二,道德的基础和实质是对权利的维护与调节。由于受有限理性和信息不对称的影响,权利的界限会存在大量交叉。社会主体追求自身利益最大化,不断扩大自己权利边界的行为,必然导致人们之间不断产生矛盾和冲突。调节人们之间因为权利界限不清而产生的冲突和矛盾,是建立道德规范的首要目的。

基于以上两点,权利的区分和界定,是一个社会进行道德调节的必要性前提。当然,道德并不直接等同于权利本身,道德超越权利。道德之于

---

① [法]孟德斯鸠:《论法的精神》,申林编译,北京出版社2007年版,第54页。

权利主体而言，其实质是一种义务，而且这种义务并不仅仅局限于对权利的尊重与维护。义务性是道德内涵的基本特性，没有道德就没有义务。但道德义务并非隔绝权利的纯粹义务。道德义务首先是以主体为道德规范赋予了相应权利为前提的，如人们拥有了财产权利，所以道德要求人们不得侵犯他人的财产权利，这样每个人的财产权利都能得到有效保护。

（四）物权的道德蕴涵

1. 道德起源的基础

人类的道德起源和形成的前提是什么？这是伦理学史上反复讨论的一个问题。无论是把道德起源归结于神秘的天启或神的意志，还是认为道德起源于人生而有之的某种至高的理念和精神，或者认为道德根源于人的自然本能或天性，以及认为道德源于人的需要，都不符合历史唯物主义的基本观点。马克思主义从历史唯物主义出发，认为道德是上层建筑中社会意识形态的核心组成部分，只有从人类社会生产活动本身以及在生产活动中形成的社会关系的现实出发，才能找到道德起源的原因。

有学者从道德起源的自然、精神心理和社会因素三个角度论述了道德起源的原因。首先是道德起源的自然原因。达尔文在其社会进化论中提出了一种动物的合群性本能的观点。按照达尔文的进化论，动物是消极地适应环境。但是如果外界环境发生变化，动物的生存条件随之发生变化。为了适应新的变化，动物种群从结构到机能都产生相应的变化，以适应新的环境并与外部环境达到新的平衡。"正是由于大地和气候条件的巨大变化，使得人类祖先这种合群性极强的动物从树栖生活改为地面生活，从而使合群性本能逐渐巩固起来。人类祖先的合群性本能虽然只有生物学的意义，但对于像人类祖先这样的动物的生存却极为重要。它为由人类劳动所直接产生的社会联系奠定了生理机能方面的基础。人类的社会联系并发展成为道德规则，正是从这种合群性本能中升华出来的。"[①]

其次是道德起源的精神心理基础。"人类祖先的合群性本能为道德的起源提供了生理前提，而原始初民在与自然抗争过程中所产生的恐惧感，及在此基础上形成的对社会共同体的归属感和敬畏感乃是人类道德得以产生的心理动因。"[②]

---

① 彭柏林、赖换初：《道德起源的三个视角》，《哲学动态》2003年第11期。
② 彭柏林、赖换初：《道德起源的三个视角》，《哲学动态》2003年第11期。

原始社会初期，生产力水平极端低下，原始初民并不具备相应的智力与科技水平，只能凭借一种原始意识去感知自然界与原始氏族生活。出于对自然界的恐惧，自然界被想象为一种神秘的具象，人们也自然而然地对这种神秘的具象顶礼膜拜，原始宗教图腾由此产生。原始宗教图腾产生后，掌握氏族权力的氏族成员慢慢发生，可以利用这些原始崇拜并辅以一定神秘仪式，通过引发氏族成员的敬畏和遵从，可以实现对氏族成员行为的控制，为基本的氏族秩序提供保证。此时，原始的社会道德观念超越了原始初民的合群性本能，开始产生以集体劳动为基本生存方式、以道德为基本秩序的人类社会雏形。

在极端恶劣的自然环境与极其低下的生产力条件下，原始初民无法通过个体努力来保证自身的生存，只能通过依附于集体，参加集体劳动来获得相对较好的生存和发展的条件。集体劳动要求个体的行为服从集体的目的，其结果必然使个体都对他所依附的集体产生某种依赖，从而形成某种程度的社会归属感。正是这种归属感，使个体与集体不可分割地联系起来，这样就"必然使这种原始集体主义性质的道德成为调节原始社会关系（原始个人与原始集体的关系、原始个人与原始个人的关系等）的必要手段，并必然地使其成为原始初民的真诚的道德需要"[①]。

最后，道德起源的社会基础是以社会分工为根本特征的生产劳动。社会分工的出现和发展，是道德成为人类自觉意识的决定性因素。在原始社会的后期，农业和手工业的分离，种植业和畜牧业的分离，并逐渐相应形成了以手工业为基础的原始城市。社会分工在城市里得到进一步细化，生产力水平得到长足发展，社会财富逐渐增加，人们之间开始产生以交换财富为目的的交往，原始商业初具雏形。随之而来的是社会组织形式的变化。部落开始瓦解，以氏族为基础的部落联盟开始出现。其中，"个人与部落氏族整体、个人利益与部落氏族的共同利益之间的关系问题也日益凸显出来。这在客观上就发生了用某些特殊的传统和风俗来调节这些关系的必要性，从而发生了在对部落氏族共同利益的'有利'和'有害'（善恶观念雏形）的对立中，来选择和评价行为的义务和责任。这种情况的出现，就在人类生活中，实际上形成了一种特殊的社会因素——道德。当然，这时的道德基本上还是作为风俗习惯而存在的，但是它毕竟已经是能

[①] 彭柏林、赖换初：《道德起源的三个视角》，《哲学动态》2003年第11期。

被人们意识到的一种特殊的和重要的风俗习惯"①。

从以上关于道德起源的分析可以看出，道德产生最重要的前提是劳动和社会分工。劳动的目的是获得物质生活资料。社会分工又使得物质生活资料的获取在不同的人群之间产生差异，从而决定了人们要追求各自不同的利益。道德规范的实质是调节人们之间利益关系的自律性行为规范。只有首先区分了什么是你的、什么是我的，才能产生"我的是我的，你的是你的；我不应该拿你的，你也不能拿我的"这样的最基本、最简单的人类道德的基石。所以说，物权诞生于人们利益区分的确定化结果。同时，权利是人作为社会主体的内在规定性，人只有拥有一定的社会权利时，他才能够成为一个为道德调节和规范的道德主体，从而被确定为社会性的存在。就如奴隶社会的奴隶被作为会说话的工具，没有被作为权利主体来对待，所以他们就被排除在道德调节之外。而在人所享有的社会权利中，以占有权或所有权为代表的物权是最基本的权利之一，如果一个人完全失去了占有或拥有一定财产的权利，那道德作为调节人们利益关系的规范，对这个人而言将不会有任何意义。

但是，这里乍看会产生一个悖论。长期以来，理论界一般公认在原始社会的很长时间里，都是施行的原始公有制制度，原始人类共同劳动、共同生活，形成了一种原始的朴素集体主义生活方式。在这漫长的岁月中并没有私产，是如何形成的原始社会道德呢？其实这种说法是将物权和生产资料所有制画上了等号。从宏观上来看，原始社会在很长时间里确实没有严格意义上的物权制度。但是从微观上来看，并不代表在原始社会没有物权。人类刚刚脱离自然界的时候，在相当长的时间里是没有物权的，当然也就没有真正意义上的道德。随着原始生产力的发展，人口不断增加，利益划分更为丰富，人们的自我意识不断增强，自我利益要求不断明确。同时，原始社会生活环境中资源稀缺也不断加剧，从而引发了更为激烈的生存竞争，人们更需要通过区分"我的""你的"来确定各自的利益边界。这样初步的物权制度就诞生了。

所以说，正是有了最初的物权界定和利益划分，才出现了道德产生的可能性。道德实际上是伴随着个人和集体所有权的形成，占有权和使用权冲突的出现，以及调节冲突的必要性而产生的，是为了调节与规范人们之

---

① 罗国杰、马博宣、余进编著：《伦理学教程》，第99页。

间的利益关系,维护一定的财产权利安排而形成的一种非正式约束机制。从这个角度上讲,物权是道德发生的前提,也是人们成为道德主体的必要条件。

2. 健全的物权安排有利于提高社会道德水平和优化社会道德环境

物权对于道德的意义不仅在于它从整体上规定了社会道德体系产生和演化,而且作为一定社会的生存及发展调解。物权深深影响和制约着人们对道德行为的选择。

（1）明晰的物权制度促使人们选择正确的行为,有利于建立良好的社会道德秩序

中国古代的思想家们早已认识到,建立明确的物权关系,可以平息人们的纷争,对于建立和维系良好的社会道德秩序有着非常关键的作用。商鞅提出的"定分"思想,孟子的名言"有恒产者有恒心",都是这种思想的体现。

物权对道德选择的影响,我们可以从宏观和微观两个方面来考察。从宏观层面考察,物权制度安排的均衡状况,对社会道德整体风尚有着重大影响。按照马克思主义的观点,一定社会的物权制度安排需要与一定历史条件下的生产力水平相适应,也要适应该社会阶级力量对比情况,以均衡物权制度结构与利益集团力量对比。如果出现财产制度安排极度不公平,社会贫富极端悬殊,将会引发整个社会结构的倾斜、社会秩序的紊乱以及整体社会道德的破坏。人类历史上绝大多数演变为全社会范围内冲突的阶级斗争,绝大多数是因为财产制度安排极度不公平、贫富差距极端悬殊而导致。财产制度安排的不公平,从两个方面对整体社会道德秩序产生消极影响：一方面,某些拥有特殊社会资源的人,通过不正当途径攫取财富,迅速暴富；另一方面,在拥有特殊资源或地位的群体通过不正当途径暴富之后,没有条件的其他民众对这种不公平和贫富悬殊愤愤不平,产生严重的仇富心理,更有部分人因为一种被剥夺和欺骗的情绪影响,铤而走险,以非理性甚至暴力违法的方式来对抗或者报复社会。当今中国社会,一定范围之内发生的一定程度的公众道德状况恶化,以及因为某种暴戾情绪影响所引发的某些特别恶劣的社会治安事件,与我国在体制转型时期物权制度不明确,贫富悬殊急剧扩大,是有着内在联系的。

从微观角度来考察,物权对于道德选择的制约作用主要是指一定的物权制度对人们所选择的道德行为的特征和倾向具有约束性。由于不同

的物权制度安排体现了社会成员不同的利益关系和价值取向，所以不同的物权制度安排可以影响人们的价值观念形成和道德行为选择。自然经济条件下的社会财产关系带有孤立、稳定和封闭的特性，人们的道德行为也多体现出保守、质朴的特性。而在商品经济条件下，财产关系趋向开放、复杂和多变，使得人们的道德行为选择，除了在正向方面体现出合作、发展、兼容并蓄的特质，也会在反向方面出现欺诈、唯利是图等不道德的现象。

因此，财产关系的现状对于人们道德行为选择的后果也有着深刻的影响和制约作用。一个健全、明晰的物权制度体系，会使得人们能够明确预期自己的行为选择后果，从而明确自己的责权利。相应的违法侵权行为会减少。反之，如果物权制度体系不明晰或不健全，人们无法确定自己的责权利，道德对人们行为的控制力就会下降，机会主义、投机取巧等各种不道德的现象便会大行其道。改革开放以来，部分国有企业存在的经营水平低、领导层侵吞挥霍国有资产现象层出不穷，主要原因就是企业产权关系不明晰，责权利不明确，从而导致对国有企业经营者缺乏有效的道德约束。

（2）确定的物权制度是优化社会道德环境的物质前提

历史唯物主义认为，人们的道德行为选择及整个社会的道德环境状况，是受到客观的物质生活条件制约的。人们一旦拥有了属于自己的财产，都希望有一个稳定的社会伦理秩序来保护自己的财产权利。建立稳定的物权制度体系，在很大程度上能够促进良好社会道德风尚的形成。而且，当确定的财产制度使人们的利益获得保障时，个体就会用一种安定的心态去生活，在生活中也会比较容易秉持一种与人为善的精神状态，这样也会促进良好的社会道德状况的发展。确定的物权制度安排使得人们能够对自己行为的后果有比较明确的预期，从而减少机会主义等不道德行为。"现代博弈论也证明，如果人与人之间的关系是一次性博弈，理性人常常会选择机会主义行为，而在重复博弈中，人们则更多的是选择合作、信用与互利。"[①] 法律的明确保护遏制了一些人侵犯他人财产的企图，人们对待他们的财产也会选择知荣辱的道德行为。这也就是古人所说的："仓廪实则知礼节，衣食足则知荣辱。"（《管子·牧民·国颂》）

---

① 罗能生：《产权安排是社会道德的基础》，《伦理学研究》2005年第6期。

（五）道德对物权的协调与规范

物权绝不单纯是一个法律问题。物权具有重要的道德功能和价值，物权的有效确立与有序运作，不仅需要社会道德的支持和协调，更需要道德对其予以规范。制度经济学代表人物、诺贝尔经济学奖获得者诺思认为，财产权利制度的建立，从直接和短期上看是为利益需求所规定的，是为了便于人们获取潜在的利润。但是从长远和深层看，包括财产权利制度在内的所有社会基本制度安排都是由人们的信念体系、价值观念的相关道德层面规范所决定的。

关于物权制度的起源，思想史上有多种解释，但是当我们超越这些理论的差异，会发现它们的共同特质，即它们都认为物权制度不能仅仅停留在合法性的事实层面上，而必须上升到涉及价值观念的道德性层面。获得道德的支持的物权制度，才具有正当性和神圣性。物权制度本身就是一个道德价值体系。它依据一定的道德价值尺度而建构，依据一定的道德价值原则和规范而运行，以实现一定的道德目标为最终导向。从这个意义上来看，道德价值观念是影响和制约物权制度体系能否有序运作的基本因素。不同的道德价值观规定了不同的物权制度安排和物权实现方式，是否具有明确和良好的道德观是一个社会的财产权利制度安排是否合理和有效的重要制约条件之一。

1. 物权的运行需要道德的调节与约束

物权其实是一组在物的占有、使用、收益、处分过程中发生的责权利关系，这些关系既相互依存，也不断发生各种矛盾，矛盾的核心其实是利益的冲突和道德的矛盾。所以，为了有效地协调物权关系，不仅需要法律的维护，更需要道德的规范与约束。

近代以降，物权制度的运作，从主体维度看，主要经过了绝对个人所有权——公共财产权超越绝对个人所有——个人所有与公共财产权整合三个阶段。第一个阶段是文艺复兴之后一直到19世纪中期，在这个时期中，发端于古罗马法的近代西方民法，强调对私有财产绝对保护的原则。这个原则经过法国大革命的洗礼，"私有财产绝对神圣不可侵犯"成为宪法原则。第二个阶段是19世纪末到第二次世界大战之前，在这个时期，个人财产权逐步受到限制。在工业化进程中，物权的绝对原则逐渐显示出多种弊端，以大欺小、恃强凌弱、贫富悬殊等社会问题层出不穷。针对这些弊端，传统的自然法思想得到扬弃。到了20世纪

30 年代，全球经济大萧条，各国纷纷根据凯恩斯主义思想来加强国家对经济的宏观调控，再加上社会主义国家的产生及共产主义思想的传播，公共财产权理论逐步兴起。在实践中，西方各国普遍加强了对个人所有权的公共制约，将所有权的绝对原则修正为限制原则。尤其是土地等不动产、工业资本等都必须得到国家的认可，受到法律的限制。各国还都普遍通过立法，对私人财产以征用、征收等方式给予适当的行政管理。同时在私法上，都加入了禁止权利滥用、不得违背公序良俗、不得侵害社会公共道德等原则，以限制物权的滥用。公共财产权的兴起，其初衷是弥补个人所有权绝对化的缺陷，但是批评者也认为其戕害了个人自由。第三个阶段是个人所有权与公共财产权整合的阶段。第二次世界大战之后，西方社会在反思战争原因，以及在如何重建社会经济的思考中，逐步发现公共财产权绝对化的弊端，从而主张个人行使物权的适度自由必须得到保障，但自由的前提是不损害社会利益，是在社会公共利益限度范围内的"私有财产神圣不可侵犯"。兼顾对物权的权利保护和适度限制，是现代物权制度安排的主流。

在现代个人所有权与公共财产权整合的制度环境中，由于物权关系本身所包含的复杂的结构，导致其内部与外在的道德矛盾和冲突也体现在很多方面。要调节和解决这些矛盾和冲突，单靠法律和利益机制是远远不够的，只有通过道德的协调，建立一种在处理物权关系时的自律机制，才能缓和或者化解这些矛盾。

（1）协调不同的权利主体物权之间的矛盾和冲突

这种类型的矛盾和冲突在经济发达的当今社会非常明显，比较典型如工厂排出的废水污染了农田与鱼塘，房子挡住了邻居的阳光等，这些问题在经济学上被称为"外部性"问题，在法律上被称为"相邻权"问题。此外，还有国家在城市基础建设过程中也会经常出现与普通公民物权冲突的情形。现代社会里不存在孤立的事物，物权也都处在与其他财产权利相互联系、相互影响、相互作用、相互依存的关系中，"外部性"问题不可避免。而且这种"外部性"问题所形成的"公共财产"很难进行产权界定，即使通过法院判决的方式也无法完全区分彼此的责权利关系。即使能够做到，所花费的交易成本将远远大于所获得的收益。因此要解决此类问题，除了法律和契约的强制之外，更重要的是相关权利主体的道德自律。相关主体自觉约束自己的行为，避免给他人造成损害的可能，即使损害不可避免，也不能把损害或成本转嫁他人，应当主动给予赔偿。只有在一定道德意识的规范和约束之下，才能有效遏制"机会主义"倾向，维护物权运作的效率，降低交易成本。

(2) 调节同一个物权内部不同权能之间的道德冲突

一个物权权利人可以在保有所有权的前提下将物权中的经营权和使用权分别交予他人行使。但是这种所有权与经营权、使用权的分离，及所有权人与经营者、使用者之间的信息不对称，就势必造成双方的道德风险，即经营者对所有权人权益的侵害，也就是经济学上所称的"逆向选择"问题。要克服这个问题，途径无外乎两条：第一，形成尽可能完善的明确各方责权利的契约，建立一个尽可能完善的信息传递和行为选择的制衡机制，使彼此的信息更加明确、更加对称，行为更加规范、更可调控；第二，通过各方的内在道德自律，建立彼此间的信用和互利合作关系。由于任何契约都是不完全的，信息也总是不完全对称的。因此道德自律对于规避内部风险，相较于契约而言更加有效。如果道德自律失范，物权结构中的道德风险很大程度上将不可避免。

(3) 解决个体物权与社会公共利益的直接冲突

20 世纪 70 年代之后，人类社会进入了一个高速发展时期，随着财富的进一步集中，物权与社会公共道德之间关系的处理就一直存在一个难题，即当物权的行使侵害了社会公共道德，但是这种"侵害"在法律的允许范围之内应当如何处理？曾经轰动全国的电影《我不是药神》，以一个真实的案件为背景，该案件背后就有这样一个真实的实例。欧美一些医药公司开发的一种治疗某种疾病的新药，并申请了专利。因为同类药物极为稀少，这家公司以高昂的药价获取了高额利润。但是由于药价高昂，很多贫困的患者无法得到有效治疗而死亡。于是一些国家比如印度政府就允许国内企业仿制这些药品，以降低药价，挽救患者。这里就产生了一个个体物权与社会公共利益之间的尖锐冲突。因为欧美医药公司的专利是受国际知识产权公约保护的，部分国家同意国内企业仿制的做法其实是违反了众所周知的知识产权保护规则。但是，是维护欧美医药公司按照法律应有的财产权利重要，还是维护贫困地区的重病患者的生存权重要呢？

本书无意对上面这个个案进行道德评价，但是现实中诸如此类的个体物权与社会道义之间的冲突是层出不穷的。如要妥善解决这些冲突，只能是在尽可能尊重个体物权的基础上提倡人道主义的道德精神。倡导物权权利人树立一种高尚的超越个人功利的道德价值目标,并在实现高尚道德目标的过程中实现自我价值。此外,其他主体必须将尊重他人的物权作为首要价值取向之一,全社会形成一种信念,即只有在面临生命困境且别无选择的情况下,才可以要求物权人放弃部分权利来满足人道主义的要求。

2. 物权的变动需要道德的支持与规范

任何主体通过积累获得财产,最终目的是获得利益。将财产换为利益,就必须将物权投入流转。物权流转的常态是通过法律规定进行,但是在更深层次上更需要道德的支持与规范。

物权流转的常态是根据法律的规定,双方自由意思表示达成一致,并形成契约,最终实现财产的合理转移。这是财产价值最大化的必要条件。如果物权不能合理、自由地流转,不公平且无效率,势必导致巨大的浪费。物权的流转,主要依靠合同交易行为。一个合同,从谈判到成立再到顺利履行,均是各方主体自由意志表示一致,并自愿履行的结果。所有人出于维护自己物权的意愿,同时也履行维护他人物权的义务,自动履行自己的责任,并承担必要代价。

但是,在物权的变动过程中常常会出现特殊情况,即在主体之间的交易缺乏外部性制约的时候如何维护效率和公平。在市场经济条件下,市场是最有效率的,同时政府依据法律对市场的支持和保护也是必要的。欲使市场产生高效率,而且能实现维护基本的社会公平和正义的目标,需要市场和政府各自在最擅长的领域里充分发挥各自的作用,达到某种均衡。但是,市场和政府的均衡并不容易达到,它们经常处在失衡和越界的状态中。市场越界就会导致垄断,侵害公共利益,从而侵害物权人的利益。政府越界就会干扰经济自由,用国家强制力直接侵犯物权人的权利。对市场越界,政府很容易调控,而对于政府越界,市场常常显得苍白无力,这时的法律往往因为也需要政府的支持而同样无法发挥应有的作用。

所以,道德作为与市场和政府并列的第三种力量,在更深层次上,是最重要的。没有建立在道德基础上的自由意志与义务自觉,物权占有的稳定与物权流转的自由安全都是不可能实现的。而当出现市场或政府越界的情况时,特别是物权人与政府发生直接的财产纠纷时,只有从一般民众到政府,都形成物权是合理、正义、神圣的价值观,形成保护物权的道德支持机制,才能真正实现自由和公平。

至此,体现了道德性并受道德约束的物权迈出了走出实证主义法学对物权伦理中立性困境的第一步。在道德的体系中，物权所指向的单一的外在物演变成了体现主体性的权利义务的集合，即广义的财产，法律层面的物权也就成了伦理学意义的财产权利，成了一种道德权利，并开始了向一般伦理学意义上的物权的转化。

第二节 财产权利是人格实现的第一要素

一 抽象权利是具有普遍本质的权利体系的核心环节

黑格尔《法哲学原理》一书中最经常被引用的一句话之一："法的基地一般来说是精神的东西，它的确定的地位和出发点是意志。"① 这句话似乎从我们现在的既定语义角度不是十分易于理解的，这种费解来源于我们对于法与权利截然两分的既有理念。事实上，德语中的"法"有两个词，一个是 Recht，另一个是 Gesetz，前者一般指普遍意义上的法、权利、正义等含义，而后者则是狭义地指向实存的法律制度本身。黑格尔以及所有德国古典哲学家们都在广义的普遍意义上使用"法"一词，即 Recht。因此，《法哲学原理》的英语版本也有将书名译为"Philosophy of Right"的。通观《法哲学原理》，黑格尔大体上是在三个向度上来运用"法"这一概念。第一是狭义概念的"法"，即实在法，如"我们在书中谈到法的时候，不仅指人们通常对这一名词所了解的，即市民法"②。这里黑格尔所指的"法"，显然是实在法。不过这种用法在书中很少遇到。第二是一般意义上即普遍意义上的法，其实就是抽象的权利。实际上在《法哲学原理》一书中，提到"法"的地方大多都能用"权利"一词去替代。第三是最广义意义上的法，即全部法哲学所讨论的对象，是自由意志的不同形式的定在、以抽象法（抽象权利）为起点、以整体性伦理为终点的客观精神的外在反映，是自由意志的各种形态，是意志自由的辩证发展过程。因此我们也可以这样说，在黑格尔的法哲学体系中，权利是自由意志的定在，即自由意志的客观形式。

黑格尔认为，权利是法的本质，是抽象意义上的法的本质，是直接性的本质，是自在的本质，是法的出发点。因为权利的出发点是自由意志，

---

① ［德］黑格尔：《法哲学原理》，范扬、张企泰译，第12页。
② ［德］黑格尔：《法哲学原理》，范扬、张企泰译，第48页。

由此权利的体系是一个自由的王国。权利是自由意志的要求,权利或体现权利的法,只能是自由意志的定在,它必须反映人的本质:自由。自由的人格是自由的必然要求。权利是人格的定在,人格是自由意志的定在,自由意志就是权利。从而,抽象权利是整个权利体系的基础环节。

同时,在黑格尔的理论中,权利必然是现实的存在,它不仅是普遍意志的反映,也应当有与其普遍意志相符合的定在。这种定在不仅仅是一部文件或一个宣言,而应当是在现实中实实在在地发生着的人和事。那些被写入实在法的权利不一定能被视为权利,因为它们仅仅是一种可能性。甚至反映在普遍意识中的权利仍然不能构成真实意义上的权利。只有实现了概念与定在统一的权利体系才具有真正的真实性。可见,回顾我们对道德权利的分析,道德权利是以真实存在的人为主体的,权利只有具有了道德性,才能实现概念与定在的统一,才能称为具有普遍本质的权利体系。也就是说,只有结合了道德的权利,即结合了义务的权利,才是完整的实在权利,才是合理的权利,才是完整的法,即具有普遍本质的权利体系。而抽象权利则是这样的权利体系的基础性环节。

黑格尔是在自然权利的框架内来论证抽象权利的。"法是一般神圣的东西,这单单因为它是绝对概念的定在,自我意识着的自由的定在之故。但是法(此外还有义务)的形式主义产生于自由的概念在发展上发生的差别。同更形式的即更抽象的、因而意识更受限制的法相比,有一种更高级的法,它是属于那样一个精神的领域和阶段,即在其中精神以把它的理念所包含的各个详细环节在它自身中予以规定和实现了;这个精神的领域和阶段是更具体,其内部更丰富、而且更是真正普遍的,因而也具有更高级的法。"[①] 从这段叙述可以看出,黑格尔的抽象法或抽象权利其实就等同于自然法或自然权利。而在自然权利的范畴内,它讨论的基本上就是个人或个体的天赋权利,所以黑格尔的抽象权利也仅仅是讨论个人权利的,抽象权利就是个人权利的普遍意志,是完全的个体权利的概念。黑格尔接着指出,抽象权利是人格的形式存在,抽象权利就是抽象人格。自在自为的意志的第一个阶段是直接性的抽象人格,它的定在是外在事物,它的内涵是权利能力(当然这里应当意指道德权利能力),它的规定性是成为一个人,并尊重他人为人。因而以黑格尔的理论为引导,我们可以这样反推

[①] [德] 黑格尔:《法哲学原理》,范扬、张企泰译,第42页。

具有普遍本质的权利体系的构成要素与建构形式为：人的抽象本质——具有普遍本质的权利体系——具体权利——道德权利能力——抽象权利（抽象人格）——自由意志的直接定在。

二　财产权利是人格在外在物上的"投射"

（一）人格的内涵

马克思主义哲学认为人格是人与其他动物本质区别之所在，是人之尊严、价值和品质的总和，也是个人在一定社会中的作用和地位的统一。这一定义包含两个层面的含义：第一，我们应当透过人格的表象来洞察人格的真实面目；第二，作为人性的外在反映的人格必然是平等的。

曹险峰博士从道德哲学层面考察，认为人格是人格独立、人格平等、人格自由、人格尊严相辅相成而共同展现的全景图像，人格独立是前提，人格自由是基础，人格平等是保障，人格尊严则作为核心内容统领着其他三项。

1. 人格独立

人格是以独立的人所享有的人格利益为客体的，人格独立的人才能真正享受人格利益。所以人格独立是人格最首要与最基本的伦理价值。人格独立的本质，就是人在人格上只服从本人的意志而不受他人制约，人对自己的人格独立享有，在伦理上、法律上任何人的人格生而平等，不能成为其他人支配的对象，每个独立的人格都只能由每个人按照自己的意志和需要来支配。"在古罗马法中，身份是构成人格的主要要素。古罗马人的身份分为三种：自由、市民和家庭。同时拥有这三种身份的人才被认为拥有完全的人格。自由身份是完全人格的前提，奴隶是不具有人格的。市民身份类似于今天的公民权，包括选举权和被选举权、担任官职权、申诉权、婚姻权、遗嘱权、宗教权等。古罗马法律把罗马境内的居民分为三类，罗马市民、拉丁人和外国人，完整的市民权是专属于罗马市民的权利。家庭身份是家庭团体成员在家族关系中所处的地位和所享有的权利。罗马法根据人们在家庭中的地位不同，把人分为自权人和他权人。自权人是不受家父权、夫权和买主权支配的人，他权人恰恰相反。自权人被认为是具有完整人格的人。在古罗马法中，丧失自由、市民、家庭三种身份中的一部或全部，就会产生人格的变更。丧失自由即成为奴隶，丧失市民权即成为拉丁人或外国人，丧失家庭权虽然不会沦为奴隶或拉丁人、外国人，但也成为不完整人格的人。中国古代也有类似于古罗马这样的身份决定人格的规定。身份制与人格的伦理含义是格格不入的。因而，中国古代与古罗马时期被认为是不存在真正的道德人格的。"[1] 由此，人格存在的前提，是每个人都把别人看作与自己平等的人，都把别人看作尊严性的存在。这样才会产生维护人格尊严的人格权利的道德基础。同样，独立的人格也意味着每个人必须对自己的行为负责任，但是也仅对自己行为负责任，不因与己无关的行为受牵连。这也正是人格独立的表现。

2. 人格自由

仅有人格独立尚不足以体现人格尊严。只有对人格自由充分尊重，才会体现"人之为人"的基本伦理价值。我们在这里所说的人格自由是人所享有的一种不受控制与约束的抽象状态，是一种抽象的自由，是每个人享有权利、行使权利、承担义务的基本前提和基础。"人格自由指的是每个人都具有在维护自身人格权益中所享有的自主意志的能力和资格。否定了个人依自己的意愿选择自己行为的自由，就等于否定了一个人的人格。"[2] 人格自由与人身自由既有联系，也有本质区别。人身自由是人格的某一个具体方面，当一个人失去人身自由的时候，他仍然可以继续保持自己的自由意志，反之一旦个体丧失了自由意志，即失去了人格自由，也就无法称为人了。当然，人格自由也是受限制的自由。任何自由不能违反法律、损害公共利益和违背善良风俗，人格也不能自由地抛弃、转让或继承的问题。

3. 人格平等

人格平等指不论个体在性别、出身、年龄、财产多寡、职业状况、宗教信仰方面存在的差异，但其人格都是平等的，其权利都应当被平等保护。此即人格平等的应有之义。人因人性而平等。在全世界范围内，人被赋予平等的法律和道德地位始于近代资产阶级革命与启蒙运动。在近代以前的相当长的时间里，在诸法一体的法律和伦理体系中，人是处于身份制束缚之下的不独立不自由的人，归根到底就是人格的不平等。资产阶级在反对封建专制的革命中提出的诸如"天赋人权""自由平等"的思想，在

---

[1] 曹险峰：《人格、人格权与中国民法典》，博士学位论文，吉林大学，2005 年，第 96 页。

[2] 曹险峰：《人格、人格权与中国民法典》，第 96 页。

资产阶级革命胜利后得到了法律上的确认，人生而平等成为一项基本法律原则。此即梅因指出的"从身份到契约"的转变。

4. 人格尊严

人格尊严是一个高度抽象的概念。可以对人格尊严作这样的理解：第一，人格尊严是一种理念，是基于对自身价值的认可与尊重的一种"自尊"；第二，人格尊严也是一种社会态度，是"尊重他人为人"的基本道德准绳。它是一个社会中对他人应有的尊重，不论每个人的个体情况如何，他所受到的社会最起码的尊重应当是没有区别的。"人格尊严是人的主观认识和客观评价的结合。人格尊严是普遍的最低道德权利，人格尊严作为人与社会多重复合的产物，从道德伦理方面对人的品质、良知等人格因素加以规制，它要求把人真正当人，承认人作为一个人所应当享有的最起码的社会地位，并且保证每个人受到社会和他人的最起码的尊重。人格尊严反映了人在社会关系中的地位，兼容着人对自我的主观认识即社会和他人的客观评价与尊重，因此应当被确认为人格客体即人格利益的基础，所有的法律和制度都应当强调对人格尊严的保护。由于人格尊严在人格中的核心地位，所以在有些情况下，人格尊严会被用来指称一般人格权。"①

（二）财产权利是人格实现的第一要素

"人格的要义在于，我作为这个人，在一切方面（在内部任性、冲动和情欲方面，以及在直接外部的定在方面）都完全是被规定了的和有限的，毕竟我全然是纯自我相关系；因此我是在有限性中知道自己是某种无限的、普遍的、自由的东西。"② 黑格尔的人格概念是人格哲学理论发展过程中的一个重要阶段。黑格尔指出，人为了作为理念的存在，必须给它的自由以外部的空间，以扬弃自身纯粹的主观性。这个扬弃的过程需要以外在物为中介，即外在物而实现。外在物没有主体性，也不自由，所以不享有任何权利。人绝对不可能成为物，但人的自由只有在具体的物中才能真正具象化。所以，实现人格的首要因素是财产以及财产上所附的权利，即财产权利是人格实现的第一要素。

财产权利，黑格尔称之为所有权，是整个黑格尔法哲学理论体系中最基础的环节。黑格尔认为，人可以将其意志体现在任何外在物中，因而使

---

① 曹险峰：《人格、人格权与中国民法典》，第97页。
② ［德］黑格尔：《法哲学原理》，范扬、张企泰译，第51页。

外在物成为自己之物。物只有从人的意志中获得规定性，因为其在自身中不具有实体性的目的。即人将取得或占有物的权利作为其实体性的目的，这种权利是人对一切物据为己有的绝对权利。这一绝对权利来源于人的自由意志的本性。所以，财产权利不仅是自由意志的外化，更是物的意志化。"人把他的意志体现在物内，这就是所有权的概念。"①

因此我们很容易从黑格尔的论证中得到这样的结论，"人之为人"的前提之一是拥有财产权利进而具有人格。所以拥有财产权利是人的最本质属性之一，也是人的自由意志的必然属性之一。

财产权利绝不是一种独立于人之外的纯粹存在的，必然内在于人。在人格如何体现于财产权利中的所有理论分析中，黑格尔将人格"投射"到财产上的理论是影响最为广泛的理论体系。根据黑格尔的分析，财产权利是把人体现到外部物中所形成的人之身体的投射，它的理论源泉是洛克提出人通过劳动而将无主物并入人的身体并因此把劳动成果转化为私有财产的理论。财产是一种主体间的存在，如果世上只存在一个人，财产便不会存在。一个人要把某物作为其财产，其必然使其他人无法把这些物作为他们财产并能认识到这些物已经属于他人了。黑格尔的"人格"大致意味着个人经由意志行为的自我实现。意志力自由的人把其自身界定为独立的实体以及道德和政治权利的承担者。在这里，黑格尔把人看作有道德和政治权利，尤其是有财产权利的实体。"人格一般包含着权利能力，并且构成抽象的从而是形式的法的概念，和这种法其自身也是抽象的基础。所以法的命令是'成为一个人，并尊重他人为人'。"②可能这一表述更能表达人格是一种权利实体的含义。

黑格尔认为人格投射到财产上形成财产权利，是"抽象权利"的第一个阶段。接着，通过对物的占有与使用，人格将自我体现在外在物中并成为财产权利。人们通过自身的努力，改造外在物，并对它们主张物权，因此在其中投射或体现了他们的人格，这便是外在物如何能够成为财产权利对象的路径。黑格尔认为，人不是天然就能取得对外在物的权利的，人必须首先占有财产。占有是对物的直接支配，占有的过程就是人的自由意

---

① ［德］黑格尔：《法哲学原理》，范扬、张企泰译，第60页。
② ［德］黑格尔：《法哲学原理》，范扬、张企泰译，第53页。这段话如果从英文版的"Philosophy of Right"翻译过来是"人格本质上涉及权利能力并且构成了抽象的因此也是形式的权利制度的概念和基础其自身也是抽象的"。

志的外化过程,是人格投射于财产的一个必要的外在环节。"为了取得所有权即达到人格的定在,但是某物应属于我的这种内部表象和意志是不够的,此外还须取得对物的占有。通过取得占有,上述意志才获得定在,这一定在包含在他人的承认在内。"①

接着,黑格尔继续指出,物在本质上是外在的,它能够通过占有而内化为人的意志。接着人也可以通过自由意志将属于自己的物通过转让等方式予以处置。财产权利作为自由意志的直接定在,只有在为意志所囊括和服务的时候,才有其真实的意义。财产权利是一种媒介,它可以通过权利的转让实现个体自由意志之间的交流与对应。财产权利的转让属于契约规范的范畴,人们缔结契约的行为必须源自缔约双方的自由意志。正如占有体现的是财产权利的人格内容,而转让权利则是这种人格内容的延续,它更是要建立在把自己当作一个人并且也尊重他人为人的基础之上。因此,财产权利转让的基础就是自在的理性,是自由人格的定在。

第三节 确证了个体与具有普遍本质的权利体系之间伦理关系的私有财产权

一般伦理学意义上的物权是具有伦理普遍性的财产权利,它是一种广义的财产权利,也是一种道德权利,直接体现权利主体的人格。黑格尔认为,作为自由意志直接定在的财产权只能是私有财产权(黑格尔称之为"私人所有权")。"在所有权中,我的意志是人的意志;但人是一个单元,所以所有权就成为这个单元意志的人格的东西。由于我借助于所有权而给我的意志以定在,所以所有权也必然成为这个单元的东西或我的东西这种规定。这就是关于私人所有权的必然性的重要学说。"② 同时,黑格尔指出,由于共有财产权根据其本性可以变为私人所有。所以,私人所有权使得共有财产权获得新的规定性,成为一种个体的共同体及其所有权。当然,个体是否将自己的财产留在共同体中,以何种方式保留,保留多久,都是个体的自由意志行为。"至于我把我的应有部分留在其中,这本身是

---

① [德] 黑格尔:《法哲学原理》,范扬、张企泰译,第67页。
② [德] 黑格尔:《法哲学原理》,范扬、张企泰译,第63页。

一种任意的事。"①

此外，黑格尔还通过在形而上学层面来批判公共财产权的方式来论证私有财产权的合理性。"罗马的土地法包含着关于土地占有的公有和私有之间的斗争。后者是更合乎理性的环节，所以必须把它保持在上风，即使牺牲其他权利在所不惜。""柏拉图理想国的理念侵犯人格的权利，它以人格没有能力取得私有财产作为普遍原则。人们虔诚的、友好的，甚至强制的结义拥有共有财产以及私有制原则的遭到排斥，这种观念很容易得到某种情绪的青睐，这种情绪误解精神自由的本性和法的本性，并且不在这种本性的特定环节中来理解它。"② 在黑格尔的观念里，"私人所有权"是人格的直接定在，是人格实现的最直接、最基础、最核心的要素。

黑格尔所说的"私人所有权"即私有财产权。当然，由于黑格尔所处的历史时期权利主体类型比较单一，黑格尔所使用的"私人所有权"一词与我们现在所使用的私有财产权一词并不能完全等同，二者在基础含义和价值指向上应当是基本相同的，但是涵盖范围不完全一样。为了完善我们的讨论，我们需要对私有财产权进行一个现代伦理意义上的界定。从现代伦理的角度出发，我们所说的私有财产权，应当是由明显区别于国家或公众公司这样大组织的可辨认实体——即个人或虽结合在一起但被视为个体的合伙组织、由小范围的相互之间具备某种人身联系的个体投资者设立的具备人格性的私营公司这样的拟制个体——所享有的广义财产权利的集合，是基于一定的财产的存在和财产的使用而产生的在人与人之间、人与社会之间的一种行为关系，是人的社会实存的肯定方式。

一项财产权利如果需要体现人的社会实存并确立和保护多种个体的"善"，也就是体现与反映主体人格的具体方面，它就必须具备一种体现隐私、促进个性发展的排他性的支配力，而只有私有财产权才能实现这种交叉的集合。支配是行为、命令、制止的权力，私有财产权赋予了多种支配的形式。"首先是权利人对他处置的财产有实质的支配；另一种支配形式是权利人对财产存在状态排除妨碍的权力；最后还有对允许的他人行为的支配。"而隐私是一种状态，即"政府和其他个人不能侵入或收集个人

---

① ［德］黑格尔：《法哲学原理》，范扬、张企泰译，第62页。
② ［德］黑格尔：《法哲学原理》，范扬、张企泰译，第62页。

的行为、决定或者有关私人品行的信息"。① 隐私对于个体人格意识、独立思考和行为以及追求爱和友谊的能力至关重要。隐私是一种状态而不是对该状态的支配，不是隐私权，这一区分是伦理学与法学的分界。为了评价私有财产权与隐私之间的多方面的联系，斯蒂芬·芒泽曾举例说，如果依据狭义财产概念（即法律中物的概念），这时的财产意味着单一外在物，拥有这种物权并不必然产生隐私。如果一个人要在自己的农场中间晒裸体日光浴，由于也不能禁止人们乘坐直升飞机飞越他的农场，因此他没有什么绝对隐私而言；如果依照广义财产概念，即把财产看作跟物有关的人们之间的关系及在其中蕴含的权利义务和道德性。这样的私有财产权就包含了一种保护隐私的排他权，它能够使这个人禁止直升机飞越，那么他就比没有这种权利有更多晒裸体日光浴的隐私。"简而言之，尽管在作为拟制物的财产和隐私之间不必有紧密联系，但依复杂的概念作为财产权利束之一的排他权和隐私之间却存在更为紧密的联系。"② 而通过由私有财产权所提供的支配和隐私，一个人能够充分地发展其个性，作为一个审慎之人的独立和特有属性，个性不是无知的自我实现，它需要某些自我意识。一个人拥有的私有财产权可以为其提供发展这些自我意识的良好途径。③ 当然，芒泽也指出，从更广的社会现实来考察，私有财产权与个性之间可能并不能非常严密地契合，没有私有财产的一些人也可以培育其特质，有私有财产的人也可能发展一些不良的"个性"。因此我们必须在私有财产权作为支持支配和隐私排他性的结果这样一个意义上来讨论私有财产权与个性发展的问题，才能得出私有财产权有利于某些通常被认为是优良品性的发展。最后，芒泽断定，从广义财产概念出发来理解财产权利所包含的有助于支配、隐私与个性发展的多种的"善"，即一项财产权利所体现的主体人格的具体方面，我们只能指向一个结果，即私有财产权。

至此，我们可以得出一个结论，内涵在具有普遍本质的权利体系中的财产权利方为一般伦理学意义上的物权。我们为什么还称其为"物权"，是因为我们不能离开法律权利的层面来孤立地谈财产权利，但是我们又必须将法律层面的物权归属于具有普遍本质的权利体系，即确证物权的伦理

---

① ［美］斯蒂芬·芒泽：《财产理论》，彭诚信译，第80页。
② ［美］斯蒂芬·芒泽：《财产理论》，彭诚信译，第81—82页。
③ 参见［美］斯蒂芬·芒泽《财产理论》，彭诚信译，第83页。

普遍性。物权无疑是具有伦理普遍性的，正因为如此它才会为法律所承认并为法律所保护。那么，关键的问题是，物权的伦理普遍性在何种状态方能确证？又是如何确证的？一个人，占有一项财产，形成一项财产权利，该权利是一个道德权利，同时又具有一种体现支配、隐私和个性发展的排他力，体现了这个人作为一个社会实存而确立的多种个体的"善"，即直接反映与体现了这个人的人格，这项财产权利只能是私有财产权。换言之，私有财产权是个体自由意志的"直接定在"，就是个体的抽象权利。在私有财产权的范畴中，物权与其伦理普遍性直接结合了。个体所拥有的私有财产权，反映并确证了个体与具有普遍本质的权利体系或权利秩序之间的关系。这一关系，是个体与其普遍本质或抽象本质之间的关系，即伦理关系。至此，个体与私有财产权的关系，超越了个体与物的关系，进入个体与具有普遍本质的权利体系的关系中，即进入伦理关系中。从这一意义上而言，一般伦理学意义上的物权就是私有财产权。财产权利在私有财产权的范畴里实现了其普遍性，从而是一种客观的财产权利。

第四节　一般伦理学意义的物权向人权的发展

私有财产权确证了个体与具有普遍本质的权利体系的伦理关系，它受道德约束同时也体现了具有普遍本质的权利体系的道德要求，直接关联权利主体的人格，这是私有财产权应当受到法律保护的原因。但是它并不能完全证成私有财产权可能会及应当能受到何种程度的保护。道德以及与道德相对应的法律是固有性或地域性很强的规范，它们保护一个权利的态度、程度及等价值取向问题，在很大程度上取决于该国立法者基于本国的经济、政治体制和文化传统对该权利的固有认识与态度。在一个文化传统中缺乏保护私有财产权意识的国度中，是优先保护私有财产权还是正好相反呢？这个问题如果我们仅停留在私有财产权是一般伦理学意义上的物权的理论高度仍然是无法完全回答的。

马克思主义的终极追求是人类的解放与自由全面发展，马克思认为在人类社会的全面发展中，每一个个体的全面发展是人类社会全面发展的前提。马克思主义所追求的个体的全面自由发展，有着丰富的含义，是最深刻与最科学的人的发展之路。而每一个个体的人权在所有人类共同体中都受到平等保护与促进，是个体全面发展的基础与出发点。"正如世界银行在 2000 年发布的贫困调查报告中指出,贫困是一种痛苦。穷人要承受来自食物缺乏的肉体痛苦,还要承受作为社会边缘和缺乏参与机会而带来的屈辱和心理上的痛苦,以及承受被迫做出某种取舍而带来的道义上的痛苦。贫困是一种耻辱,一种当我们寻求帮助、依赖他人时,被迫承受无礼、侮辱和冷漠的感觉。必须看到,对个人自由最彻底的剥夺莫过于一贫如洗,对个人最大的损害莫过于囊中羞涩。"[1] 个体的自由解放及全面发展,必然要求私有财产权成为一种人权,成为一种所有人类共同体都必须尊重的最低限度的道德标准。在人权范畴中,私有财产权才能实现其特殊性与普遍性、主客观的统一,从而也将寻找到法律平等保护私有财产权的终极依据。

---

[1] 高国希:《人的发展的道德意蕴——马克思的贡献初论》,《上海师范大学学报》(哲学社会科学版) 2007 年第 5 期。

第五章　完整的人权：受到平等保护的私有财产权的伦理属性

第一节　人权是人类社会最低限度的道德标准

一　对联合国《世界人权宣言》中人权概念的非议

从直观的角度出发，人权是"指那些直接关系到人得以维护生存、从事社会活动所不可缺少的最基本权利"①。但是学术界对于人权的概念却是解释不一。目前对人权概念似乎最详细、最权威与最通行的解释来自联合国《世界人权宣言》。联合国《世界人权宣言》对人权的定义是人人有资格享受本宣言所载的一切权利和自由，不分种族、肤色、性别、语言、宗教、政治或其他见解、国籍或社会出身、财产、出生或其他身份等任何区别。根据这一定义，"人权是某些无论被承认与否都在一切时间和场合属于全体人类的权利。人们仅凭其作为人就享有这些权利，而不论其在国籍、宗教、性别、社会身份、职业、财富、财产或其他任何种族、文化或社会特性方面的差异"②。不过，米尔恩教授认为这个人权概念并不能经得起理性的评判，他认为这个人权概念起码在以下几个方面会遭到极大的非议："1. 这个人权的理想状态的基础是由自由、民主、福利等现代社会的基本权利所构成，但是这些权利在世界上许多国家内并没有实现；2. 这个人权概念忽视了人类文化的多样性，在某种特定文化和文明传统中所能构思的理想状态，另一文明或传统中的人们并不一定接受；3. 这个人权概念不仅忽视了文化的多样性，而且还忽视了人的个性的社会基

---

① 张文显：《法哲学范畴研究（修订版）》，中国政法大学出版社2001年版，第399页。
② ［英］A. J. M. 米尔恩：《人的权利与人的多样性——人权哲学》，夏勇、张志铭译，第2页。

第五章　完整的人权：受到平等保护的私有财产权的伦理属性　　77

础。它以同质的无社会、无文化的人类为前提，但这样的人类社会并不存在。"①

米尔恩教授的批评一针见血地指出了现行人权理论体系中存在的弊端，即在忽视人类社会多元化的基础上，将西方社会理想的公民权标准强加于全世界，从而导致政治权利、法律权利与一般意义上的人权相混同，使得包括西方社会在内的世界大部分国家对人权概念认识的混乱，甚至将人权理解为一种享受政治权利并受法律保护之后的结果，使人权概念在逻辑上产生了颠倒。

人权是人按其本性所应当享有的权利，即"人之为人"的权利。人权应当是在道德意义上使用的一个标准，"人权思想乃是权利思想，而权利是'自然的'，因为它被设想为人们作为人凭借自然能力而拥有的道德权利，而不是凭借他们所能进入任何特殊秩序或他们要遵循其确定的特定的法律制度而拥有的权利"②。因此，在社会文化多样性的今天，能够经得起理性辩驳的人权概念与其说是一个理想中的概念，即一种仅仅以自由、民主和福利为基础的政治或法律权利，其更应成为一种在所有文化与文明中都适用，是所有社会和文明都要遵循的道德标准的底线要求，是"无论何时何地都由全体人类享有的道德权利，即普遍的道德权利"③。"是否存在人权，尊重人权是否为最低限度普遍道德标准所要求，这不是个以经验为依据的问题。毋宁说这是一个关于社会生活的含义及这些含义是否包括此种标准的问题。其答案取决于考察道德的性质和道德在社会生活中的作用得出的结论。"④ 这种道德标准中的最核心内容是行善原则。

人权不能简单定义为政治权利，而应当是一种道德权利。"没有正式的政治组织，人们也能一起生活，但是不存在仅凭自己是人就享有的政治权利，不存在在一切时间和场合都属于人们的政治权利。任何一项人权只有在特定场合下（一个共同体特有的制度、法律、文化与伦理观念）的

---

　　① ［英］A. J. M. 米尔恩：《人的权利与人的多样性——人权哲学》，夏勇、张志铭译，第6页。
　　② ［英］戴维·米勒、韦农·波格丹诺（英文版主编）：《布莱克维尔政治学百科全书》，邓正来（中译本主编），中国政法大学出版社1992年版，第337页。
　　③ ［英］A. J. M. 米尔恩：《人的权利与人的多样性——人权哲学》，夏勇、张志铭译，第7页。
　　④ ［英］A. J. M. 米尔恩：《人的权利与人的多样性——人权哲学》，夏勇、张志铭译，第9页。

解释对它提出要求时，才能成为一项政治权利。"① 但是我们也不能否认人权中内含的政治权利或者更应该说是一种法律权利。"由于现代社会的多元化特征，以及道德规范所固有的非强制性，道德权利应当进入法律范畴而获得强制保护。由联合国委托编写的一本人权宣传材料指出：人权的概念有两个基本的意义。人权的第一种意义是由于人作为人而享有与生俱来的不可剥夺的权利。它是来自每个人的人性中所具备的道德权利，并且它的目的是保障每一个人的尊严。人权的第二个意义是法律权利，它是根据社会——既包括国内社会，也包括国际社会——法律产生过程而制定的。"② 当然，我们应当明确，把人权既视为一种道德权利也视为一种法律权利虽然是合理的，但是不能把它们认为是平行的。法律权利源自社会共同体内立法者所制定的法律规范。在阶级社会里，法律是占统治地位的阶级或集团的利益和意志的体现，同时也受该社会固有的传统文化与风俗习惯影响，法律所保护的权利，在不同社会存在较大的差异性。而道德权利作为一种应有权利，在人权层面表现为一种所有共同体都应当尊重的道德标准的底线要求，不可剥夺，也不可转让与放弃。道德权利是法律权利的源泉，是法律保护某项权利的正当性基础。没有道德不会有法律，法律可以创设特定的义务，却无法创设服从法律的一般义务。因此，我们主张人权是一项道德权利，那我们就不能仅从人权为法律（包括宪法）所规定而推导出其存在，我们需要从道德层面对人权予以证成。

二 人权的道德证成

过去人们在从道德角度证成人权时，大多一般引用的是自然法理论和社会契约论。自然法理论认为人权属于自然权利，它源于自然法。自然法的效力高于任何人定法，任何人定法只要与自然法冲突都是无效的。自然法理论认为人权是每个人与生俱来便拥有的，超越了法律或政治权利，并不是某个政治权威通过政治制度或立法机关通过立法所赋予的。政治权威或立法机关对人权的宣告只是对它们的肯定与保护而已。社会契约论是在自然法理论的基础之上，对政府与法律的形成与性质的一种解释。社会契

---

① ［英］A. J. M. 米尔恩：《人的权利与人的多样性——人权哲学》，夏勇、张志铭译，第189页。

② 张文显：《法哲学范畴研究（修订版）》，第400页。

约论认为，人生而自由与平等，但是在自然状态下却难以维护，唯有通过订立契约组成国家并制定法律，才能保障人们的自然权利。国家与法律的根本目的与任务就是保障每个缔约者的人身、财产、尊严等自然的不可动摇的人权。与自然法理论稍有不同的是，社会契约论认为人权除了来源于自然权利以外，更重要的是来源于约定，不仅是社会成员之间的约定，也包括公民与国家之间的约定。

自然法理论和社会契约论，在资产阶级革命过程中，对于反抗"君权神授""宗教特权"起到了不可磨灭的巨大贡献，也为近代资本主义国家的产生提供了理论基础。但是自然权利说是建立在先验的、唯心主义的人性观、理性观和历史观之上的，存在无法克服的困难。自然权利的具体内容是什么？人们如何确证自然权利的存在？哪些权利属于自然权利中的人权？诸如此类的问题，自然法理论和社会契约论是回答不了的。因此，用自然法理论和社会契约论来证成人权，只能得出一个模糊和有争议的结论。笔者认为，证成人权应当从人所内含的道德价值出发，从人的本性或本质出发，证成的逻辑是：人权是人之为人的权利，人拥有人权的唯一原因是他是人。对于此，我们可以从康德"以人为目的"的人道主义伦理原则中找到理论依据。

康德的伦理思想是从对伦理学最基本的概念——善的讨论开始的。康德认为所谓善就是各种道德德性，如理智、勇敢、果断、忍耐等。然而道德的善不是绝对的、无条件的善，只是相对的善，各种德性只有在适当的时间、适当的地点、适当的对象、适当的方法和目的的情况下才体现为善。伦理学的任务是寻找一种无条件的、绝对的善，那就是善良意志，是出自对道德法则尊重而产生的自由意志。接着，康德开始讨论道德法则。康德认为，行为者本身所选择的行为规则是"准则"，是行为者主观意志的原则，只适用于行为者自身。而法则或称规律，是适用于每个理性存在物的客观行为原则，是具有普遍必然性的行为原则。如果一个行为的准则只能适用于其本人，所有的人都遵循此准则就会引发矛盾，那么这个准则就是纯粹的主观准则，不可能转变为道德法则。如果行为所遵循的准则，除了他自己遵循以外，也可以为其他人乃至每个理性存在物所遵循，那这个准则就有可能成为具有普遍必然性的道德法则。判断一个行为准则能否成为道德法则或者是普遍必然性原则的条件有两个：第一是要看这个行为准则被普遍化后是否会与其前提发生矛盾，与自然的目的发生矛盾；第二是人们是否愿意某一准则成为普遍法则。而只有当一个行为既在客观上符合道德法则，同时在主观上又出自对道德法则的尊重，这个行为才能被称为道德的行为。

康德又指出，道德法则的首要表达方式是绝对命令，即道德法则的形式化特征，这一特征强调道德法则的规范性（定言）和普遍性。道德法则之外还有其他的表达形式，其中"以人为目的"的人道主义原则是核心内容。康德认为，对于道德法则，我们必须为它寻找一个确定的根据，这种根据不能仅是那些具有相对价值的东西，而必须是某种自在地具有绝对价值观、其本身就是目的的东西。只有在这种东西上，我们才能找到绝对命令的根据，亦即实践规律的依据。这种东西就是"人"。康德在这里所说的"人"，是广义的"人"，是每个自在地作为目的而实际存在的有理性的东西。根据这一点，康德提出一个具有里程碑意义的观念："你的行动，要把你自己人身中的人性，和其他人人身中的人性，在任何时候都同样看作是目的，永远不能只看作手段。"[①] 这就是著名的"以人为目的"的命题。

康德所提出的道德准则其实就是一种普遍的最低限度道德标准，而他把"以人为目的"的人道主义原则作为这种普遍的最低限度道德标准的基础，有着深刻的伦理意义。康德认为道德准则是一种绝对命令，这种绝对命令隐含一个原则性的前提要求，即永远把人当作目的而绝不是手段来对待。把每一个人都作为一个自主（即有自己的思想、目的和感情）且有内在自我价值的个体来对待和尊重。人的自身存在就是价值所在，而不是必须以这个人是否对他人或者社会"有用"为前提。对一个社会共同体的任何成员来说，只把他/她作为一种手段来对待，就等于完全否认他/她是这个社会的一员。人道主义原则的意义在于："确立了每种特殊道德依照合理的理由都应该遵从的一个普遍的、最低限度的道德标准。"[②] 即不能仅将他人视为工具和手段。

不过，康德的人道原则还不能完全说明人权是一种普遍的最低限度的道德标准。因为他没有明确人道原则的否定一面是否只适用于一个社会共

[①] ［德］康德：《道德形而上学原理》，苗力田译，上海人民出版社1986年版，第81页。
[②] ［英］A. J. M. 米尔恩：《人的权利与人的多样性——人权哲学》，夏勇、张志铭译，第106页。

第五章 完整的人权：受到平等保护的私有财产权的伦理属性　　81

同体的成员。对于其他与本共同体在文化传统、制度及价值观上有着显著区别，甚至在某些方面还落后于自己的共同体成员是否也适用人道主义的原则呢？康德并没有论证这个问题。米尔恩教授认为，不同国籍的人、不同宗教信仰的人，甚至是奴隶和农奴，他们都是人，都具有自我的内在价值，并且拥有独特的人类特征，能够设定和追求自己的目的，并且拥有独特的人类特征。人权的来源是普遍道德，而非特定道德，普遍道德由扩及全体人类的共同道德原则组成。共同道德原则是共同体生活本身的原则，它们虽是抽象的，但却是单一的价值准则。"实践理性原则要求至少有一种普遍的道德义务。这就是在与其他人的所有交往中，在与外国人和本国人、异教徒、无神论者和同一宗教的教友的交往中，应该总是按照人道原则否定的一面行事。同样的义务也适用于同所有生活在同一社会共同体中，却不具有成员身份的人的交往；适用于同奴隶、农奴和'贱民'的交往。虽然他们不是伙伴成员，但他们也同属于人类。"① "人权一定要是普遍道德权利，但是，只有存在作为其渊源的某种普遍道德，才可能存在这样的权利。存在共同道德之普遍适用的理性基础，它们和实践理性原则一起存在于康德的人道原则，由此产生了普遍的最低限度的道德标准。这个标准在消极的方面，要求人不能被仅仅当作手段，在积极的方面，则要求全人类在一切交往中始终遵循共同道德原则，所以，我们将共同道德不仅仅在作为每个共同体实际道德一部分的意义上，而且是在适用于一切人类而不论其为何种人、属于何种共同体和联合体的意义上，当作一种具有普遍意义的道德。"② "只有始终按照共同道德的原则对待一个人，这个人才能被当作具有自我的内在价值的人，对他的人身自主的尊重也才能显示出来。共同道德必定可以适用于人们间的一切交往，这是普遍的、最低限度的道德标准的肯定的一面。其否定的一面则要求绝不允许把任何人只当作一种手段来对待，对于人权概念来说，共同道德的普遍适用性具有重要的蕴意。"③ "共同道德原则里包含了每个人类成员必须享有的权利，即普

---

① ［英］A. J. M. 米尔恩：《人的权利与人的多样性——人权哲学》，夏勇、张志铭译，第105页。
② ［英］A. J. M. 米尔恩：《人的权利与人的多样性——人权哲学》，夏勇、张志铭译，第124页。
③ ［英］A. J. M. 米尔恩：《人的权利与人的多样性——人权哲学》，夏勇、张志铭译，第107页。

遍道德权利，或者就是严格意义上的人权。"①

三　人权的伦理意义

为什么一定要强调人权？我们可以回答，没有人权就不可能存在任何人类社会。但是这个答案仍然局限在政治权利的范围。而如果我们把人权纳入普遍道德的层面予以考察，亦即任何人类共同体在消极方面和积极方面的应当尊重的普遍最低限度的道德要求，我们就可以得出这样一个答案：人是有内在价值的个体，如果将人仅仅作为手段，否定了属于他的一切价值，也就否定了他作为人的资格。如果他被作为一个其自身具有内在价值的个体来看待，他就必须享有人权。

人权是作为处在特定历史发展阶段的社会价值观念、伦理道德观念的具体体现，其内涵与外延也在不断发展变化。"人权向社会宣告各种'善'和利益，但人权又不是抽象的不完善的'善'……人权是那些被认为主要为实现个人幸福和尊严的利益，它反映的是正义、公平、文明的一般观念。"②

人权的主体是在社会交往中实际存在的个人本身。承认权利主体应当享有人权的必需而且唯一的前提就是承认他（她）具有人格，并享有普遍道德要求下的基本人权。在人权产生之初，并不是所有社会成员都能够享有这一权利。在人类历史长河中的很长一段时期，能够享受人权的只是一小部分人，其他人不能享有人权的原因就在于他们不被承认具有人格或具有完整的人格。因而也就谈不上是人权的主体，受到人权的保护。一个人只有具备了完整的人格才能称为人，才能在具体的社会生产与交往活动中享有权利、承担义务，通过自己的实践去实现自我的社会价值。因此，人权的伦理意义可以表述为：人权是人们在一定的历史条件下并基于一定的经济结构和文化发展，为了其自身的生存与发展，以能够真正通过自己的实践而掌握自己的命运、实现自己的内在价值而平等拥有的基本权利。

尊重人权是现代伦理的基本精神之一，即要维护人的尊严、尊重人的价值、保障人的权利。现代著名西方思想家查尔斯·泰勒关于人权在西方

---

① ［英］A.J.M. 米尔恩：《人的权利与人的多样性——人权哲学》，夏勇、张志铭译，第154页。

② ［美］路易斯·亨金：《权利的时代》，信春鹰等译，知识出版社1997年版，第2页。

的崛起有一段发人深省的反思。"泰勒指出,人权概念是人类精神文明的一个新的突破,含有积极的进步意义。虽然在不少传统文明中都有'人应被尊重'的道德信念,但现代人权的概念,使这一'尊重人'的原则更加深化、更加广泛。人权是现代法制以至道德伦理思想的核心。现代人权是所有个人平等地、普遍地享有的道义上的权利,并应由法律予以确认,不分贫贱富贵,不分阶级、种族、性别,不论其是否曾对社会作出贡献,只因为他是人,有人的尊严和无上的价值。承认个人有人权,不单是说根据天理和正义,他应享有某些利益或应得到某些待遇,而且是说他自己(作为权益的拥有者)可以主张这些利益,他自己可以伸张正义,向他人和社会争取他作为人应得的东西。换句话说,人权概念赋予其享有者在这权利的确认、执行和实施方面一个积极的主动的角色。所以,人权的理念比其他关于尊重人的原则(如通过正义概念、上帝的律法、自然法或社会的传统道德标准所表述的关于人的尊严的价值应受尊重的原则)更能强调人作为道德主体的主体性、自主性和他的人格尊严。"[1]

对于任何社会共同体而言,共同道德或普遍道德意义上的人权概念是不可或缺的。这一概念的伦理意义在于:在一个社会里,自然人之所以能成为社会人,因为他是一个伦理人;他之所以有法律上的人格是因为他有伦理上的人格,这个伦理上的人格就是人权的伦理价值。人之为人并非因为其他原因,它根源于人的本性,无论将这种本性表述为理性还是自由意志,都不是一个天然的存在,而是一个伦理的标准。所以,人之为人,就是要求人必须符合伦理规律的要求,按照伦理规律行事,即人权本身就是一个伦理的存在。伦理道德问题在某种意义上讲,其核心问题就是人权的问题,而伦理学说发展史在一定意义上讲也就是人权意识发展的历史。

四 人权的基本构成

霍菲尔德在其著作《基本法律概念》一书中对权利的构成进行了详尽的分析,成为现代西方法学界权利研究方面的基本概念范式。他认为权利一词包含要求、自由、权力以及豁免四种情形,也就是要求权、自由权、权力权、豁免权。他认为权利义务有两个相关的方面:第一,对于每项权利来讲,必须存在由他人承担的相应的义务;第二,义务优先于权

---

[1] 陈弘毅:《法治、启蒙与现代法的精神》,中国政法大学出版社1998年版,第9—10页。

利，亦即如果某人负有义务，那么他就不能对有碍他履行该项义务的东西享有权利，或者换言之，他只对不妨碍他履行义务的东西享有权利。要求权是接受权，每一项接受权都意味着义务人承担一项特定的义务，在要求权的场合，义务人负有特定义务去满足权利人的要求，负有该义务的任何人都不能自由地去做妨碍履行义务的事情。自由权是行为权，意味着一种对世的绝对权利。每个人都负有不妨碍其他任何人去做他们有权做出的行为的义务，不得在他人行为时进行干扰。法律也不得因他人实施有权之行为而陷其于不利。权力的主体被赋予要求义务人必须服从他所提出的义务的决定，他们也因而不享有任何与履行这一义务不相符合的权利。一项豁免权是一项接受权，与它相关的义务是尊重它所赋予的豁免。① 米尔恩教授对霍菲尔德提出的权利概念给予了高度评价，认为其"不限于法律权利而是扩及道德权利，包括人权"②。

比照霍菲尔德提出的权利概念，可以将米尔恩教授提出的人权内容作如下的详细分解。

第一项生命权，意味着任何一个人或集体都不享有任意杀害他人或使他人生命陷入无端危险之中的自由和权力。做这两种事情的人，或其帮助者、怂恿者，均不对受其威胁者的反抗行为享有豁免权。

第二项公平对待的公正权是一项普遍的要求权，它意味着没有一个人享有去做不公平地对待任何人的事情的自由权。作为一项普遍的豁免权，它意味着没有一个人能够享有不公平地对待听命于他的人的权力权。

第三项获得帮助权也是一项普遍的要求权，它意味着那些可以提供帮助者不享有对呼救者置若罔闻的自由权。同时作为一项普遍的权力权，它意味着没有一个人能够享有不承担提供救助的义务的豁免权。

第四项在不受专横干涉这一消极意义上的自由权是一项普遍的豁免权，它意味着无人对不属其管辖的人享有指手画脚的权力权。作为一项普遍的自由权，其意味着当一个人不负有为某个行为的义务时，无人享有要求其去做这件事的权利。作为一项普遍的权力权，它意味着任何专横地干涉他人行为自由的人均不得享有对受干涉者反抗措施的豁免权。

---

① 参见张文显《法哲学范畴研究（修订版）》，第 286 页。
② [英] A. J. M. 米尔恩：《人的权利与人的多样性——人权哲学》，夏勇、张志铭译，第 105 页。

第五项诚实对待权和第六项礼貌权是两项普遍的要求权，它们意味着任何人不得享有为不诚实行为或不礼貌行为的自由权。作为普遍的豁免权，它们限制了所有的权力权的范围，任何人都无权不诚实或不礼貌地对待受其管辖的人。

第六项儿童受照顾权是一项普遍的要求权，它意味着任何人不得享有去做不让儿童受成年人照顾的事情的自由权。作为一项普遍的权力权，它意味着任何成年人都不享有免除其提供此类照看的义务的豁免权。[①]

第二节 平等是人权的本质属性

一 平等是社会正义的内在含义

正义问题历来是伦理学家关注的重点，而社会正义的一个基本属性就是平等。亚里士多德认为正义可以分为一般意义上的正义和特殊意义上的正义。一般意义上的正义表现为对法律的遵守，特殊意义上的正义分为分配的正义、矫正的正义和互惠的正义。亚里士多德认为平等是正义最基本的含义，正义的实质即如何实现平等，亚里士多德将分配的正义区分为算术平等和比率平等两种基本形式。算术平等指作为理性的人的每一个社会主体，在同等享有某些东西方面，必须人人平等。比率平等则是指依据每个人拥有的出身、地位、天赋、财产等因素的差异，向他们分配不同的所得而实现的平等。真正体现正义的是比率的平等。亚里士多德认为如果实现比率平等，弱势群体会造反；而如果实行算术平等，优势群体也会发动革命。这是亚里士多德遇到的第一层困境。就此他较为倾向于比率平等，即按照每个人的差异性来进行分配，这才是真正的平等。但是亚里士多德随即又遇到了他在平等问题上的第二个困境，即在按照比率平等进行分配的过程中应当具体按照哪一个差异因素来分配。每一个人在出身、天赋、能力、财产这几个方面所具备的状况都会不一致，如果每个人都坚持倾向于自己一方分配的模式，正义永远无法实现。而且，这些分配的标准还会根据社会发展变化，这将导致决策者很难创造出一个为所有人都认同的分配模式来。

---

① 参见［英］A. J. M. 米尔恩《人的权利与人的多样性——人权哲学》，夏勇、张志铭译，第173页。

亚里士多德对他遇到的平等问题的两个困境并没有提出一个很有说服力的解决方法，因此后世的人们围绕这个问题提出了众多的解决方案，但是都没有一个很有效的结果，直到 20 世纪 70 年代罗尔斯对此问题有了一个较好的回应。罗尔斯对平等问题的讨论集中体现在他的正义理论中。他认为作为同一性基础上的人类基本权利的平等（算术平等）和建立在差异性上的分配结果的平等（比率平等）都很重要，但是由于比率平等相对于算术平等而言就是不平等，因此罗尔斯认为解决亚里士多德平等问题的第一个困境应当将机会平等的原则即算术平等作为社会正义的优先性原则。这是根据人生而自由与平等原则而提出的，是每一个人作为自由的人所拥有的，"每个人对与所有人所拥有的最广泛平等的基本自由体系相容的类似自由体系都应有一个平等权利"①。不过，罗尔斯也意识到现实的资源稀缺，算术的平等是不可能完全实现的。因而他提出用"无知之幕"的理论来解决亚里士多德平等问题的第二个困境。罗尔斯认为正义原则可以通过协商以订立契约的方式确定，这是自由选择的结果而不能强加于人。我们必须设定人们最初在选择正义原则的时候对自己的出身、天赋、财产、能力等偶然因素一无所知，这时的人们除了具有理性和正义观念之外，其他的全然无知，这就是所谓的"无知之幕"。在"无知之幕"下，防止出身、天赋、财产、能力等差异因素影响到平等分配。当然，人们对于出身、天赋、财产、能力等差异因素的"无知"，不代表人们在选择正义原则时丝毫不去考虑他们，而仅仅按照优先性的机会平等原则去选择正义原则，因为这些偶然因素还是存在的，并会影响到我们的抉择。"无知之幕"的设定，解决了亚里士多德遇到的平等问题的第二个困境，也只有这样人们所选择的分配正义原则才有可能是最兼具平等和正义的。这就是罗尔斯提出的"差别原则"。"社会和经济的不平等应这样安排，使它们：①在与正义的储存原则一致的情况下，适合于最少受惠者的最大利益；并且，②依系于在机会公平平等条件下职务和地位向所有人开放。"②

上述理论代表了西方哲学的一个主流观点，即将平等理解为正义，认为平等是正义的集中体现，平等是正义的内在含义而不是派生的目标，平

---

① ［美］约翰·罗尔斯：《正义论》，何怀宏、何包钢、廖申白译，中国社会科学出版社 1988 年版，第 292 页。
② ［美］约翰·罗尔斯：《正义论》，何怀宏、何包钢、廖申白译，第 302 页。

等是社会正义的最高价值，一个正义的社会必须为所有的社会成员提供平等的生存机会，平等本身拥有一种质的道德规定性。

二 平等是人权的本质属性

平等不仅仅是一种量的、形式上的规定性，而且具有一种内在的质的规定性，它本身拥有无可取代的道德价值。因此，从人权是一种人类社会最低限度的道德标准的意义上来说，平等是人权的本质属性。甘绍平先生认为现代人权原则的实质规定在于，人之存在这一点就足以令他（她）享有权利。"所谓道德平等，是指每个人都拥有一种道德要求，即与他人一样获得同等尊重与顾及。道德平等构成了当代人类文明的基石。现代道德来自每一个当事人的自主认同，而这种认同的前提则在于每个人的权益都获得平等的尊重。现代道德是奠基于一种天然的平等的抽象命令之上的，它的最大特点之一就是每个人都能获得同等的重要性。同时，道德平等又为社会政治平等奠定了稳固的精神基础，社会政治平等着眼于每个人都拥有平等的道德价值，如果没有一种对每个人的平等的道德价值和地位的认可，人们不可能和平地达成任何一项政治协议。从消极的方面看，道德平等否认一切强加在人们身上的那些外在的因素，如出身和社会认同性以及家庭归属、世袭的社会地位、种族、人种、性别或基因配置，所造成的道德价值上的差异。从积极的方面看，道德平等强调所有有能力的人都是等价的道德行为体，每个人都拥有认知和担负道德责任、给予公正原则与他人合作、发展自己的善念并付诸行动以及以平等身份参与政治协商的平等的能力。"[①]

恩格斯指出："一切人，作为人来说，都有某些共同点，在这些共同点所及的范围内，他们是平等的，这样的观念自然是非常古老的。但是现代的平等要求是与此完全不同的；这种平等要求更应当是，从人的这种共同特性中，从人就他们是人而言的这种平等中，引伸出这样的要求：一切人，或至少是一个国家的一切公民，或一个社会的一切成员，都应当有平等的政治地位和社会地位。"[②] 所以，平等的人权的观念是人类的共性使然，不是哪一个阶级或哪一个国家所应当追求的目标。人权运动的历史，

[①] 甘绍平：《人权平等与社会公正》，《哲学动态》2008 年第 1 期。
[②] 《马克思恩格斯选集》第 3 卷，人民出版社 1972 年版，第 142—143 页。

不仅是人权内容的丰富史与发展史，同时更突出、更关键和更具历史意义的是追求平等的历史。曾经有一种观点认为人权是不可比的绝对的标准，而平等是一种相对的可比的标准，因此在人权范畴中用普遍性来代替平等更为可取。这种观点过于重视在权利性质上的普遍性概念表述，但忽视了平等的精确性概念所表述的权利个体之间无差别性的功能内容。以米尔恩教授总结的七种基本人权为例，除了第一种生命权可以作为普遍性存在以外，其他六种人权除了普遍性之外更涉及一种精确度的问题，都具有可比的、相对的标准问题。因此，我们今天说讨论的人权不仅要注重普遍性的共同拥有，更要强调在共同拥有之间所体现的平等性。

第三节　受到平等保护的私有财产权即人权

作为一般伦理学意义上物权的私有财产权，是自由意志的直接定在，保护私有财产权是人的全面发展的前提，从这个意义上讲，私有财产权具有人权的属性。从人权的概念来看，私有财产权应当属于不受专横干涉的自由权，这个问题已经不需要赘述了。但是，权利道德性的内在含义之一就是道德对权利的约束，因此权利本身就意味着限制。在私有财产权领域，人们对于权利自由的追求必然会与权利的限制产生一定的冲突，自由和平等的冲突问题就是在这一背景下所凸显出来的。在西方伦理学史上，自由主义一直是主流思想，从洛克的自然权利思想开始，诺齐克提出的绝对自由优先理论，以及罗尔斯提出的在兼顾平等的前提下的自由优先思想，都认为当自由和平等发生冲突时应当是自由优先。德沃金对此提出了批评，认为在自由和平等中应当是平等优先。其实，从人权的角度而言，作为自由意志定在的抽象人格必然是平等。平等的自由是真正的自由，自由的平等是真实的平等。因此，受到平等保护的私有财产权，它的伦理属性就是人权。

一　私有财产权是一种消极的自由之力

在自然法学派中，对于自由的理解一直存在消极和积极之分。消极自由以洛克的理论为代表。洛克是在强调保护社会成员自然权利的基础上来论述自由的，他的自由观主要集中在政府和国家不能随意干涉公民的自由（包括思想自由）。如"人们既然都是平等和独立的，任何人就不得侵害

第五章　完整的人权：受到平等保护的私有财产权的伦理属性　　89

他人的生命、健康、自由或财产"①。积极的自由则以卢梭的理论为代表，卢梭主要强调法律应当保障公民可以自由地参与公共政治生活。康德也把自由分为消极的自由和积极的自由两个层次。消极的自由指意志不受外在干扰的状态，积极的自由则指意志不但不受外界干扰，还能主动遵从道德法则。真正的意志自由必须是在理性的指导之下，绝不是想做什么就可以做什么的任性。自律是真正的自由的最高体现形式，亦即积极的自由。

现代自由主义学者基本上都秉持洛克式的消极自由传统，认为自由就如米尔恩所提出的那种"不受专横干涉的自由"。私有财产权从其本性上来说是一种消极的自由之力。私有财产权人对于财产的支配力主要体现在不受干涉上，私有财产权人可以终身不去使用或处分自己的私有财产，只要不违背社会公共利益即可。国家和法律在没有道德正当性的前提下，绝不可以强迫私有财产权人使用或处分自己的财产。因此，从人权概念的角度来看，私有财产权属于人权中不受专横干涉的自由权。

二　当代自由主义学者中对自由与平等孰优先的争论

在近现代西方伦理学传统中，最具历史与现实价值的莫过于自由与平等两个原则。包括自由主义学者，他们也并不是只强调自由而不提倡平等。自由主义学者都认可将平等与自由一样都是自由主义理论的两大伦理基石，不过他们对于两者的伦理的阐述和辩护却不尽相同。他们的争论主要集中在自由与平等发生冲突时孰优先的问题。我们可以通过诺齐克与德沃金对罗尔斯的批评来综合了解他们的观点。

罗尔斯、诺齐克和德沃金都是当代自由主义的代表人物。罗尔斯对于在社会正义中如何体现平等的理论我们前文中已经作了介绍，罗尔斯用一种"辞典式的排序"方式来强调自由的平等原则必须置于差别原则之前，自由只能因为自由以外的因素（包括平等）而被限制，社会应当依据在先的自由的平等原则来安排财富和利益的不平等。自由只有满足了以下两个条件方才能被限制，"①一种不够广泛的自由必须加强由所有人分享的完整自由体系；②一种不够平等的自由必须可以为那些拥有较少自由的公民所接受"②。总结一下，即：社会必须首先满足自由的原则，在自由与

---

① ［英］洛克：《政府论》，刘晓根译，第71页。
② ［美］约翰·罗尔斯：《正义论》，何怀宏、何包钢、廖申白译，第249页。

平等发生冲突的时候，在不限制自由的前提下应当兼顾平等。

罗尔斯的观点提出后，诺齐克首先对他的理论提出了批评。诺齐克是绝对自由的拥趸。他认为自由原则是第一且是唯一的标准，自由对平等优先性不可置喙，无论什么原因，即使是为了防止不平等的出现，也不能侵犯自由。诺齐克的理论来源有二：一是自然法学派的"天赋人权神圣不可侵犯"，生命权、自由权和财产权是自然法理论中所认定的人所享有的三大自然权利；二是康德的自由意志学说。诺齐克是将自由视为在道德的实践领域人的唯一属性的。

德沃金对罗尔斯和诺齐克的理论都提出了批评。德沃金认为诺齐克的理论以绝对自由正义的名义限制了平等实践，实质上剥夺了平等内在价值和独立性，因此诺齐克的理论是一种道德直觉，是比较容易推翻的。德沃金将批评的重点放在了罗尔斯的理论上。德沃金对于自由与平等关系的分析分为两个层次，第一个层次是认为自由与平等并不必然发生冲突。德沃金认为在讨论自由与平等的关系时，应当首先对自由和平等作一个限定。首先，"平等是指分配方面的平等，或者叫做资源平等"[①]；其次，"自由是消极的自由，主要包括良心、信仰、言论和宗教自由，在涉及个人生活的核心和重要的方面，包括就业、家庭安排、性隐私和医疗服务等方面的选择自由"[②]。通过这样一种限定，自由与平等并不必然发生冲突。德沃金引入一种"真实的机会成本"概念来平衡平等与自由的关系，即"把个人所拥有的任何可转移资源的价值，确定为因为他拥有它而使别人不得不放弃的价值"[③]。当人们面对相同的"真实的机会成本"时，他们所面对的资源分配就是平等的。"真实的机会成本"决定了人们对于自由体系的调整与限制。"机会成本是个有着两面性的概念：它的一张面孔朝向平等，另一张面孔朝向自由，从而使这两种美德合为一体。"[④]

德沃金对平等与自由关系分析的第二个层次是认为在自由与平等关系中平等应当优先。德沃金提出，自由必须是一个具体的原则，而不是一个抽象的原则，更不能脱离具体的人的生活，"如果脱离了它对享有自由者

[①] ［美］罗纳德·德沃金：《至上的美德：平等的理论与实践》，冯克利译，江苏人民出版社2007年版，第130页。
[②] ［美］罗纳德·德沃金：《至上的美德：平等的理论与实践》，冯克利译，第138页。
[③] ［美］罗纳德·德沃金：《至上的美德：平等的理论与实践》，冯克利译，第163页。
[④] ［美］罗纳德·德沃金：《至上的美德：平等的理论与实践》，冯克利译，第201页。

的生活发挥的作用,并没有内在的价值"①。自由的表征是权利,而权利在德沃金看来一定是平等的,只有平等才具有内在的独立的抽象价值。因此,平等原则是政府的道德合理性基础,整个国家、政府、法律的合理性乃至整个社会的实质正义都以平等原则为理论前提。"自由的价值在于自由的生活是更有价值的生活,那么平等原则本身就要求政府关注自由,因为它要求政府关心被统治者的生活。"② 一个不平等对待公民的政府是不正义的政府,从而这个社会也将是不自由的。所以,德沃金认为,抽象的平等原则必然是优先的,"在自由和平等之间任何真正的冲突——在自由和抽象的平等原则的最佳观点之间的冲突——都是自由必败无疑的冲突"③。

三 抽象人格的平等决定了自由与平等在实质上是同一的

自由的理念在现代社会价值观中的核心地位根深蒂固,其重要意义无须我们多加赘述。从平等的表象来看,其却可能对人们潜在的自由观念产生一定的限制,特别在财产权利方面。因此人们总是在二者会有冲突的前提下考虑二者如何兼顾、孰优先的问题。诺齐克的绝对自由主义思想,由于无法兼顾平等,故而不符合社会发展的需求。罗尔斯提出的在兼顾平等前提下的自由优先,以及德沃金提出的在兼顾自由条件下的平等优先,都是有着相当合理性的理论。但是他们对于自己的理论最后都无法得出一个强有力的结论,都存在着一种平等向自由妥协的痕迹。其实德沃金已经意识到了一个问题,即自由与平等并不必然发生冲突,不过他没有沿着这一思想进路继续前行,而是又回到了自由与平等在冲突时孰优先的问题上。笔者认为,自由与平等会发生冲突,但是它们的冲突只限于社会政治领域。就普遍的纯粹的道德领域而言,自由与平等是同一的,它们同一的连接点在于作为自由意志定在的抽象人格必然是平等的。

在西方伦理学领域,我们所能看到的对自由与平等的论述基本上是基于社会政治领域,从洛克基于自然法提出的天赋人权,到卢梭的社会契约论,甚至到罗尔斯、诺齐克和德沃金的理论,都是限于对社会政治权利领

---

① [美] 罗纳德·德沃金:《至上的美德:平等的理论与实践》,冯克利译,第141页。
② [美] 罗纳德·德沃金:《至上的美德:平等的理论与实践》,冯克利译,第141页。
③ [美] 罗纳德·德沃金:《至上的美德:平等的理论与实践》,冯克利译,第142页。

域的自由与平等关系。这些理论并不是为了彻底解决自由与平等的哲学基础而出现的。在社会政治领域提出自由与平等的观念具有历史必然性。在瓦解封建统治的过程中，自由与平等指明了人的基本尊严与价值所在，也指明了自由与平等是人类社会所要实现的基本价值目标，为资本主义的发展提供了强大的动力。但是这种论证存在其先天的不足，如天赋人权和人生而自由的理论前提是自然法这样一个假定的理论模型。因此我们必须要从道德哲学的理论高度来论证自由与平等的同一关系，它们能够同一的前提是抽象人格的平等性。

其实，罗尔斯和德沃金都已经意识到了自由与平等是人性的本质。他们都是从康德的人性论中来寻求自己理论的基础。康德认为人不能只被当作手段，而应当成为终极目的。把每个人都当作平等且自由的存在是把人作为目的的前提。罗尔斯和德沃金都秉承了康德的这一思想。罗尔斯认为"平等的正义的权利仅仅属于道德的人"①。德沃金则指出"人类尊严的观点有些含糊，但是很有力量。这个观念是和康德联系在一起的，但是很多不同的学派都维护这个观念。这个观念认为，承认一个人是人类社会的完整的成员，同时又以与此不一致的方式来对待他，这样的对待是极不公正的"②。但是他们对于人性的认识仍然是停留在社会政治层面的，所以他们还是得出了自由与平等是冲突的结论，如果我们深入更深的人性层面，即抽象人格的层面，我们就会发现自由与平等是同一的。

黑格尔认为抽象人格是自由意志的定在，尊重人的自由意志就是"成为一个人，并尊重他人为人"③。同时，黑格尔还认为构成一个人的抽象人格的"最隐秘的财富和我的自我意识的普遍本质的福利，或者更确切地说，实体性的规定，是不可转让的"④。质言之，由于抽象人格所独具的高度私密性特质，我们必须也只能从抽象人格的这种不可转让性的角度来理解人与人之间的平等性。抽象人格的不可转让性，决定了任何人都无法直接支配其他人的思想和意志。"这表明不同个体的意志间存在一种固有的平等关系。这一关系必然要求意志相互矛盾的个体在实践或形成各自的意志的过程中资格平等，即任何个体都不得干涉其他个体实践或形成

---

① ［美］约翰·罗尔斯：《正义论》，何怀宏、何包钢、廖申白译，第507页。
② ［美］罗纳德·德沃金：《认真对待权利》，信春鹰、吴玉章译，第262页。
③ ［德］黑格尔：《法哲学原理》，范扬、张企泰译，第53页。
④ ［德］黑格尔：《法哲学原理》，范扬、张企泰译，第83页。

自己的意志。这就意味着每个个体都享有实践或形成意志的平等资格。可见，不同个体实践或形成意志的平等资格，是个体具有意志的标志，因此就是个体享有类的资格即人的资格的标志。"① 同时，不同个体的自由意志是对客观世界的反映，因此自由意志也是社会的产物。"意志的独立及其派生的不同个体的意志间的固有的平等关系，是人的本质的非自然的属性。这一本质属性对不同个体实践或形成各自意志的平等资格的要求，是人之为人的要求。无此要求，人的个体无法体现人的本质属性，不成其为人。这一要求是人的本性，是真正的人性，为人所共有。"②

人权领域的平等来源于抽象人格的平等性。在社会公共生活的层面上，国家必须赋予个人以平等的人权，否则将会扭曲个体的抽象人格。"平等，则能让个体自由地发挥自己的能力，表达自己的愿望、偏好，在自觉地选择生活道路的过程中丰富自己的内在经验，从而能更好地塑造自己的深层自我。""从这个意义上来说，自由是平等的存在条件，而平等是自由的社会表现。"③

四 受到平等保护的私有财产权即完整的人权

实证法学对物权概念的定义主要集中在法定性上，并认为物权概念与伦理无涉，因此实证法学中的物权概念走入了一个无法确证自己价值性存在的困境。在实证法学中，法定的物权概念只是一个充满自然特殊性和主观性的概念，它需要向一般伦理学意义上的物权概念转化。一般伦理学意义上的物权是具有伦理普遍性的财产权利，它是体现道德性并受道德约束的广义财产权利，是人格的直接体现，它反映并确证了个体与具有普遍本质的权利体系或权利秩序之间的伦理关系，它只能是私有财产权。伦理范畴的私有财产权，扬弃了实证法学中物权概念的特殊性和主观性，确证了物权概念的伦理普遍性与客观性。这是私有财产权应当受到法律保护的基础性原因。但是如果只停留在一般伦理学层面，仍然无法完全证成法律保护私有财产权的终极原因。在一个文化传统中缺乏保护私有财产权意识的国度中，是否保护、如何保护等诸如此类的问题，在一般伦理学意义上物

---

① 李锡鹤：《人为什么生而平等——论法律人格与自然人格》，《法学》1996年第4期。
② 李锡鹤：《人为什么生而平等——论法律人格与自然人格》，《法学》1996年第4期。
③ 詹世友、雷斌根：《对自由与平等的现代人伦的道德哲学阐释》，《江西师范大学学报》（哲学社会科学版）2007年第1期。

权的理论高度是无法完全回答的。私有财产权只有成为一种人权，成为一种所有人类共同体都必须尊重的最低限度的道德标准，它才能实现特殊性与普遍性、主客观的统一，从而寻找到法律保护私有财产权的终极依据。

平等是人权的本质属性。人权领域的私有财产权首先是一种自由权，抽象人格的平等性又决定了私有财产权必然是平等的。因此在作为人权的私有财产权中，其所代表的自由与平等是同一的。体现自由的私有财产权必然要求受到平等保护，受到平等保护的私有财产权的伦理属性是完整的人权。至此，私有财产权完整地确证了其受到法律平等保护的伦理正当性基础。物权法对私有财产权的平等保护，实际上是人权理念的基本要求，是对私有财产权所蕴含的伦理普遍性或伦理正当性的体现。从这一意义上来说，即从一般伦理学和人权理念的意义上来说，受到平等保护的私有财产权即人权，平等保护私有财产权的物权法即人权法。

我们所说的私有财产权应当受到平等保护，仅是就基于抽象人格平等性前提而在道德哲学层面得出的结论。这一结论是一个前提性的结论，不是一个结果性的结论。我们不可能超出人权平等的角度在社会财富再分配领域实现严格的平等原则，这样将使我们重新回到一种"均贫富"的农民起义式的革命口号中。在社会财富分配领域因为天赋、教育、努力和机遇等因素而引起结果上的不平等是必然的，但基于前提意义上的平等原则，国家必须对结果上的极端不平等加以纠正。根据人权平等原则，国家应当首先保证每个社会成员都应当获得基于作为一个人所应当享有的最低限度的生活保障；其次，国家应当为每个社会成员都获得平等的发展机会提供保障，这是每个社会成员应得的社会财富份额。对于在此之外的社会财富相对不平等，国家在没有道德正当性的情况下不得随意干涉。

平等保护私有财产权并不是在私有财产权之外额外附加的权利，而是作为人权的私有财产权的一种内在本质属性，对私有财产权内在而固有的一种保障形式。"法律规定平等的物权，是因为先有物权，然后才要求这项权利和他人是平等的；平等本身并不创造物权，而只是保护人们的物权不会受到不公正地限制或剥夺。"[①] 因此，就财产权利的法律规范而言，

[①] 曹刚：《伦理学视阈中的〈物权法〉》，《道德与文明》2007年第4期。

平等保护私有财产权是其立法目的所在。立法的根本目的在于解决财产的归属与利用问题，即物归其主和物尽其用。为了实现物归其主的目的，经过人性的抽象、理性的思考和利益的最大化，我们发现了在所有主体无数的差异性背后的相同性，即权利的伦理普遍性。每一物权主体都具有自主、理性、趋利避害的特质，他们在道德权利上必然是平等的，因而他们也具有平等地享有权利、承担义务的法律资格。没有道德权利的"人"，即使是一个生物意义上的"人"，也绝不是一个完整意义上的"人"。道德权利的平等决定了法律权利的平等，这也就是对于不同的物权主体，法律何以能够将他们平等保护的伦理基础；其次，物尽其用是立法的直接目的。拥有财产，不仅仅是为了占有财产本身，而是要进行使用以满足需求。现代市场经济条件下，交易是实现财产价值的最主要方式之一。交易的前提是资源的稀缺性和人们追求利益最大化的动机。当然人们受限于有限的资源，且又试图使资源利用的利益最大化时，交易就成为解决这一矛盾的最佳方式。市场交易得以顺利进行的前提，必须是所有参与市场交易行为的主体都以平等的身份参与到市场行为中。否则，建立和完善市场交易体制只能成为一句空话。

第四节　中西私有财产制度传统之间的差异

一定社会中对待某项权利的道德观念和价值观，是这个社会规范该项权利的制度的基础以及该制度顺利运作的关键因素。有关的财产权利的道德观念与制度因素之间的关系也要受这个规律的支配。纵观人类历史，当原始初民走出蒙昧，开始区分"你的东西"与"我的东西"的时候，人类的财产权利道德观念随即产生。同时，随着人类对于财产权利的道德价值观的不断成熟与发展，人们迫切希望有与之相适应的制度来维护财产权利体系的正常运作，物权制度由此应运而生。因此，人类历史上不同阶段的财产制度，都受同时期财产权利价值观念的影响与制约，体现了同时期财产权利道德观念的具体内容。

中国传统文化和以欧洲为代表的西方文明是人类历史长河中影响最大的两个文明因子。而中国传统文化中有关财产权利特别是私有财产权的制度安排与西方文明相比，其运行轨迹、发展方向及社会影响都存在非常大的差异。

一 我国传统财产权利伦理思想及相应的制度变迁

我国的传统文化是一种伦理型的文化，而且在我国传统文化中不存在类似于西方文化中纯粹的私有财产权的观念。所以我国传统文化普遍存在一种倾向，即主要对财产权利所体现的财产关系进行伦理考量，而不像西方思想家那样，对财产关系进行独立的价值判断。我国传统文化习惯于将伦理关系渗透到财产关系中，从而赋予财产关系及财产行为以伦理色彩，或者干脆把它们当作一种伦理行为。但是，中国古代思想家们在讨论伦理问题时，又主要集中在国家政治与社会伦理层面上，如人性善恶、义利之辨、王霸之争等问题，对财产权利讨论得也不是很多。即使论及财产关系的伦理问题，也都是在讨论其他伦理问题时一并表达出来的。所以中国传统文化中这种一方面弱化伦理问题中涉及的财产问题，另一方面又将财产关系伦理化的矛盾倾向，对社会财产权属关系的明晰及私有财产权利制度的健全产生了不利影响，制约了商品经济的发展。

中国古代思想家们对于清晰界定财产归属是建立良好道德秩序的前提，很早就有深刻的认识。先秦时期法家思想的代表人物商鞅指出，明晰财产权利关系和夫妇间的权利义务关系是完善的社会秩序和建立良好的道德风尚的前提。"民众而无制，久而相出为道，则有乱。故圣人承之，作为土地、货财、男女之分。分定而无制，不可，故立禁；禁立而莫之司，不可，故立官；官设而莫之一，不可，故立君。"（《商君书·定分》）商鞅据此提出了"定分"的思想，"一兔走，百人逐之，非以兔也。夫卖者满市而盗不敢取，由名分已定也。故名分未定，尧、舜、禹、汤且皆如鹜焉而逐之；名分已定，贫盗不取。今法令不明，其名不定，天下之人得议之，其议人异而无定"（《商君书·定分》）。另一位法家的思想家慎子继承并发挥了商鞅这一"定分思想"，他认为一旦明确区分了人们之间的财产所有权关系，就可以抑制人们的贪念和纷争，维护社会的道德秩序，"一兔走街，百人追之，贪人具存，人莫非之也，以兔来定分也。积兔满市，过而不顾，非不欲也，定分之后，虽鄙不争"（《慎子·逸文》）。儒家思想中也有财产关系是建立和维护"礼"的前提和基础的观点。南宋思想家朱熹在福建漳州任知州时还曾推行过"正经界"（一种私有土地的界定方式）的制度，他指出"今上下匮乏，势须先正经界，赋入既正，总见数目，量入为出，罢去冗费，而悉除无名之赋，方能救百姓于汤火中，若不认百姓为自家百姓，便不恤"（《朱子语类》）。朱熹认为只有公正地划分百姓的土地，才能使百姓安居乐业、崇礼守法。

同时，我国古代思想家们也深刻地认识到，"定分思想"的基础是对民众财产予以保护，这有利于促使民众作出合理的道德选择。孟子有一段著名的论述："无恒产而有恒心者，惟士为能。若民，则无恒产，因无恒心。苟无恒心，放辟邪侈，无不为已。及陷于罪，然后从而刑之，是罔民也。焉有仁人在位罔民而可为也？是故明君制民之产，必使仰足以事父母，俯足以畜妻子，乐岁终身饱，凶年免于死亡。然后驱而之善，故民之从之也轻。今也制民之产，仰不足以事父母，俯不足以畜妻子；乐岁终身苦，凶年不免于死亡。此惟救死而恐不赡，奚暇治礼义哉？王欲行之，则盍反其本矣！五亩之宅，树之以桑，五十者可以衣帛矣。鸡豚狗彘之畜，无失其时，七十者可以食肉矣。百亩之田，勿夺其时，八口之家可以无饥矣。谨庠序之教，申之以孝悌之义，颁白者不负戴于道路矣。老者衣帛食肉，黎民不饥不寒，然而不王者，未之有也。"（《孟子·梁惠王上》）此即著名的"有恒产者有恒心"的来源。朱熹则进一步提出"有恒产者有仁心"的观点，把财产和道德直接关联起来，认为人们一旦有了恒定的财产，就会产生稳定平和之心，并生长出正直适意之心，即"仁心"。

其实中国古代很早就有着发达的财产权利制度，但是这种财产权利制度需要从不动产（主要指土地）和动产两个方面来分开考察的。我国远古时期就已经有了关于土地的制度，《孟子·滕文公上》中就有"夏后氏五十而贡，殷人七十而助，周人百亩而彻"的记载。不过从历史最早记载的具体土地制度来看，应该是土地国有，或称王有，也就是人们常说的"普天之下，莫非王土；率土之滨，莫非王臣"。周朝规定山林川泽之地都属于国有，但允许国民使用。《周礼》中有过这样的记载："山虞掌山林之政令，物为之厉，而为之守禁。凡服耜，斩季才，以时入之。令万民时斩材，有期日。凡邦工人入山林而抡材，不禁。春秋之斩木，不入禁。凡窃木者有刑罚。"周朝是不允许土地买卖的，即"田里不鬻"。到了春秋战国时期，各国对周朝的"井田制度"开始改革。如鲁宣公十五年（前594）施行的"初税亩"，鲁成公元年（前590）施行的"作丘甲"，以及郑国实施的"作丘赋"等，其共同特点都是以国家征收赋税的形式将土地交由农民使用，但这并不能改变土地国有的基本性质。

　　史学家们普遍认为，中国私有土地制度的开端是始于战国晚期秦国商鞅变法的"废井田，开阡陌"，封建国家从这时开始废除了旧的奴隶主土地所有制，正式承认了土地私有和买卖。《史记·秦始皇本纪》中已经有了"使黔首自实田"的记载。进入西汉，丞相萧何更是带头进行土地买卖。汉高祖十二年秋，"客有说相国曰：'上所为数问君者，畏君倾动关中。今君胡不多买田地，贱贳贷以自污，上心乃安。'于是相国从其计，上乃大悦"（《史记·萧相国世家》）。南朝刘宋时期，我国历史上第一次以法律形式公开承认私人占有山泽的合法性。当时的扬州刺史王子尚曾奏称："山湖之禁，虽有旧科，民俗相因，替而不奉，炉山封水，保为家利。自顷以来，颓弛日甚，富强者兼岭而占，贫弱者薪苏无托，至渔采之地，亦又如兹。"因此，他建议："凡事山泽，先常炉种养竹木杂果为林，及陂湖江海渔梁鳅鲨场，常加工修作者，听不追夺。官品第一、第二，听占上三顷；第三、第三品，二五十亩；第五、第六品，二顷；第七、第八品，一顷五十亩；第九品及百姓，一顷。"当然，这里所说的私人主要是指所谓的达官贵人，一般百姓是很难占有山林或只能占有一小部分。即便如此，这一制度仍然可以显示出南朝土地制度方面发生的一系列变化。①

　　但是需要指出的是，尽管我国古代存在土地私有，但各个朝代都有大量的公有土地，土地少量私有、大多数公有、对土地买卖进行严格限制是我国封建社会土地制度的基本特征。这是和我国传统的重国家、重集体、轻个人的伦理倾向相匹配的。这一现象在唐代之后表现得最为明显。唐宋时期对土地的规定可以说体现了我国古代不动产所有制度的典型特征。唐朝法律承认部分土地私有，但是无论是否私有，一律禁止自由买卖，只是有条件地允许"贴赁"，这一制度后来形成了我国特有的典权制度。《唐律》规定："诸田不得贴赁及质，违者财没不追，地还本主。若从远役、外任，无人守业者，听贴赁及质。其官人永业田及赐田，欲卖及贴赁者，皆不在禁限。"当时的"贴"与"质""典"可以混用，"贴赁"与"典质"也经常换用。久而久之，就渐渐固定为"典"了。宋朝时期，由于商品经济水平的显著提高，土地买卖日趋频繁。著名词人辛弃疾就写过"千年田换八百主"的词句来形容这个现象。而且宋朝法律对于土地买卖

---

① 参见彭诚信《主体性与私权制度研究——以财产、契约的历史考察为基础》，第41页。

的登记制度也有了明确的规定，即必须经过官方办理的"输钱印契"，"凡人论诉田业，只凭契照为之定夺"。元代对于典质土地的规定已经开始细化，如元成宗大德十年（1306）五月，礼部奏议："典质地产，即系活产。虽年深，仍可凭契收赎。"明代由于商品经济发展水平更高，有些地方甚至出现了资本主义生产方式萌芽，土地的买卖也更加迅速和频繁。《大明律》对于土地的卖、典、质等制度有了较为明确的规定和区分，"盖以田宅质人，而取其财，曰典；以田宅与人，而易其财，曰卖。典可赎也，而卖不可赎也"①。

相对土地的公私兼有而言，我国古代的法律对于动产的私有却采取了非常明确的肯定和保护态度。西周时期的法律对动产的取得和保护已经有了比较明确的规定。如《周礼》中记载的"凡得获货贿、人民、家畜者，委于朝，告于士。旬而举之，大而公之，小者庶民私之"，以及《礼记》中记载的"是月也，农有不收藏聚积者，马牛畜兽有放佚者，取之不诘"，都是关于对遗失物取得的规定。秦朝时的法律已经有了对盗窃罪的惩罚规定，《法经》将"盗"列为六篇之首，并声称"王者之政莫急于盗贼"，"秦之法，盗马者死，盗牛者加"，"甲盗牛，盗牛时高六尺，系一岁，复丈，高六尺七寸，问甲何论？当完城旦"。这些都体现了对私有财产权利的肯定和保护。

唐朝关于动产私有的法律规定已经相当完备了。《唐律》中用了较大篇幅来规定类似于现代法律中遗失物、埋藏物、漂流物、添附物、孳息物权利归属的问题。如《唐律》中对于在出租房屋中发现的埋藏物如何归属有着具体的规定："问曰：官田宅，私家借得，令人佃食；或私田宅，有人借得，亦令人佃作，人于中得宿藏；各合若为分财？答曰：藏于地中，非可预见。其借得官田宅者，以见（现）住、见（现）佃人为主，若作人及耕犁人得者，合与佃住之主中分；其私田宅，各有本主，借者不施功力，而作人得者，合与本主中分，借得之人，既非本主，有不施功，不合得分。"此外还有诸如孳息物的归属，"止是生产蕃息，依律随母，还主"，"生产蕃息者，谓婢产子、马生驹之类"。更为难能可贵的是，唐朝还出现了将劳动也作为私有权利进行保护的现象，"诸山野之物，已加

---

① 参见彭诚信《主体性与私权制度研究——以财产、契约的历史考察为基础》，第44—45页。

功力，刈伐积聚，而辄取者，各以盗论。"唐代以后的宋、元、明、清几代的法律，在动产所有权的取得，遗失物、埋藏物、漂流物归属等方面基本上都是沿袭了《唐律》的规定。如《大明律》规定："若于官私地内，掘得埋藏之物者，并听收用。若有古器、钟鼎、符印异常之物，限三十内送官。违者，杖八十，其物入官。""凡得遗失之物，限五日内送官。官物还官，私物招人识认，于内一半给予得物人充赏，一半送还失物人。如三十日内无识认者，全给。限外不送官者，官无送赃论，私物减二等，其物一半入官，一半给主。"但是，元、清两代由于民族矛盾，都存在划分民族登记的政治制度，这种政治制度在财产私有方面的表现就是将奴婢视同为物的法律规定。如元代法律就有"诸人驱口（即奴婢），与钱物同"的规定。[①] 综合而言，我国传统文化在对待财产权利方面存在以下几个明显的特点。

1. 财产关系道德化的倾向明显

我国传统思想一般不将财产与道德独立开来进行思考，如前文已述，我国传统文化习惯于将伦理关系渗透到财产关系中，从而赋予财产关系及财产行为以伦理色彩，或者干脆把它们当作一种伦理行为。如，为人慷慨、乐善好施、不斤斤计较，此乃"君子"所为。这种将财产关系伦理化的倾向，反而导致法理意义上财产制度未得到足够重视，在一定程度上阻碍了以产权明晰为基础的商品经济的发展。

2. 更重视财产权利的公平问题

中国封建社会历朝历代的农民起义，都会提出"均贫富、分田地"之类的"均田"思想，这种思想其实是有着很深刻的思想根源的。老子在《道德经》中提出："天之道，其犹张弓！高者抑之，下者举之，有余者损之，不足者与之。天之道，损有余而补不足；人道则不然，损不足，奉有余。孰能有余以奉天下？其唯有道者。是以圣人为而不恃，功成不处，斯不见贤。"在孔子的理论中也有提倡百姓在财产上保持某种均衡的内容，"有国有家者，不患寡而患不均，不患贫而患不安。盖均无贫，和无寡，安无倾。夫如是，故远人不服，则修文德以来之。既来之，则安之"（《论语·季氏》）。前文提到的孟子提出的通过"制民之产"来使每

[①] 参见彭诚信《主体性与私权制度研究——以财产、契约的历史考察为基础》，第47—48页。

户百姓有"五亩之宅""百亩之田"的构想，也含有使农民平均占有土地的"均田"思想。这种思想也被历朝统治者推崇，汉代到宋代，政府多次推行均田制度，虽然这些制度是为了维护封建统治，但是其采取的措施也代表了平均分配土地的公平价值取向。

3. 存在明显的"重公抑私"的倾向

在中国古代社会，私有财产无论是在权利保护抑或价值认知上，与以皇室财产、家族财产为代表的公有财产相比，都要弱化很多。儒家基于其群体主义的价值观，提出了所谓"大道之行也，天下大同"（《礼运大同篇》）的"重公"思想。墨子提出"故当是时，以德就列，以官服事，以劳殿赏，量功而分禄。故官无常贵，而民无终贱。有能则举之，无能则下之。举公义，辟私怨，此若言之谓也"（《墨子·尚贤上》）。韩非子提出"古者苍颉之作书也，自环者谓之私，背私谓之公，公私之相背也，乃苍颉固以知之矣"（《韩非子·五蠹》）。虽然这些言论都不是直接论及财产权利的，但是对于公私财产的区别原则已经包含其中。所以在中国古代，朝廷或者皇室财产要高于民间财产，民间财产中家族财产要高于家庭财产。尤其需要指出的，中国古代私有财产权利主体的基本单位是家庭而不是个人，基本不存在个人私有财产的概念。侵犯公有财产与侵犯私有财产所处的刑罚大不相同。如《大明律·刑律》规定："凡窃盗已行而不得财，笞五十，免刺。但得财者，以一主为重、并赃论罪。为从者，各减一等。初犯，并于右小臂膊上刺窃盗二字。再犯，刺左小臂膊。三犯者，绞。以曾经刺字为坐。"然而它同时又规定"凡盗内府（即皇室）财物者，皆斩"。此外还有这样的规定，"凡盗园陵（即皇陵）内树木者，皆杖一百，徒三年。若盗他人坟茔内树木者，杖八十"，都表明了盗窃公有财产是要在一般盗窃罪上加倍处罚的。

4. 更加注重财产来源的道德正当性问题

"私有财产神圣不可侵犯"是西方社会关于财产权利理论的基本原则，但是西方思想却更关注既有财产权利的保护和价值问题，而较少关注私有财产来源的正当性问题。而中国传统文化中对财产来源的关注恰恰是最为突出的。孔子曾说："富与贵，是人之所欲也；不以其道得之，不处也。贫与贱，是人之所恶也；不以其道得之，不去也。君子去仁，恶乎成名？君子无终食之间违仁，造次必于是，颠沛必于是。"（《论语·里仁》）朱熹则进一步提出"利是那义里面生出来的，凡事处制得合宜，利便随之。所以云'利者，义之和'，盖是义便兼得利"（《朱子语类》）。即"义以取利"。"在儒家这种'义以取利'观点的影响下，中国传统社会就形成了所谓'君子爱财，取之有道'的财产伦理观。这种注重财产获得的正当性，强调取舍合'义'、得财有'道'的思想，是我国传统伦理中的精髓之一，对于我们今天在市场经济条件下处理人们之间的财产关系，仍具有积极的参考价值和启示意义。"①

二 西方文明中有关私有财产权的伦理思想及相应的制度演变

（一）古希腊城邦时期萌发了以私有财产权为核心的伦理思想并形成了较为成熟的私人所有权制度雏形

民主城邦制是古希腊国家政治的主要形式，它是建立在酋长会议、人民大会和军事指挥官三权基础上的政治典型，并且以自由、平等、博爱为原则，正是这种政治环境为私有财产权制度提供了产生和发展的基础。在城邦制度中，人们摆脱了血缘的束缚，以地域范围为基础，将财产作为等级社会的划分标准。如在雅典的梭伦改革中，以财产为标准将公民划分为"五百斗级"、"骑士级"、"牛轭级"和"日佣级"四个等级。所以在古希腊城邦制国家中，财产因素渗透到社会的方方面面，成为社会制度与经济的基础。

在古希腊时期，思想家们早就意识到了私有财产权所蕴含的道德与政治因素，并阐述了用法律来对其保护和管理的设想。柏拉图曾提出尊重私有财产的观点。亚里士多德则以更为审慎与实用的态度对待私有财产权，并不囿于教条化的理想。他在诉诸常识之后指出，"财产在某种意义上应当公有，但一般而论则是私有的，因为一旦每个人都有着不同的利益，人们就不应相互抱怨，而且由于大家都关心自己的事务，人们的境况就会有更大的进展"②。与古希腊时期已经萌发的以私有财产权为核心的物权道德思想为基础，古希腊法律中有关契约的规定也发展得很快。古希腊法还较早地将侵权行为纳入私法调整的轨道。迄今为止欧洲发现最早和最完善的法典，即古希腊在公元前5世纪颁布的《格尔蒂法典》，基本上摆脱了

---

① 罗能生：《产权的伦理维度》，第22—25页。
② ［古希腊］亚里士多德：《政治学》，颜一、秦典华译，中国人民大学出版社2003年版，第37页。

第五章　完整的人权：受到平等保护的私有财产权的伦理属性　　103

原始社会同态复仇的残酷性，放弃了对人身的摧残，转向适用财产刑，体现了对私有财产权的重视，体现了较为成熟的私法制度下的一种制度文明。

（二）古罗马延续古希腊的伦理传统并开始出现对私人所有权的法律限制

古罗马时期的思想家延续了古希腊时期的伦理传统，明确地为私有财产权进行道德辩护。"如西塞罗，他把世界上的物品比作剧院中的座位，尽管剧院是公有之物，我们仍然可以说每一个人就座的是'他的'座位。国家和世界也是这样，尽管它们也是公有财产，但毫无疑问，没有什么正当的理由可以用以反对如下观念：每个人的物品是他自己所有的。"① 罗马法中对于私有财产权的认识和评价，其核心就是当时的物权道德与价值观。不过罗马法并没有完全承认所有人对财产享有绝对无限制的权利。比如罗马帝国的法律就大大限制可以通过继承分配给个人的土地数量。

（三）中世纪基督教虽承认私有财产权是一种自然权利但却对制度安排漠不关心

早期的基督教伦理理论重要在于讨论现实财富的不平等，以及与分配制度之间的关系，但是对私有财产权制度并不关注。不过，中世纪的基督教伦理较早承认私有财产权是一种自然权利，使得私有财产权开始与人格相联系。"至于私有财产权的起源和正当性，基督教的观点是：在世界的原初状态，所有东西都是人类的共同财产，只有到了施行人类法的时候，个人才在尘世之物的分配中取得了自己的财产权。从这些主张出发，圣奥古斯丁得出了一个重要的推论：如果私有财产是人类法创设的，那么人类法一样可以废止它。'根据人法，一个人说，这是我的庄园，这是我的房屋，这是我的奴隶；根据人法，也就是皇帝的法律……但是，如果废除了皇帝的法律，谁还能够说，那个庄园是我的，诸如此类？'"② 1300 年之后，正是在这个理论的基础上，洛克建立了系统的自然权利理论。

由于基督教对私有财产权的漠视，欧洲大陆主要国家的法律对私有财产权的规定不仅简单，而且限制多于保护。在中世纪，西欧大陆最具代表

---

① 何勤华主编：《外国法学经典解读》，上海教育出版社 2006 年版，第 39 页。
② ［爱尔兰］约翰·莫里斯·凯利：《西方法律思想简史》，王笑红译，法律出版社 2010 年版，第 92 页。

性的财产制度是日尔曼法。日尔曼法的一个典型特征就是团体主义。团体主义在财产制度上的体现就是双重所有权和所有权转让的地域性。双重所有权是指在同一土地上附加了两重权利，即领主对土地的上级所有权（主要是管领权、处分权）以及耕作人对土地的下级所有权（主要是使用权、收益权）。所有权转让的地域性是指在某个团体中，个人所有的土地转让，只能在该团体内部进行。这些规定与尊重个人意志、严格保护私有财产的"个人本位"的古希腊、古罗马法律有着本质区别。

（四）文艺复兴之后逐渐确立了"私有财产神圣不可侵犯"的原则

中世纪后期，欧洲掀起了文艺复兴和宗教改革的浪潮。思想家们普遍强烈关注社会实践中的私有财产权。"西班牙人索托提出，与更有需要的人分享自己财富的慷慨品质，仰赖于私有财产的存在；它不是最稀松平常的美德，如果个人一无所有、一切物品都属共有，就不再有这一道德的存在空间。相应地，他写道：'私有财产合理性的主张是正当的，任何对它的否认都是异端。'"① 格老秀斯比较早地开始关注占有的法律性质。他在1625 年出版的《论战争与和平法》中提出，尽管单方的占有是权利的行使，正式认可这一本能还须人们之间进一步达成协议。从格老秀斯理论的内核来看，无论是否包含契约元素，他的理论都来源于罗马法中一种盖尤斯归为自然法的古代私有财产权制度模式。

系统总结前贤们的私有财产权伦理思想，明确提出私有财产神圣不可侵犯，并对欧洲乃至全世界私有财产权道德研究产生重要影响的是洛克的理论。洛克认为自然法就是理性，"自然法在自然状态中起支配作用，每个人都必须遵守自然法。理性，也就是自然法，教导着有意遵从理性的全人类：人们既然都是平等和独立的，任何人就不得侵害他人的生命、健康、自由或财产"②。洛克强调自然权利中最重要的权利就是财产权利，是自然权利的核心，私有财产权与生存权同样重要。一个人用双手创造出属于自己的劳动成果，并排除他人的侵害。这种基于劳动的私有财产理论，使得私有财产成为人权的关键构成要素，被称为洛克对伦理学作出的最重大贡献。

此外，洛克还提出，"既然个人对于他的劳动成果享有绝对的权利，

---

① 参见［爱尔兰］约翰·莫里斯·凯利：《西方法律思想简史》，王笑红译，第168 页。
② ［英］洛克：《政府论》，刘晓根译，第59 页。

那么除非经由他自己的同意，任何人不得通过课加负担贬损个人的所有权。非经本人同意，最高权力机关不得剥夺任何人财产的任何部分，财产的保护是政府目的之所在。正是出于这一目的，人们才缔结了社会。因此，在一个拥有私有财产的社会中，人们对于经由共同体的法律成为他们自己的物品拥有如下权利，即：非经他们自己的提议，任何人都没有权利剥夺他们财产的全部或任何部分……的确，若没有巨大的费用，政府是不能维持的，适宜的做法是享有对其财产份额保护的每个人都应当按照财产的比例来支付这一费用。但是，这也必须经过他自己的同意——即，多数人的同意，同意的给出或者经由他们自己，或者经由他们选出的代表。"[①]此即"私有财产神圣不可侵犯"的原则。该原则几乎被所有资本主义国家宪法规定为基本原则之一，成为资本主义社会的伦理基石。

（五）18世纪欧洲资本主义私有财产权伦理思想的进一步巩固与发展

18世纪最为显著的特点就是西欧各主要国家资本主义物权法律制度的普遍确立。这一时期产生了把政治权力分配给占有财富的人的各种辩护，几乎没有任何制度阻止极为不均衡的财产分配。18世纪的法国大革命是资本主义发展史上最彻底的革命之一，它在财产领域赋予私有财产权明确的地位。孟德斯鸠作为法国大革命的思想先驱，对自然法理论以及分权理论的发展发挥了重大作用。孟德斯鸠认为政治自由是每个公民都应具备的自由，它包括人身自由、财产自由、思想自由、言论出版自由等。他认为私有财产权是天赋的当然的权利，私有财产权的保护应当完全包含在法律尤其是民法的范畴之内。民法以私人的利益为目的，其宗旨是使人类获得财产，使财产获得保障，所以孟德斯鸠对民法所保护的私有财产的范围也作了细致的论述，他认为民法调整契约、继承、婚姻等所有产生的一系列财产关系。

在18世纪，另一个有关私有财产权的重大事件就是1740年29岁的休谟出版了其代表作《人性论》，并提出了自己的私有财产道德理论。休谟的理论相比较洛克而言，更为现实与具体。休谟的自然法观点源自格老秀斯，在他看来，保护私有财产权是社会正义的核心构成。是一种"社会公益"。在社会公益的要求下，保护正当地取得的所有权，是满足契约交换正当性的前提，其结果必将导致分配的正义。休谟的学说为市场经济

[①] ［英］洛克：《政府论》，刘晓根译，第115—116页。

的建立与发展提供了必要的伦理思想依据，也为功利主义伦理学的产生提供了思想源泉。

在18世纪，随着资本主义经济的进一步发展，从市场经济的角度对私有财产权进行分析的要求越来越强烈。其中亚当·斯密的理论对后世产生了巨大影响。斯密从几个方面来论述他的私有财产权伦理思想。第一，财产自主是天赋人权。任何个体以正当方式获得的财产以及交易或处分这些利益的正当行为，其他主体（包括政府）均无权侵犯。这是人的自然权利。第二，反对国家干预，提倡自由竞争。国家干预和行业垄断，阻碍人们自主使用与处分财产，侵犯人们的自然权利。而且将导致市场供求关系紊乱，资源不能有效配置，造成经济衰退。第三，自主决定自己的行为。在市场经济的调节下，每个人自由地追求自我利益最大化的行为，将会促进社会福利的最大实现。斯密对于私有财产权自由价值的论证和辩护，适应了资本主义自由市场经济发展的客观需要，保障了私有财产权的自主使用和自由交易，对促进资本主义经济发展起到了积极的作用。但是，斯密忽视了对私有制基础下市场机制进行规范和调控的必要性，盲目崇拜"看不见的手"的自发作用，为资本主义经济危机定期爆发埋下了伏笔。

近代资本主义的私有财产权道德理论是在资产阶级革命初期就确立的，这种思想是以人权和自然权利为出发点，是与革命的精神相符合的，这种理论的建构是为革命的正当化所必需的。自由资本主义时期，资产阶级以保护个人私有财产的古希腊思想为基础，将私有财产权宣布为一种天赋人权。然而，也有不同的声音存在，其中最为著名的观点出自卢梭。"在卢梭看来，一切的罪恶最终都来源于个人占有财产所导致的、非自然的不平等。相应地，法律制度，及公民社会的出现都不过是确认和保护处境的手段。"[1] 康德将卢梭的理论用于其实践理性理论。"他认为，个人所有权的获得最初来源于第一个占有者的主张以及他人对其主张的一致许可，其中包括这样的承认：他现在有权排除所有他者及于他已先占的物品的权利。财产的不平等可从人类天赋分布的不平等而得以解释和证成，占有是天赋的报偿。"[2]

---

[1] ［爱尔兰］约翰·莫里斯·凯利：《西方法律思想简史》，王笑红译，第249页。
[2] ［爱尔兰］约翰·莫里斯·凯利：《西方法律思想简史》，王笑红译，第249—250页。

（六）19世纪功利主义财产伦理思想的产生及马克思主义对私有财产权道德属性的分析

功利主义财产伦理思想是 19 世纪兴起的一个新兴的私有财产权伦理思想。功利主义的代表人物边沁认为对私有财产权的保护非常重要，他把保护私有财产权作为其"功利原则"的延伸。"边沁认为，私有财产权同法律是同生共死的，私有财产权是财产在法律上的表现，是法律对财产的认可和确认，没有法律就谈不上私有财产权的产生和存在。法律的任务就是保护私有财产权。"[1] 边沁强调政府的职责就是在"最大多数人的最大幸福"的标准指引下不断增进社会福利。而私有财产权是实现"最大多数人的最大幸福"的根本前提。

密尔是继边沁之后另一位著名的功利主义思想家，他继承和发展了边沁的思想。密尔主张扩大私有财产权的范围，他认为在自由政体，个人能办到的事情，政府就不需要加以干涉，对个人有教育和发展功效的事情，政府就应当加以放任，甚至铁路、公路、银行等都应当交给私人经办。密尔还将私有财产权同代议制度联系起来，他主张扩大选举范围，从财产方面来决定选举权，从而使全体公民都有选举权，并进入代议制政府。[2]

功利主义财产伦理思想促成了各资本主义国家对私有财产权保护的进一步加强。除了"私有财产神圣不可侵犯"被规定在各国的宪法性文件中。各国法律都普遍认可财产权的排他性和可转让性，并对其采取绝对保护的态度。更值得一提的是，知识产权作为一种私有无形财产权，也被各国以立法的形式确认下来。总的说来，这一时期西方各主要资本主义国家的法律，无论在内容抑或形式上都有了空前的突破和长足的发展，都将私有财产权作为保护的目标，私有财产权作为一种功利价值的外在实现，得到了大力的倡扬和彰显。

19 世纪最著名的有关私有财产权伦理思想的论述，当数马克思对资本主义生产资料私有制下财产权的思考与批判。马克思主要在《1844 年经济学哲学手稿》和《资本论》中，从两个方面来论证他的观点。第一是从工人与劳动产品之间的关系来考察，他指出："工人生产的财富越多，他的产品的力量和数量越大，他就越贫穷。工人创造的商品越多，他

---

[1] 时显群：《西方法理学研究》，人民出版社 2007 年版，第 232—233 页。
[2] 参见时显群《西方法理学研究》，第 247—249 页。

就越变成廉价的商品，物的世界的增值同人的世界的贬值成正比。"① 此即人与物的异化。第二个层面是工人与劳动过程的异化。马克思认为："只要肉体的强制或其他强制一停止，人们就象逃避瘟疫那样逃避劳动……对工人说来，劳动的外在（性）表现在：这种劳动不是他自己的，而是别人的；劳动不属于他；他在劳动中也不属于自己，而是属于别人。"② 工人生产的产品最终成为别人的私有财产，与自己的人格格格不入，私有制下的私有财产是异化的产物。

马克思对私有财产权的本质进行分析采用的是历史分析方法。他认为在人类历史早期，生产力低下，生产的尺度是生产直接需要的产品。个人需求就是产品本身，根本不会产生异化劳动。随着人类生产力的发展，产品交换以及私有制的产生，导致生产者本身与产品发生了异化，异化劳动开始显现，劳动逐渐成为谋生的手段。马克思也认为私有财产权的产生是历史进步的标志。私有财产权以其特有的方式创造了人类的丰富性，从而推动人类社会的综合进步。同时，马克思也深刻地剖析了私有财产权的局限性。他认为，私有财产权离间了劳动者和劳动资料的结合，所以在给社会带来综合进步的同时，分裂了人与人之间的关系。通过对私有财产权的历史唯物主义分析，马克思提出共产主义是对私有财产权制度的积极扬弃。在共产主义社会，私有制被消灭，人的自我异化的条件将不复存在，人们能够直接支配劳动过程和劳动产品，成为自己和自己生产的产品的主人，人的全面解放与发展也将得以实现。

（七）20世纪以来资本主义世界对私有财产权伦理价值的重新审视

20世纪是人类社会发展至今遭遇的最动荡，但也是最大发展的一个时期。两次世界大战、冷战、大大小小的局部战争，30年代的经济大萧条以及之后的第三次工业革命、信息革命所带来的"黄金时代"，社会主义阵营的产生与瓦解以及帝国主义的产生与消亡，无一不是这个时代的关键词。从私有财产权制度角度而言，随着资本主义发展到垄断阶段，各主要资本主义国家的财产法律制度都呈现出与自由资本主义时期明显不同的特点，即开始从财产权利的内容抽象化、保护绝对化、强调私法自治和过错责任，转化为内容具体化，开始强调对私有财产权、私法自治以及契约自由的限

---

① 《1844年经济学哲学手稿》，人民出版社2018年版，第47页。
② 《1844年经济学哲学手稿》，第50页。

第五章 完整的人权：受到平等保护的私有财产权的伦理属性

制和无过错责任。这些变化主要表现在国家对私有财产权的介入、财产权中的各项权能从所有转向利用、社会福利成为财产法考虑的重要出发点等几个方面。同时，作为法律社会化的体现，各种社会立法也应运而生，如劳动法、社会保障法等，它们主要着眼于社会整体利益，以社会责任为本位。总而言之，当代资本主义的财产法律制度以社会化为根本特征，是适应资本主义发展的现实需要而不断演进的，以实现资本的价值增殖。

在20世纪，众多的资本主义思想家对私有财产伦理价值进行了重新审视，对私有财产权的正义价值和经济分析研究是理论领域的两大突破。20世纪60年代至70年代中叶，经济发展带来的价值多元化以及经济危机的反复发生，西方社会矛盾尖锐，大规模抗议活动不断，意识形态领域的斗争异常激烈。人们以尖锐的方式对现行社会制度是否合理、社会权益分配是否公正、人民是否真正享有自由等问题提出质疑。

这时的西方学者为防止资本主义民主制度和自由经济的合理性被动摇，努力从理论上消除合理性危机，试图恢复公众对现行制度的信任。除了我们已经介绍过的罗尔斯在《正义论》中所探讨的平等自由、公正机会、差别原则等问题，以芝加哥大学法学院讲师及联邦法院法官理查德·A.波斯纳为代表的，20世纪六七十年代在美国兴起的经济分析学派是另一个具有代表性的伦理思想。波斯纳遵循着"追求利益最大化"的功利主义理论，将私有财产权放入法律与经济的关系中去思考。波斯纳指出，所有权意味着排除他人对财产使用与侵犯的绝对权，同时所有权是可以自由转让的，以实现资源价值最大化。波斯纳的理论与其说是一种分析方法，更不如说它是一种价值判断。它揭示了私有财产权的使用不仅具有个人的效用，而且是社会在考虑资源配置时的必要因素。然而，这一全新的理论有着深刻的近代哲学传统思想渊源。"波斯纳的私有财产权效用理论的前提是：人是自利的理性动物，这一观点康德在论述纯粹理性时就已经提到。康德认为人是一种自由的、平等的理性存在物，当他的行为原则是作为对他的这一本性的最佳表现时，他是在自律的行动的。从经济学的角度讲，这是人们获得利益最大化的前提基础。同时，斯密创立的古典经济学以及后世科斯等人对产权、激励和行为的关注也为波斯纳的经济分析学说提供了制度性基础。从某种意义上说，波斯纳坚持了这些古典传统，甚至带有一定的保守倾向。"[①]

---

① 何勤华主编：《外国法学经典解读》，第568页。

三　中、西私有财产权利制度传统的差异及其根源分析

尽管古代中国没有如同罗马法一样发达的民事司法体系，但是古代中国同西方社会一样有着关于私有财产权的规范与思想。中国古代法有针对土地归属与使用方面的制度安排，也会对盗窃行为进行刑罚制裁。在思想文化中，私有财产的观念也是早有提及的，如苏东坡在《前赤壁赋》中所写到的："且夫天地之间，物各有主，苟非吾之所有，虽一毫而莫取。惟江上之清风，与山间之明月，耳得之而为声，目遇之而成色，取之无禁，用之不竭，是造物者之无尽藏也。"但是中国最终没有形成如西方一样的完整的私有财产权制度体系，直到今天，我们还在为建立这样的制度体系而努力。

（一）中、西私有财产权制度传统的差异

1. 古代中国法律中缺乏体现个人权利、个人意志的法律条款

古罗马法中详细规定了有关所有权、占有、相邻权、地役权等与私有财产相关的民事权利，古罗马时期也相应形成了保护市民私有财产的法律传统。庞德曾指出，古罗马人这种对待财产权利的"个人本位主义"近乎极端，"古罗马人似乎在有一个时期曾以为个人是一个集团，他们竟设想只有一个人的家庭，一个人可以是只由他本人组成的一个家庭的家长"[1]。但是，在中国古代思想中很难发现如此体现个体权利与个人意志的内容。

2. 古代中国对私有财产权缺乏有力的司法保护

古罗马人偏爱民事诉讼，对于一些本属于刑事范畴的事务都通过民事诉讼解决。而古代中国则侧重于刑事制裁手段，"诸法合体，以刑为主"。但是刑事程序存在固有的特点，即严厉性和裁判人职权性较重，缺乏温和地引导当事人积极参与的环节。所以，用刑事程序解决民事纠纷是一种不稳定的司法手段，这种手段对于保护私有财产权并不有利。

3. 中西方的宗法制度和等级观念严重程度不同，导致个人对自己财产保护意识的缺失

古罗马时期的宗法制度相较我国古代的宗法制度、礼法观念而言，甚至可以说非常宽松。如《十二铜表法》规定：家长如果三次出卖自己的

---

[1] 何勤华主编：《外国法学经典解读》，第333页。

第五章 完整的人权：受到平等保护的私有财产权的伦理属性　　111

儿子，该子即脱离家长权而获得自由。然而就是在当今中国社会，想要脱离血亲也是根本做不到的。同样的，尽管中西方都曾存在君主等级制度，但是西方君主的权利要比中国君主有限得多。史料记载，英国君主从 14 世纪以后经常要和议会借款，而在我国古代，除了春秋战国以及五代十国时期的个别小国君主或傀儡政权，国家统一时期的君主，就是政权再摇摇欲坠，估计也从不知道"借"为何意吧。① 所以，在西方社会，即使是在宗法制度存在的封建时期，个人仍是有一定程度的自由和权利的，但是在中国传统文化中，个人基本上是无暇顾及如何保护私人财产的问题的。

（二）制度差异的原因透视——"人权意识"的缺失

我国传统社会制度缺乏对私有财产权应有的保护，其原因可以总结为以下几点。

1. 从权利的产生来看，我国古代财产首先是作为特权在社会特定阶层中进行分配的

与西方社会以法律形式固定财产权利不同，古代中国习惯于将财产以行政手段进行分配。臣民获得土地主要是通过统治者的命令，因此土地在统治者的手中与其说是财富，不如说是特权。庞德曾经这样评价行政手段，"从实际的意义上说，人与人之间的相似性比人与人之间的差别来得更基本、更重要，但是不能由此得出否认个性和忽视个人自发性活动的结论。毋宁说，它是对社会控制中过度个别化现象的反应，是对通过行政而不是根据法律办事的社会控制的答复，这种通过行政的社会控制不是平等待人，而是根据管理的个人感觉待人的。所以，它引起了人们的冤屈的感受"②。相较于法律手段，行政手段分配财产凸显的随意、不确定、隐蔽、不公平和不平等，都是制度的固有缺陷。这种缺陷最直接的表现就是权利主体无法对财产权是否存在、能否行使以及行使后果作出确定预期，这样的社会是不可能产生完备的私有财产权利意识的。

2. 从权利的社会表现来看，我国古代具有代表性的是以家长控制为代表的家庭所有，而不是体现个体意志的个人私有

在古代中国，个人无法拥有完全意义上的个人私有财产，即使能够有，也因为无法自由处分而显得没有什么实际意义，如《宋刑统》规定：

---

① 参见彭诚信《主体性与私权制度研究——以财产、契约的历史考察为基础》，第98页。
② 何勤华主编：《外国法学经典解读》，第335页。

"诸家长在，而子孙弟侄等不得辄以奴婢、六畜、天宅及余财务私自质举及卖天宅。""应典卖倚当物业，先问房亲；房亲不要，次问四邻；四邻不要，他们并得交易。"直到 19 世纪初编纂的《大清民律草案》仍有"家政统摄于家长"的规定。这些规定就像《礼记》记载的一样，"父母在不敢有其身，不敢私其财"。"没有独享的财产，甚至连自己的身体都不敢说是自己的，中国古代社会是绝不可能产生与私有财产有关的权利意识的。"①

3. 从权利的保护来看，中国古代的私有财产权从未得到过绝对的保护

中国古代历朝历代或多或少地存在土地私有，但是皇权至上的制度传统使得这些私有土地从未得到过绝对的保护。孟子曰："一不朝，则贬其爵；再不朝，则削其地；三不朝，则六师移之。"(《孟子·告子》) 诸侯的土地，天子都可以随意剥夺，普通百姓的财产受保护程度就可想而知了。所以，在这种"轻夺民财，不爱民力"的皇帝治下，私有财产权很难得到真正的认可、尊重与保护，民众更是无法形成私有财产权利意识了。

历史唯物主义认为，具体制度是社会意识的自然流露，因此人们总是在不知不觉中就创设了制度。制度的形成实质上就是人们内在意识的外在表现。我国与西方在私有财产权制度传统上存在差异的根本原因就在于我国传统文化在人权意识上的差异。中国传统文化里并没有包含西方文化伊始就蕴含的权利意识，甚至可以说中国古代法就从来没有承认过纯粹的私有财产权。在这样的传统文化影响下，中华人民共和国成立后，虽然由《宪法》对公民基本人权进行了法律确认，但是这种确认仍然停留在社会政治层面。人权作为一种社会最低限度的道德标准并没有在当代思想文化中得到应有的承认与重视。这些都导致了我国现代文化中也缺乏对作为人权的私有财产权应有的尊重和保护。因此，我们也就不难理解平等保护私有财产权的法律规定竟然会引起轩然大波。

---

① 彭诚信：《主体性与私权制度研究——以财产、契约的历史考察为基础》，第 103 页。

第六章 私有财产权的道德合理性

第一节 "自然"的权利

一 自然权利思想溯源

自然权利是自然法思想的核心概念,是人因为其自然本性而应当享有的权利。自然法思想认为,在人定法之上还有一个自然法,自然法是人定法的基础和渊源,而自然法主要指向"善"、神祇或人类理性。"自然这个概念源远流长,从古希腊学者希罗多德、德谟克利特和休昔底德等人的思想中就能看出一定的痕迹。在这些思想家的语境中,自然表示与习俗相对立的一个概念。他们把自然视为某种自然界确定不变的规律并将之引入社会领域。他们认为在社会生活中如果在自然界中一样,受某种不变的规律支配,它不取决于人的愿望,但无差别地作用于所有人。而习俗具有人为的痕迹,与自然处在对立面,往往被认为违反自然而被视为不义。这个观念典型的被反映在古希腊悲剧诗人索福克勒斯的作品《安提戈涅》中。主人公安提戈涅因埋葬了被国王所杀的兄长而违反了国王的法令,她勇敢的对国王做出如此答复:'我不相信您的命令具有如此强大的力量,以至于能够超越虽不成文但永恒不变的上天的法则。因为你不过是一个凡人。'"① 这所谓"永恒不变的上天的法则",就是对"自然法"最初的模糊的概念。自然法的观念经过了几千年的发展,是在后世慢慢发展和充实起来的。

将自然法作为一个比较明确的概念提出并由此创建了自然权利的学说,肇始于古希腊的斯多葛学派的代表人物芝诺。"所谓自然,按照芝诺

---

① 俞田荣:《自然法·自然权利·自然的权利》,《浙江社会科学》2005年第1期。

的理解，就是支配性原则。它遍及整个宇宙，并被他们按泛神论的方式视之为神，在本质上具有一种理性的品格。芝诺认为整个宇宙是由一种实质构成的，而这种实质就是理性。因此在他看来，自然法就是理性法。人作为自然的一部分，本质上就是一种理性动物。在服从理性命令的过程中，人乃是根据符合其自身本性的法则安排其生活的。所以芝诺教导说，人的生活应当不受情感和主观激情的影响，而且应当使自己不依赖于外部世界，不受世俗之物的支配，并用理性的方式支配其本能，人应当无所畏惧，对必然的命运安之泰然，努力奋斗以达到精神上的完全平衡与和谐。芝诺还认为，理性作为一种遍及宇宙的力量，是法律和正义的基础。神圣的理性寓于所有人的身心之中，不分国别或种族。因此，存在着一种基于理性的普遍的自然法，它在整个宇宙中都是普遍有效的，它的要求对世界各地的任何人都具有约束力。"[①]

到了古罗马时期，随着罗马帝国的扩张以及古罗马法的逐步完善，自然法思想得到进一步发展。自然法的基本原则被描述为普世的理性及其内在所蕴含的公平、正义原则，自然法更被定义为世界性的伦理、法律和政治观念。其中以古罗马哲学家西塞罗的论述最为详细。西塞罗在古希腊斯多葛派学说的基础上，进一步主张正义是自然所固有的，是所有理性人都具有的一种普遍品格，而且是作为人类集体幸福的一个必要条件。他提出："由于人具有一种共同智识，而这种智识使人们知晓许多事情并且阐明于心，所以人们将正直的行为认作是善，将不正直的行为认作是恶；只有疯子才会得出这样的结论，即这些判断是一个见仁见智的问题，而不是自然先定的问题。"[②] 他进而提出非正义的法律不具有法律属性。"真正的法律乃是一种与自然相符合的正当理性；它具有普遍的适用性并且是不变而永恒的。通过命令的方式，这一法律号召人们履行自己的义务；通过它的禁令，它使人们不去做不正当的事情。它的命令和禁令一直影响着善良的人们，尽管对坏人无甚作用。力图变更这一法律的做法是一种恶，试图废止其中一部分的做法也是不能容许的，而要想完全废除它的做法则是不可能……。罗马的法律和雅典的法律并不会不同，今天的法律和明天的

[①] [美] E. 博登海默：《法理学：法律哲学与法律方法》，邓正来译，中国政法大学出版社2004年版，第16页。

[②] 参见 [美] E. 博登海默《法理学：法律哲学与法律方法》，邓正来译，第19页。

法律也不会不同，这是因为有的只是一种永恒不变法律，任何时候任何民族都必须遵守它；再者，人类也只有一个共同的主人和统治者，这就是上帝，因为它是这一法律的制定者、颁布者和执行法官。"①

在中世纪经院学派神学家中，托马斯·阿奎那对自然法思想作出了深刻的阐述。阿奎那上帝的理性和智慧为永恒法，人类只能凭借上帝赋予的理性力量认识到永恒法中的部分内容，即自然法。自然法是指导人们行为的一般性规则，其中最基本的就是行善避恶。所以自然法中包括一些指引人趋向于善的理性命令，按美德行事是每个人都具有的自然倾向，这也源自自然法的规定。自然法通过政府颁布即成为人法。自然法是连通永恒法和人法的桥梁，是上帝用以启迪人类理性的工具。人由于拥有理性从而能够在一定程度上分享上帝永恒的理性。因此，人类的行为能够自然地倾向于正义的理性，而人法的有效性也就在于它是对于自然法精神的体现。为了使政府颁布的法令具有法律的性质，人法必须服从理性的要求。与自然法相矛盾的所谓"法律"是非正义、非理性，根本不能称为法律。反抗不正义、非理性的"法律"就成为一种真正的不服从的义务。

中世纪之后，在资产阶级启蒙思想时期欧洲出现了一批以格老秀斯、普芬道夫、霍布斯、孟德斯鸠、洛克、卢梭等为代表的古典自然法理论家，他们把自然法从宗教的理论转化为一种完全基于人类理性的理论，并从自然法中衍生出自然权利的理论。他们认为自然权利和自然法是一致的，自然法与上帝之间没有关系，自然法的唯一前提是人类的社会性。

格老秀斯认为："自然法是政治的理性准则，他指示任何与我们理性和社会性相一致的行为就是道义上公正的行为；反之，就是道义上罪恶的行为。由此可见，这种行为如果不是创造人类理性的上帝所赞许的，就必然是他所禁止的。行为的是非一经理性准则断定，如果不是合法的就必然是非法的，因而我们必须把它看作是上帝所准许的或禁止的。由于这种性质的自然法不仅与人类法而且与成文的神法也不相同。因为后两种法本身及其性质不能禁止或支配人们去必须履行的或者非法的行为，但是，自然法能禁止人们去做非法的行为，支配人们去做必须履行的行为。"② 格老秀斯同时提出自然法有两个基本原则，一是各有其所有，一是各偿其所

---

① 参见［美］E. 博登海默《法理学：法律哲学与法律方法》，邓正来译，第17页。
② 参见张宏生、谷春德主编《西方法律思想史》，第91页。

负，即"他人之物，不得妄取；误取他人之物者，应当以原物和原物所生之利益归还物主，有约必践，有害必偿，有罪必罚"①。格老秀斯同时认为自然法是永恒不变的，"自然法是如此的不可变易，就连上帝也不能加以变更，因为上帝的权力虽然无限，但是有一些事情即使有无限的权力也是不能动摇的"②，由此，格老秀斯得出私有财产神圣不可侵犯的结论。

普芬道夫建立了一个比格老秀斯更为详尽的自然法体系。他认为，受自私本性的驱使而恶意攻击他人，与通过人际交往而在社会中过和平生活，是人性所独具的双重特性。为了适应人性的这两重属性，自然法引申出两个基本原则。一是告诉人们要竭力保护自身身体及财产，二是要求人们不可侵扰社会。在此基础上，人们主动放弃自然状态，通过签订社会契约将自己纳入一个共同体的管理中。同时，公民和共同体（即政府）签订第二重社会契约。公民承诺服从政府，统治者宣誓维护公共安全。所以，对于统治者而言，自然法不仅仅是道德指南，而是真正的法律。

霍布斯是在人类学和心理学前提下来探讨自然法。霍布斯提出了一个与前人不同的"自然状态"的概念，他认为自私自利和富于攻击是人的本质，所以在没有政府的自然状态中，充斥着仇恨、恐惧和相互不信任的气息，利益是唯一的法度，每个人都有权索取任何东西，从而每个人也都必须随时防范他人侵犯自己的权利，人们之间始终处于"战争"状态。毫无疑问，这种状态对人类来说是非常危险的。使人类可以走出自然状态的前提就是自然法。自然法是建立在理性基础上的普遍法则，自然法通过限制人的本能与基于本能所引申出的所谓"自然权利"，以达到维护社会秩序正常运转的目的。其实，霍布斯关于自然法的全部观点几乎都是为了他的社会契约论寻找理论依据。霍布斯认为人类要摆脱人与人存在敌对状态的"自然状态"，必须通过订立社会契约，建立一种人们敬畏且能够指导人们谋求共同利益的公共权力。这是人类摆脱自然状态的必经之路。订立社会契约后，人们把所有的权力和力量托付给一个人或多人组成的集体，这个集体担当所有人的人格，并通过多数的意见把大家的意志转化为一个意志，这个集体在公共和平和安全事务方面所做的或指示他人做的事情，是社会的每个人都有份的。这样统一在一个人格中的一群人就叫作

---

① 参见张宏生、谷春德主编《西方法律思想史》，第 92 页。
② 参见张宏生、谷春德主编《西方法律思想史》，第 92 页。

国家。

孟德斯鸠是欧洲自然法学派的另一位代表人物。孟德斯鸠是从广义和狭义两个方面来认识法的。他认为作为最广泛意义上的法，主要是由三种法所构成的，即自然法、人法和神法。其中最基本的是自然法和人法。孟德斯鸠也认为在人类社会初始的自然状态中，支配人们行为的规则就是自然法。但是与霍布斯的观点不同的是，他认为在自然状态下，人们因为感到软弱、怯懦和自卑，会相互亲近而不是相互处于"战争状态"，因为相互亲近是保存生命和繁衍后代的本能需求。人类的本性决定人类一定要过社会生活，但是人一旦进入社会后，便会失去自身软弱的感觉，反而会引发战争状态。每一个个人要夺取利益供自己享受，从而引发人与人之间的战争；每个个人的战争将导致社会利益的不足，每一个个别的社会都要向其他社会进行掠夺，从而引发国与国之间的战争。正是这两种战争促使人法建立。人法是以自然法为基础的，是人类理性的具体适用。调节人与人之间的社会关系，是人法的基本任务。孟德斯鸠关于自然法、人法、神法的分类的理论，也包含反对专制的明显倾向。他据此提出的"三权分立"理论，成了资产阶级共和政体的理论基础。

二 私有财产权是自然权利的核心权利——以洛克的理论为基础

从以上对自然法学派理论家们，特别是资产阶级启蒙思想时期的贤哲们观点的介绍中可以看出，自然法学派的思想或多或少会提及私有财产权正当性问题，如格老秀斯从自然法的永恒性中得出私有财产权神圣不可侵犯的结论；霍布斯主张在自然状态下的人们为了求得和平而将所有权利都转到国家之中，从而公民的财产就是国家营养，私有财产权是统治者分配国家财产的结果。但是，只有洛克与其他学者们的理论有着极大的不同，他将私有财产权视为自然权利的核心，并系统地论述私有财产权的道德合理性。洛克的论述分为以下几个层次。

（一）自然状态是一个资源充裕但存在缺陷的原始状态

资产阶级启蒙思想时期的自然法学家们，在论述其自然法思想时都会作一个关于自然状态的假设。大部分学者都假设自然状态是一个资源匮乏的原始状态，但是洛克却提出了一种自然资源相对充裕的假设。他认为在前社会的自然状态下，各种各样的资源基本上是充足的，可以满足人们的各种需要。

118　物权的道德

洛克在《政府论》下篇第二章开篇写道："为了正确地理解政治权力这一概念，并追溯政治权力的起源，我们必须考虑人类最初自然地处在一种什么样的状态中……首先，自然状态是一种完全自由的状态。人们在自然法的范围内，按照他们认为合适的办法，决定他们的行动和处理他们的财产和人身，而且不需要得到任何人的许可或听命于任何人的意志。""其次，自然状态是一种平等的状态。在这种状态中，一切权力都是相互的，每个人的权利都是平等的，没有一个人享有多于其他人的权利……人与人之间也不应该存在从属或受制关系，除非大家共同的意志以某种形式表达出来，愿意把某人置于其他人之上，明确地把无可置疑的统治权和主权交给这个人……最后，自然法在自然状态中起支配作用。虽然自然状态是完全自由的状态，却不是放任的状态。在自然状态中，虽然每一个人都有处理自己的人身或财产的无限自由，但是，他却没有毁灭自身或他所占有的任何生物的自由，除非为了一种更崇高的目的而需要将它们毁灭……理性，也就是自然法，教导着有意遵从理性的全人类：人类既然都是平等和独立的，任何人就不得侵害他人的生命、健康、自由或财产……由于每个人必须保存自己，所以基于同样理由，当他保存自身不成问题时，就应当尽其所能保存其余的人类。除了惩处罪犯外，任何人不能夺去或损害他人的生命以及一切有助于保存他人的生命、自由、健康、肢体或物品的事物。"[①]

洛克认为，在自然状态中，任何人都有执行自然法的权力。"为了约束所有的人不侵犯他人的权利、不相互侵害，就必须保证人人都遵守旨在维护和平及保卫全人类的自然法。同人类的其他一切法律一样，自然法也必须得到有效的执行，以保护无辜和约束犯罪。否则，自然法就毫无用处。在自然状态中，自然法的执行权属于每一个人，也就是说，人人都有权惩罚违反自然法的人。因为在完全平等的状态中，没有人拥有高于别人的地位或享有对别人的统治权，所以，只要有一个人能执行自然法，那么每个人就都有权这样做。只要有人在自然状态中可以惩罚他人所犯的任何罪恶，那么人人就都可以这样做。当然，这种惩罚权不是无限的，它以制止违反自然法为限度。"[②]

---

① [英]洛克：《政府论》，刘晓根译，第58—59页。
② [英]洛克：《政府论》，刘晓根译，第59页。

洛克也认为自然状态中有诸多缺陷，每个人对于自然法的执行权力既不正常也不可靠。"第一，在自然状态中，缺少一种既定的、稳定的、人所共知的法律，作为人们共同的是非标准和裁判他们之间一切纠纷的共同尺度。第二，在自然状态中，缺少一个有权依照既定法律来裁判一切纠纷的权威的和公正的裁判者。第三，在自然状态中，往往缺少权力来支持正确的判决，使它得到应有的执行。"① 当有人准备剥夺他人的自由时，人们就会处于战争状态。"战争状态是一种敌对的和毁灭的状态……战争状态与自然状态有着明显的区别……人们根据理性原则生活在一起，没有一个大家公认的权威做他们的裁判，他们就处在自然状态中。但是，当一个人对另一个人使用或企图使用暴力时，没有一个公认的权威根据受害者的控告解救他，这就是战争状态。"② 那么如何避免这样的战争状态呢？洛克认为，人们为了避免战争状态并补救自然状态下的种种不便，就必须同他人联合起来，通过缔结社会契约而进入社会状态，并让渡一部分权力给他们选出的代表。"这就是立法和行政权力的原始权利和这两者之所以产生的缘由，政府和社会本身的起源也就在于此。"③

（二）政治社会的起源及政府的目的是保护私有财产权

洛克认为，由于自然状态存在缺陷，人们需要组成政治社会来保护自己的财产。"既然自然状态中的人如前文所说的那样自由……那么，为什么他愿意放弃他的自由呢？换言之，为什么他愿意抛弃这个自由王国，而甘愿让自己受制于其他权力的统治和控制呢？我认为，答案很清楚：虽然他在自然状态中享有那么多的权利，但那样享有是不稳定的，随时有受到别人侵犯的危险。既然人们都像他一样有王者的气派，每个人都同他是平等的，并且大部分人又不能严格遵守公道和正义，他在这种状态中对财产的享有就很不安全、很不稳妥。"④ 而组成政治社会（或称公民社会）的途径是缔结社会契约。"由于自然状态的上述种种缺陷，才使得人们愿意脱离自然状态。留在其中的情况既然不好，他们很快就被迫加入政治社会。所以，我们很少看到有多少人能长期在自然状态中共同生活。……这

---

① ［英］洛克：《政府论》，刘晓根译，第113页。
② ［英］洛克：《政府论》，刘晓根译，第66页。
③ ［英］洛克：《政府论》，刘晓根译，第114页。
④ ［英］洛克：《政府论》，刘晓根译，第113页。

就促使他们寻求政府制定法律的庇护，以便保护他们的财产。"① "一个人放弃自然赋予的自由并受制于公民社会约束的唯一途径，就是通过社会契约同其他人联合组成一个共同体，以谋求他们彼此间的舒适、安全与和平的生活。组成共同体后，人们便可以安稳地享受他们的财产，并且有更强大的力量来抵御外来侵略。无论人数多少，人们都可以通过社会契约组成一个共同体。因为这不会危及其他人的自由，没加入的人仍然可以像以前一样保有自然状态中的自由。当任何数量的人通过契约而建立一个共同体或政府时，他们就因此立刻结合起来并组成一个国家。在这个国家中，多数人有权立法和做出决定，对少数人必须服从。"② "凡是脱离自然状态而联合成为一个共同体的人们，必须把他们所拥有的、为共同体所必需的一切权力，交给这个共同体的大多数。人们只要同意联合成一个政治社会，也就同意了这一点。因为所有进入或组成国家的人所订立的或需要订立的契约中，都必须包括这一内容。因此，不论是已经组成的政治社会，还是正在组成的政治社会，都是基于组成这种社会的自由人的这一同意：服从大多数人的决定。这样，而且只有这样，才能创立世界上任何合法的政府。"③

洛克最后将政府的目的限定在保护社会成员的和平、安全和公共福利，最终是为了保护人们的自由和财产。"可见，在参加政治社会时，人们主动放弃了他们在自然状态中所享有的平等、自由和执行权，把它们交给政治社会，由立法机关按照政治社会的利益所要求的程度加以处理。这一切，都只是出于各人为了更好地保护自身及自己的自由和财产的动机……所以，政治社会或由他们组成的立法机关的权力，绝不能扩张到超越公众福利需要的范围，而是必须保障每一个人的财产，以克服上面提到的自然状态下很不安全、很不方便的三种缺陷。因此，谁握有国家的立法权或最高权力，谁就应该依照既定的、稳定的、人所共知的法律，而不是依照临时的命令来实行统治；应该让公正无私的法官根据这些法律来裁判纠纷。而且只有在对内为了执行这些法律，对外为了防止或追偿外国所造成的损害，以及为了保障政治社会不受外来入侵时，才可以动用社会的力

---

① ［英］洛克：《政府论》，刘晓根译，第114页。
② ［英］洛克：《政府论》，刘晓根译，第100页。
③ ［英］洛克：《政府论》，刘晓根译，第101页。

量。这一切不为别的,只是为了人民的和平、安全和公众福利。"①

(三)私有财产权是自然权利的核心

既然人们放弃自然状态组成政治社会,并把执行自然法的权力交给政府,而政府的存在目的被限定为保护人们的自由和财产,那么私有财产权就是人们依据自然法所享有自然权利的必然的组成部分。而且,洛克还认为私有财产权来源于劳动,劳动又是自然权利中的基本权利之一。那么,私有财产权是自然权利的核心所在。

其一,自然物通过劳动成为人们的私有财产并不需要经过人们的协议。洛克认为,自然界的物品虽然原始状态是人们共有的,但是也必须分配给个人使用,如果自然共有的东西不能变为个人私有的一部分,人类社会都无法继续存在下去。"自然理性告诉我们,人生来就享有生存权利,因而可以享有食品和自然提供的其他生存必需品。关于这一点,《圣经》中亦有大量记载,例如,上帝把世界上的东西赐给了亚当,赐给了诺当和他的儿子们。又如大卫王说,上帝'把土地赐给世人',让所有人共享。但是,如何才能使世人对任何东西享有财产权呢?如果说,根据上帝将世界赐给了亚当及其子孙共有这一假设难以理解财产权的话,那么,根据上帝将世界给予亚当和他的继承人,并将亚当的其他子孙排斥在外的假设,除了唯一的全世界的君主之外,谁也不可能享有任何财产权。而我将要设法证明,在上帝赐给世人所共有的东西之外,人们有办法将其中的某些部分成为他们的财产,并且不必经过全体世人的明确协议。""上帝在把世界赐给人类共有的同时,也把理性赐给了他们,让人应用理性解决生活中的难题。土地和其上的一切东西,都是给人们用来维持他们的生存和舒适生活的。土地上所有自然生长的果实和它所养活的兽类,都属自然之物,因而都归入人类所共有,没有人一开始就对所有这些自然之物拥有排他性的私有权。但是,既然自然之物都是给人类使用的,那就必然要通过某种方式把它们拨归私有,然后人们才能享用这些自然之物。"②

将自然共有之物归为私有,是否需要全体世人的明确同意呢?洛克认为,如果需要全体世人的明确协议再去分配财产,人类可能早就饿死了。"或许有人会问:没有得到全人类的同意,他就能通过劳动将橡子或苹果

---

① [英]洛克:《政府论》,刘晓根译,第116页。
② [英]洛克:《政府论》,刘晓根译,第70—71页。

变成他的所有物吗？这样把属于全体共有的东西据为己有，是否是盗窃行为呢？我认为，如果这种全人类的同意是必要的话，那么，尽管上帝赐给人类很丰富的东西，人类也早就饿死了。我们在根据契约保持的共有关系中看到，当人们从共有的东西中取出任何一部分并使它脱离自然状态时，财产权就产生了。如果不是这样，共有的东西就毫无用处了。而取出这一部分或那一部分，并不需要征得一切共有人的明确同意。因此，我的马所吃的草、我的仆人修整过的草皮以及我在同他人共享开采权的地方挖出的矿石，都成为我的财产。这不需要经过任何人的同意。我的劳动使它们脱离原来所处的共有状态，由此便确定了我对于它们的财产权。"①

其二，劳动是使自然共有物变为私有财产的关键因素。洛克认为，由于每个人对自己的人身享有绝对的不可转让的排他权利，因此任何人对利用自己身体劳动所得的产品都具有所有权，是符合逻辑的内在要求的，此为私有财产权的自然权利基础。"上帝指示人们开垦土地，并授权人们拥有自己开垦的土地。既然人类生活需要劳动和从事劳动的资料，那么私有财产的出现就是不可避免的。"② 洛克还通过美洲几个部落生产的例子，以及分析当时人们需求量非常大的面包、酒、布匹等普通日用品的生产过程，来证明劳动除了增加人类的共同财富，还使得一些东西具有了不同的价值。他认为美洲的有些部落拥有富足的土地却过着贫穷的生活，是因为他们没有用劳动对土地进行改造。而在生产当时人们必需的几种日用品的时候，生产原料所用的土地价值几乎不占成品价值的任何部分，至多只占极小的部分。洛克比较了在英国一英亩土地和美洲同样面积土地在生产小麦的产量上的差异，认为两块土地具有相同的自然的固有价值，而英国一英亩土地上所生产的产品价值可能会比美洲土地上生产的多千倍。为什么会有这样的结果呢？洛克认为正是劳动将绝大多数的价值加在土地上，没有劳动，土地本身将一文不值。

由此，洛克得出结论，劳动或者说是人的自然权利本身是私有财产权的源泉。"由此可见，虽然自然之物是给予人类共有的，但是由于人是自己的主人，是自身和自身行动或劳动的所有者，因此人本身就是财产的主要来源。在最初，只要有人愿意对于原来共有的东西施加劳动，劳动就给

---

① ［英］洛克：《政府论》，刘晓根译，第 72 页。
② ［英］洛克：《政府论》，刘晓根译，第 72—74 页。

予他财产权……因此，我们不必假定亚当对整个世界有排他性的个人所有权和财产权，因为这种权利既无法证明，又不能从中引申出任何人的财产权。但是，如果假定世界原来是给予亚当子孙所共有，我们就能看到，劳动如何使人们对世界上的若干小块土地实现私人占有，从而享有明确的财产权。这种权利毋庸置疑，也不可能有争执的余地。"①

（四）私有财产权是有限度的

洛克认为私有财产权是有限度的，一个人取得的财产数量以其足够自己享有为限度。洛克由于其所处时代生产力的缘故，并且出于资本发展的需要，认为土地等自然资源是无限的。"这种通过开垦土地而取得财产权的行为，不会损害其他人的利益。因为，世界上还有足够多的土地尚待开发，其他人用都用不完。实际上，在一个人圈用一块土地之后，留待其他人开垦的土地并不会因此而有所减少。因为，一个人只要留下足供别人利用的土地，就如同丝毫未取一样。谁都不会因为有一个人喝了水，并且是一阵狂饮，就觉得损害了自己的利益，因为尚有一整条同样的河水留给大家解渴。这里谈到的土地和水都有足够的量，所以情况是完全相同的。"②

然而，洛克也认为一个人取得的财产权以够自己享用为限，如果超过自己享用而取得财产，就会让其他财产在为人们服务之前就败坏掉。一旦超过了这个限度，他所取得的财产就不是他所应得的，而应当归他人所有了。这个限度也是自然法所规定的。"反对的人可能会说，既然采摘苹果或自然界的其他果实就构成了对这些东西的权利，那么任何人可以按其意愿尽量占取。对此，我的回答是：并非如此。同一自然法，以这种方式给我们财产权，同时也对这种财产权加以限制。《圣经》说：'上帝厚赐百物给我们享受。'可见，神灵的启示也证实了理性的召唤。但上帝是以什么限度给我们财产呢？我认为，是以供我们享用为度。具体来说，一个人凭自己的劳动占有财产数量的限度是：不能让一件东西在还没有为人的生活服务之前就败坏掉……诚然，在未把土地圈归私用之前，谁竭尽所能地采摘野生果实，杀死、捕捉或驯养野兽，谁对这些自然之物付出自己的劳动来改变它们所处的自然状态，谁就因此取得了对它们的财产所有权。但是，如果这些东西在他手里未经适当利用即告损坏，例如果子和鹿肉未吃

---

① ［英］洛克：《政府论》，刘晓根译，第 78 页。
② ［英］洛克：《政府论》，刘晓根译，第 73 页。

就腐烂变质了,他就违反了人类公认的自然法,必将受到惩处。因为,上帝创造的东西不是供人们糟蹋或败坏的。同时,他也侵犯了他人的份额,因为一旦超过了'以供我们享用为度'这个限度,这件东西就不是他应得的,而应归他人所有……一个人有权享受所有那些他施加劳动的东西,同时他也不愿为他所享用不了的东西白费劳力,这就不会引发财产权纠纷,也不易发生侵害他人权利的事情。一个人据为己有的那部分容易看到,过多地占有或取得多于他所需要的东西,既是无用处的,也是不诚实的。"①

三 自然权利理论所蕴含的私有财产权的道德合理性

洛克以自然权利为基础的私有财产权学说受到后世许多思想家的关注和评论,如 18 世纪的卢梭、19 世纪英国思想家柏克,还有 20 世纪以来的梅林、哈耶克、诺齐克等人都对洛克的私有财产权学说给予了高度评价。后世的学者们普遍认为,洛克的私有财产权学说在构建过程中解释了私有财产权的正当性基础,他的政府理论也成为英国君主立宪制政体的理论依据。因此,洛克也被认为是"财产神圣论"的创始人,是资本主义的辩护人。马克斯·韦伯给予了洛克私有财产权学说以高度评价,他在《新教伦理与资本主义精神》一书中指出,洛克说人们联合成为国家和置身于政府之下的重大和主要目的,便是保护他们的所有权,甚至认为私有财产权比生存权和自由权还重要。韦伯认为,这反映了 17 世纪资产阶级财富积累、重视和崇拜财产的强烈愿望,这也是那个时代的精神。

在洛克的私有财产权学说中,我们可以得出这样的结论,私有财产权并非仅仅是一种法定权利,而是因人的自然本性而应当享有的神圣不可侵犯的权利,保障这种自然权利,是政府和法律的首要目的和任务。质言之,私有财产权为什么是正当的,因为它是"自然"的。

(一)私有财产权的来源:"天赋"权利

洛克与其他的自然法学者一样,都认为人类在组成社会之前,存在一个"自然状态"的社会,但是无论是霍布斯所描述的"人人相互为敌"的自然状态,还是卢梭所描述的自由、平等、和平的自然状态,他们都不认为人类已经拥有了私有财产,更没有确定的私有财产权利。洛克却认

---

① [英]洛克:《政府论》,刘晓根译,第 74—76 页。

为，人类在自然状态下已经拥有了私有财产权，这种权利是人之所以为人的自然属性。所以私有财产权是一种"天赋"的自然权利是一个不证自明的公理。

（二）私有财产权神圣不可侵犯的原因：劳动所产生的排他性

在西方，许多思想家都对私有财产权的神圣性作过大量的论述。如托马斯·阿奎那认为财产是上帝给予人类的神圣的赐福。但是洛克认为，财产来源于劳动这一基本的自然权利，劳动将共有财产变成了私有财产，所以私有财产是专属于劳动者的，只有劳动者本人才能随意处置自己的私有财产，劳动使得私有财产权产生排他性的属性。所以，私有财产权具有不可剥夺和不可侵犯的神圣性。

（三）保护私有财产权是政府存在的首要目的

按照洛克的理论，在自然状态中人们虽然享有天赋的私有财产权，但是由于自然状态的缺陷，当出现有人不遵守道义的时候，人们对于私有财产权的享有就很不安全和稳妥。所以为了保护财产权利，人们自愿放弃自由，订立契约而进入政治社会，从而导致立法和政治权力的出现、政府和国家的产生。从此可以得出的结论是：保护私有财产权是政府和国家存在的首要目的，私有财产权是合法政府存在的前提和基础。

第二节　自由的源泉

一　对自由的理解

向往自由、追求自由是每一个人都追求的崇高理想，也是人类社会最高级的价值判断标准之一，自由的内涵极为丰富。对于自由概念的追寻也是中外哲学的永恒主题之一。应该说，有多少哲学流派，就有多少自由的学说。

以西方哲学为例，自古希腊哲学肇始，理性主义始终是西方哲学的主流思想之一。理想主义强调逻辑与矛盾律支持下的反思思维模式，强调在自然与必然的关系中对必然性的服从。古希腊哲学之父泰勒斯认为自然有自然自己发生与存在的原因，理性会引导我们透过现象去追寻万物的本原，自由是人类理性的胜利，他的观点成为理性主义这一西方哲学的主流思想最初的思想源泉。赫拉克利特则提出"逻各斯"这一概念，即自然的规律，人类要获得自由就必须遵从逻各斯的要求行事。但是逻各斯又是不能凭感觉去把握的，只有通过理性才能认识。柏拉图建立了"理念论"概念，把理性同感性区分开，试图为纯粹的自由概念建立理论基础。亚里士多德则进一步提出理性高于感性，理性造就自由。这既是人存在的原因，又是人存在的条件。

中世纪的基督教哲学的前提是建立信仰的绝对权威，因此认为自由是信仰与俗世道德之间的连接通道，自由的基础是上帝赋予人类的理性。启蒙思想运动为了反对宗教神权的需要，高举自由的旗帜，但是其实质上还是强调自由对理性的绝对服从。近代哲学的奠基人之一培根认为，自由应当服从理性，人只有认识了自然的本质和规律，即认识到必然性，才能在行动上获得自由。斯宾诺莎也提出了"自由是对必然的认识"的命题，即所谓意志自由源于人类对于必然性的认识，对必然性认识越深，自由程度就越高。

不过，理性主义虽然推动了近代思想解放浪潮，促进了科学技术的突飞猛进，但是有一些哲学家则担心过分地强调服从必然性，会消除个体意志的自由。所以他们试图重新论证自由与必然的关系。如笛卡尔则从二元论世界观出发，认为自由和必然是对立的。他认为，人之所以追求真理，是因为要追求自由，而不是为了追求必然。在他看来，人们对于自己意志的自由是明智的，人只有在意志自由下行动，才能达到完美。不过笛卡尔强调的意志自由，因为割裂了理性与自由的联系，所以只能是盲目主观的自由。这样截然相反的理论方向导致了自由与理性的悖论。这个悖论的存在使得在形而上的层面充分论证自由的可能性和纯粹性变得较为困难。

17世纪末18世纪初，西方哲学界已经开始意识到自由与理性的悖论问题，从而试图突破自由应当服从理性的观点，转而寻找自由与理性的统一。如卢梭对自由与理性关系的探讨。卢梭对传统理性主义进行了批判，他认为传统的理性主义使人们丧失了本性，反而成为枷锁。在卢梭看来，人生而自由，由于私有制和政治社会的产生，出现了贫富差异、阶级压迫，人们才逐渐丧失了自由。这也是自由与理性的矛盾关系的体现。德国古典哲学的奠基人康德也对自由与必然性关系作出了深刻的研究。康德对将必然性与自由对立起来和将自由与任性等同的观点都进行了批判，他认为自由的唯一前提是服从道德法则，这是人的理性决定的。近代自由主义哲学观的集大成者是黑格尔。黑格尔在扬弃文艺复兴及资产阶级启蒙时期以来自由观的基础上，在必然与自由的相互关系中辩证地论证自由的概念。黑格尔的自由观包括以下主要内容。

第一，人的本质是自由的

人的本质是自由的，是西方近代哲学的基本理论基石之一。黑格尔批判地继承了这个观点。不过由于黑格尔本身是一个唯心论者，他的自由观首先是建立在唯心主义基础之上的。但是，黑格尔对自由的探索是紧密结合人类具体的历史实践进程展开的，因此在他唯心主义的外壳里，也包含着极为深刻的"合理内核"。黑格尔认为，真正的自由是把握必然性后的主客观相统一。即一方面将人的本质属性还给人自身；另一方面，又使得人的自由意识能够充分地体现于外在现实之中。所以，自由虽然是人的本性，但不是与生俱有的，是要靠后天的学习与训练而实现的。

第二，自由是包含具体内容的

黑格尔抛弃了自由与必然对立且自由只是一种抽象知识的观念，他认为自由是包含具体内容的。他认为，"康德以前的形而上学家，却大多采取这种固执孤立的观点……把自由和必然认作彼此抽象地对立着……这种不包含必然性的自由，或者一种没有自由的单纯必然性，只是一些抽象而不真实的观点"[①]。因此，"自由本质上是具体的，它永远自己决定自己，因此同时又是必然的。一说到必然性，一般人总认为只是从外面决定的意思，例如在有限的力学里，一个物体只有在受到另一个物体撞击所决定的。但这只是一种外在的必然性，而非真正的必然性，因为内在的必然性就是自由。"[②]

第三，自由源于创造性实践活动

黑格尔认为，自由的实现必须实现于外在的创造性实践活动，亦即将自我意识融入有意志的实践活动，使主观与客观相统一，才能真正将人的本质体现为自由。"人通过改变事物来达到这个目的，在这些事物上面刻下自己内心生活的烙印，而且发现他自己的性格在这些事物中复现了。人这种做，目的就在于要以自由人的身份去消除外在世界的那些顽强的疏远性。"[③] "我们的身体方面的生活，尤其是我们心灵方面的目的与趣旨，都要依靠这种要求：要把本来只是主体的和内在的东西变成客观存在，而且

[①] [德] 黑格尔：《小逻辑》，贺麟译，商务印书馆1980年版，第105页。
[②] [德] 黑格尔：《小逻辑》，贺麟译，第105页。
[③] [德] 黑格尔：《美学》（第一卷），朱光潜译，商务印书馆1979年版，第39页。

只有在这种完满的客观存在里才能得到满足。"① 自由源于人所特有的创造性实践活动,这一观点有非常深刻的历史意义。马克思的著名观点"自由不仅是对必然的认识,而且是对客观世界的改造",就是从黑格尔的理论中发展而来的。

第四,自由的实现是一个历史的过程

自由与必然是相互联系、相互统一的,但是从必然到自由是一个历史实现的过程。黑格尔以自由意志为标准,把人与人之间关系的发展过程划分为三个时期:东方君主专制时期,由于这是一个没有自由概念的时代,所以所有人包括君主都是不自由的;古希腊城邦民主制时期,这一时期奴隶被认为是会说话的工具,没有自由可言,所以也只是实现了一小部分人的自由;日耳曼人时期,在这个时期人们的自由观念开始全面苏醒,大家都知道每一个人都应该得到自由,但是在现实中还远远不能实现。此外,黑格尔还以自由意志为尺度把人与自然的关系的演变划分为三个阶段:第一个阶段中人尚未走出自然界,受自然的奴役和摆布,不可能有自由意志;第二个阶段中人已经走出动物界,产生了自由意志,不过这种自由意志伴有严重的片面性与主观性;在第三个阶段人们最终认识和把握了必然性,将自然变成真正属于人自身的东西,使合规律性与合目的性达到统一。黑格尔的这种划分方法,显然是不科学的。但是他所提出的人实现自由的过程是一个具体的历史进程的观点,具有相当深刻的内涵。我们必须承认,伴随着历史的进步、社会的发展,人们的自由观念从无到有,从抽象到具体,对必然性的认识也将越来越深刻。

第五,自由是真、善、美的统一

黑格尔从认识与实践的角度出发,认为自由实现的历史过程是一个真、善、美统一的过程。哲学是追求真、善、美的科学,真是哲学认识论探寻的目标,善是伦理学追求的方向,美是美学理论的基础。黑格尔认为真是思维对客观性的符合,是以思维的形式所揭示的客体的普遍性和必然性,即合规律性。他又将善定义为一种概念、要求和价值,是主体对外在现实的要求,是一种合目的性。至于美,黑格尔把它定义为"理念的感性显现"②,是在真和善统一基础上的精神升华,其实质上也是一种合目

---

① [德]黑格尔:《美学》(第一卷),朱光潜译,第 123 页。
② [德]黑格尔:《美学》(第一卷),朱光潜译,第 142 页。

的性的体现。真、善、美的统一就是自由,是"心灵的最高的定性"①。

第六,自由与必然性互相依存、相互转化

黑格尔提出,"自由最初是抽象的,而这种抽象的自由只有通过放弃自己存在的情况和所保有的东西,才可以得到拯救……必然性发展的过程是采取克服最初出现的僵硬外在性,而逐渐显示它的内在本质的方式。由此便可以表明那彼此相互束缚的两方,事实上并非彼此陌生的,而只是一个全体中不同的环节。而每一个环节同对方发生联系,才得以恢复到它自身和自己与自己相结合"②。也就是说,自由应当以必然性为前提,没有必然就谈不上自由。在早期原始人类社会中,人们由于不能把握必然性,从而无法制定法律和规则,所以虽然人们表面上看起来是平等与自由的,但实质上仅仅是一种自然冲动,绝不是自由的表现。自由必须以必然为前提,包含并扬弃必然性。

虽然黑格尔的自由理论使得人类对自由的理解前进了一大步,但是黑格尔的自由观毕竟是建立在唯心论基础之上的,对自由作出科学界定的任务是由马克思完成的。马克思主义经典导师认为,自由分为以下几种形态。

其一,本体论角度的自由。马克思认为普遍自由是人类本性,人相对客观世界具有主体地位,此即本体论的自由,也是人类与动物区分的根本性标志之一。恩格斯也曾指出:"人们周围的、至今统治着人们的生活条件,现在却受到人们的支配和控制,人们第一次成为自然界的自觉的和真正的主人,因为他们已经成为自己的社会结合的主人了……只有从这时起,人们才完全自觉地自己创造自己的历史……这是人类从必然王国进入自由王国的飞跃。"③

其二,认识论层面的自由。黑格尔提出必然是自由的前提,即当人们面对必然性时如何能够保证自己的自由。马克思肯定了上述观点,认为人要获得自由,首先要正确认识必然性,并在此基础上去能动地改造客观世界。

其三,人对自然界的自由。马克思说:"劳动尺度本身在这里是由外

---

① [德] 黑格尔:《美学》(第一卷),朱光潜译,第124页。
② [德] 黑格尔:《小逻辑》,贺麟译,第323页。
③ 《马克思恩格斯选集》第3卷,第441页。

面提供的，是由必须达到的目的和为达到这个目的而必须由劳动来克服的那些障碍所提供的。但是克服这种障碍本身，就是自由的实现……主体的对象化，也就是实在的自由——而这种自由见之于活动恰恰就是劳动。"① 亦即：在劳动这样一个体现人的本质力量的过程中，人通过创造和使用工具，将人的本质在自然界中对象化，所以人对自然界的自由主要体现在劳动中。

其四，人的社会自由。马克思认为自由形态的终极状态是人的社会自由。社会中的人如何实现全面发展并成为社会的主人，是人能动地改造社会的关键所在。但是，马克思认为，自从出现了阶级和阶级对立，大多数人失去了自由。纵观历史，在阶级社会里，只有在少数人身上体现了人对社会的自由，大多数人成为少数人压迫的对象，从而失去自由。所以阶级社会是限制人的自由和独立的。在阶级社会里，自由在相当长的时间中只属于一部分人。

二 私有财产权是自由的源泉——以黑格尔的理论为基础

"自由意味着一个人是他自己达到崇高和最佳境界的权利，而私有财产则是自由的体现。"② 仅仅停留在抽象主观层面的所谓一般性自由，不是真正的自由。自由必须从纯粹抽象主观中走出来，通过客观的物使其成为现实。正如马克思指出的，人对社会的自由才是自由的最终目的。私有财产权是人的自由走出纯粹主观成为客观现实的中介，是人实现对社会的自由的根基。此亦即黑格尔在《法哲学原理》一书中提出的观念：私有财产权是"自由意志的定在"。

黑格尔认为法哲学实质上是权利（即"法"）的哲学，而权利的核心即自由。"法的理念是自由，为了得到真正的理解，必须在法的概念及其定在中来确认法。"③ 而"法的基地一般来说是精神的东西，它的确定的地位和出发点是意志。意志是自由的，所以自由就是构成法的实体和规定性。"④ 在法的定在形式上有抽象法、道德、伦理三种形式，在抽象法阶

---

① 《马克思恩格斯文集》第8卷，人民出版社2009年版，第174页。
② [美] 伯纳德·施瓦茨：《美国法律史》，王军等译，中国政法大学出版社1997年版，第143页。
③ [德] 黑格尔：《法哲学原理》，范扬、张企泰译，第2页。
④ [德] 黑格尔：《法哲学原理》，范扬、张企泰译，第12页。

段,自由通过以下三个环节来获得它的抽象性:所有权(私有财产权)、转移所有权的契约以及作为特殊意志而与自由相对立的不法与犯罪。所以,黑格尔认为自由意志的定在是建立在私有财产权基础之上的。

(一)财产权是自由意志的定在,即存在于财产权利关系中的人才是理性的存在

黑格尔认为,外部世界是客观性的存在,而人是纯粹主观性的理性存在,人必须扬弃自身的纯粹主观性与外部世界结合成为统一的实体。"人为了作为理念而存在,必须给它的自由以外部的领域。因为人在这种最初还是完全抽象的规定中是绝对无限的意志,所以这个有别于意志的东西,即可以构成它的自由的领域的那个东西,也同样被规定为与意志直接不同而可以与它分离的东西……所有权之所以合乎理性不在于满足需要,而在于扬弃人格的纯粹主观性。人唯有在所有权中才是作为理性而存在的。即使我的自由这种实在性最初存在于一个外界事物中,从而是一种坏的实在性,然而抽象人格,就因为它存在于其直接性中,所以除了在直接性的规定中的定在以外不可能具有任何其他定在。"①

(二)人的意志只有在"私人所有权"关系中才直接体现为自由意志

黑格尔将"作为自由意志定在"的所有权称为"私人所有权",并论证了"私人所有权"存在的必然性。"因为我意志作为人的意志,从而作为单个人的意志,在所有权中,对我说来是成为客观的了,所以所有权获得了私人所有权的性质。"②"在所有权中,我的意志是人的意志;但人是一个单元,所以所有权就成为这个单元意志的人格的东西。由于我借助于所有权而给我的意志以定在,所以所有权也必然成为这个单元的东西或我的东西这种规定。这就是关于私人所有权的必然性的重要学说。"③ 同时,黑格尔还指出,由于共有财产权根据本性可以变为私人所有。所以,私人所有权使得共有财产权获得新的规定性,成为一种个体的共同体及其所有权。当然,"至于我把我的应有部分留在其中,这本身是一种任意的事"④。即个体的自由意志。

黑格尔还通过在形而上学层面来批判公有财产权的方式来论证私有财

---

① [德] 黑格尔:《法哲学原理》,范扬、张企泰译,第57页。
② [德] 黑格尔:《法哲学原理》,范扬、张企泰译,第62页。
③ [德] 黑格尔:《法哲学原理》,范扬、张企泰译,第63页。
④ [德] 黑格尔:《法哲学原理》,范扬、张企泰译,第62页。

产权的合理性。"罗马的土地法包含着关于土地占有的公有和私有之间的斗争。后者是更合乎理性的环节,所以必须把它保持在上风,即使牺牲其他权利在所不惜。"①

(三) 私有财产权是人所特有的权利,它首先表现为对人自身的拥有

由于人首先是一个自然生命有机体,所以黑格尔认为私人所有首先是对人自己的生命有机体的所有。"作为一个人来说,我本身是一个直接的个人。如果对这一点做进一步的规定,那首先就是说:我在这个有机身体中活着,这个身体按其内容说来是我的普遍的、不可分割的、外部的定在,而且是一切再进一步被规定了的定在的实在可能性。但是作为人,我像拥有其他东西一样拥有我的生命和身体,只要有我的意志在其中就行。"② 人的生命有机体是个体精神、意志的直接载体,对他人人身的伤害及对人格的侮辱是最为严重的伤害。"肉体是自由的定在,我有了肉体才有感觉。所以只有那缺乏理念的、诡辩的理智才会把精神和肉体分开,并以为纵使身体受到虐待以及人的实存屈辱于他人暴力之下,而自在之物即灵魂是不会被触及或受到伤害的。"③ "动物固然占有自身,它们的灵魂占有它们的身体,但是动物对它们的生命是没有权利的,因为它们没有这种意思。"④

不过,黑格尔也指出,自由意志本身与其定在(即身体)毕竟不是同一概念。身体受到伤害,并不意味着人的自由精神也会随之失去自由本性。"我可以离开我的实存退回到自身中,而使我的实存变成外在的东西,我也可以把殊特感觉从我身上排除出去,虽在枷锁之中我也可以是自由的。"⑤

(四) 对物的占有直接体现人的自由意志

黑格尔认为,个体意图占有某物的意志直接体现了所有权的理念,但单有这种内部意志是不够的,还必须使这种内部意志体现于物上,此即对物的占有。"为了取得所有权即达到人格的定在,单是某物应属于我的这种内部表象或意志是不够的,此外还须取得对物的占有。通过取得占有,上述意志才能获得定在,这一定在包含他人的承认在内……人把他的意志

---

① [德] 黑格尔:《法哲学原理》,范扬、张企泰译,第 62 页。
② [德] 黑格尔:《法哲学原理》,范扬、张企泰译,第 63 页。
③ [德] 黑格尔:《法哲学原理》,范扬、张企泰译,第 64 页。
④ [德] 黑格尔:《法哲学原理》,范扬、张企泰译,第 64 页。
⑤ [德] 黑格尔:《法哲学原理》,范扬、张企泰译,第 65 页。

体现在于物内,这就是所有权的概念,下一步骤才是这一概念的实在化。表示某物是我的这种内部意志的行为,必须便于他人承认。我把某物变成我的,这时我就给该物加上了'我的'谓语,这一谓语必须对该物以外在的形式表示出来,而不单单停留于我的内部意志之中。"①

黑格尔关于私有财产权是自由意志的定在的理论具有抽象、凝练的特点,在法哲学研究领域具有开拓性和划时代的意义。黑格尔的理论提醒我们,人与物之间存在某种持续的关系,这种关系有它自身的规律,而且这种关系可以非常接近一个人的本性。如果某人所拥有的财产和他的人性没有精密联系,那他拥有的根本就不能叫作财产。一个没有连续自由意志的人不是一个真正意义上的人,为了保持这种自由意志,个人必须与由物和其他人组成的外部环境保持持续的联系。黑格尔提出的财产是自由意志定在的理论,为"私有财产神圣不可侵犯"原则提供了理论依据。

但是,黑格尔理论毕竟建立在唯心主义基础之上,是一种不成熟的理论。马克思在继承了黑格尔理论的合理内核的同时,也对他的理论作了简洁而又深入的批判。

首先,马克思指出,黑格尔将私有财产权作为自由意志的定在,实质上就将私有财产权简单地定义为一种意志关系,而否认了它是一种社会关系。

其次,马克思认为,黑格尔的私有财产权是自由意志定在的理论存在逻辑上的矛盾,也与现实世界不相符合。因为按照黑格尔的逻辑,占有私有财产,特别是占有土地,是人的自由意志或者说"人格"获得现实性的要求。那么,每个人必须首先成为土地所有者,才能实现自己的人格。但是在私有制社会中,并非所有人都能拥有土地,那按照黑格尔的逻辑,这些人就不能称为现实的人。所以,这个理论是不适用于现实社会的。

再次,马克思虽然认同自由是私有财产权正当性的基础之一,但不认同自由是私有财产权的根源。他认为,每个人都有自己的意志,如果每个人只有将其自由意志体现在私有财产上才能获得其现实性,那人们为了实现自己的自由意志,只有不顾他人的意志,强行自由确定对某一财产的私有权利。从而不论是善的意志还是恶的意志,不同的意志之间必然发生冲突。所以,很明显,一个人绝不可能单凭自己的自由意志而确认对某一财

---

① [德]黑格尔:《法哲学原理》,范扬、张企泰译,第67—68页。

产的私有权利。同时，马克思还指出，如果单凭自由意志来实现对财产的私有，那么私有财产权的边界也是无法确定的。对这个问题，黑格尔曾经认为，"当我占有某物时，理智立即推想到，不仅我直接占有的东西是我的，而且与此有关系的东西也是我的。实定法必须把这一点规定下来，因为从概念中得不出更多的东西来"[①]。马克思尖锐地指出，这是一种异常天真的观点，是将有关私有财产的资产阶级法律绝对化的认识。人的自由意志如何确立自己的界限，是通过占有一个财产还是占有一大批财产来实现的，这些都是法律无法规定的。

最后，马克思指出，自由成为私有财产权的价值需要有两个条件。一是劳动的自由。只有当劳动条件、劳动对象和劳动资料属于劳动者，劳动者可以将自己的意志体现在劳动对象中，同时劳动者本人与他人是平等的自由人的时候，劳动者才能真正实现自由的劳动。前资本主义时期的土地所有权制度在一定程度上给予劳动者占有劳动资料、劳动对象的权利，劳动者的劳动这才体现为自由劳动。而资本主义时期的所有权制度剥夺了劳动者对劳动资料和劳动对象的占有，导致劳动者丧失自由意志，只是为他人的劳动而已。二是占有、处分自己劳动成果的自由。享有对自己劳动成果占有、使用、赠予、交换的权利的劳动者，才是真正自由的劳动者，劳动者想要享有对自己劳动成果的权利，前提条件是劳动资料、劳动对象属于自己。所以，前资本主义时期的私有财产权制度成了保证劳动者自由的根本条件，而资本主义私有制下的劳动是不自由的劳动。

三　私有财产权自由价值的现实表征

人的自由意志不仅要表现于其自身，更需要彰显其于外部领域。私有财产权给了人的自由意志获得现实性的外部空间。因此赋予人们私有财产权，就是对于人们自由意志的积极肯定。现代社会正式通过对于私有财产权的认可与鼓励，而给予了人们发挥自身能力的更为宽松的外部条件，更大地激发了人们创造财富的能动性。同时，通过对私有财产权自由价值的彰显，人们借此开辟了私法自治的领域。在这个自治领域里，权利人可以享有充分的自由，政府不得随意侵入。正是通过私有财产权这一标志，公法领域与私法空间的界限划分成为可能。权利人在自己的私有财产权提

---

① ［德］黑格尔：《法哲学原理》，范扬、张企泰译，第72页。

供的私法空间内从事合法的行为，是完全自由的。也只有这样，权利人才可能独立自由地积极参与到公法领域的各项公共事务中。所以，从这个角度上讲，私有财产权是自由的最低界限。私有财产权首先划定了公权力的最后边界，限制了政府行为的范围，为个人利益和个人自由提供了制度保障，使每个社会成员都能获得一个自由、民主的生存空间。如果没有这么一个领域，所有人的财富和财产权利将会处于某个机构或某个个人排他性的控制之下，强权和暴政将成为司空见惯的现象，个人的自由将不复存在。同时，私有财产权所创立的公民私法自治领域是发展民主政治的关键因素，是自由的保障。正是通过法律对私有财产权的保护，确立私有财产神圣不可侵犯的地位，有利于防止对公民权利的任意剥夺。如果不承认私有财产权的地位，国家将完全可以对个人财产任意剥夺和限制，人将不能成为自己的主人。因而，私有财产权被认为是个人自由范围的法定尺度，维护私有财产权是社会契约的首要目的，个人的自由首先是财产的安全。在现代社会中，私有财产权自由价值的现实表征主要体现在以下几个方面。

（一）排他性

自由具有双面性，即自主和防御的功能。要发挥这双重功能，让权利人在法律允许的范围内对其私有财产享有排他性的支配权具有决定性的意义。排他性的支配权是指权利人对于私有财产的支配可以排除其他一切人的妨碍与侵犯。私有财产权的利益是基于权利人的利益之所在的，得排除其他一切对该权利的侵扰，是保证权利人利益获得的根本所在。当然，所有具备财产属性的权利，包括传统意义上的私有财产权、知识产权和具有特殊意义的债权，都具有排他性的属性。但是，私有财产权的排他性最具典型意义，也是它作为一种上位权利形式必须具有的属性。

（二）普遍性

设立私有财产权是为了实现个人的自由，马克思批判了黑格尔关于自由意志可以不受限制地去任意确定自己对于财产的权利界限的观点，认为法律不可能规定占有多少财产才能实现意志的自由，所以我们应当将尽可能多的财产纳入私有财产权的规制，甚至使企业组织本身、知识产权等具有经济价值的虚拟财产也能成为私有财产权的客体，并能得以流转和继承。同时让公共财产成为私有财产的剩余，并且是为了更好地发挥私有财产的价值而存在的。

这一点对于我国这样一个正处在经济转型时期的国家具有特别的现实意义。我国目前正在进行的经济转型中的一项重要内容就是公有财产的所有权和经营权的分离与明晰。公有财产权是指由公共机构（主要指政府和国有企业）直接或间接用于公共目的、具有经济价值的社会财富。公有财产分为两类，一类是政府用于公益目的的资源，一类是由国有企业等非政府公共机构进行管理并确保其保值增值的财产。在我国，由于长期的政企不分，公有财产正常运行所必需的人格化的主体严重缺位，导致了"产权不明晰"，既是我的，也不是我的；既是你的，也不是你的，最终形成了有人决策、无人负责的尴尬局面。我国在经济体制改革过程中提出要建立现代企业制度，则明晰公共财产的产权就显得异常重要。而明晰公共财产权属的前提是明确私有财产权的界限。同时，由于公共财产权也具有财产权利的属性，作为公共财产权主体的政府或国有企业在行使权利的时候也没有什么特殊之处，任何人不得妨碍公共财产权的行使，公共财产在流转中和私有财产一样遵循平等自愿、等价有偿的原则。

（三）流通性

流通性就是指权利人可以在法律的框架下自由地将其私有财产放入流通领域，使其自由流转，变换主体，并最终获得价值增进。如果私有财产不能自由流通，财产就不可能进入社会以获得价值的最大使用，也不会增进其价值，这样就完全否认了私有财产权的自由价值。所以，当今各国法律在规定私有财产权时，都将保护和促进财产的自由流通放在首位。当然，私有财产的自由价值，并不妨碍国家法律将某些财产列入禁止或限制流通的范围。但是，禁止或限制财产自由流通的情形，必须是法律已经给予了该财产更大的收益，或禁止、限制财产流通会给社会带来更大的收益，否则，对财产禁止或限制流通的规定就是违背财产自由原则的，是违反法的基本精神的。

（四）自治性

自治性，或称私法自治，是现代民法的基本原则之一，乃指权利人可以依据自己的意志自由地形成、变更、消灭法律关系。私法自治是现代市场经济的支柱之一，是商品经济的灵魂。通过权利人的自由意志，他可以获得一个稳定的预期，一种对未来收益的安全感。正是这种安全感和对未来的预期，使得人们努力工作，创造更多的社会财富。同时在私法领域的自治会带动整个社会领域的自治观念的形成，促进民主国家的建设，是社会进步的源泉。而法律对于私有财产权的界定与保护，是私法自治的基础，人们对于自己私有财产自由的处分是私法自治的前提。在一个人们对自己私有财产都无法自由处置的社会，全部的自由都无从谈起，社会的进步也将最终乏善可陈。

当然，私有财产权固然可以体现私有财产的价值，但是如果其自由没有了疆界，则必然引发社会不公，财富极端两极分化，导致社会矛盾的产生，成为社会动荡和不稳定的因素。所以，随着现代社会的发展，法律已经开始对私有财产权的自由设置了诸多限制。这些限制是为了更好地保护公共利益，从而也保障私有财产权的利益实现，与私有财产权的自由价值是不矛盾的。

第三节 正义的保障

一 如何理解"正义"

正义一词，源于拉丁文，一般而言表达了内在和外在两层含义，内在为正直的道德品质，外在为公平合理的社会制度。

西方伦理中对于正义理论的探讨源远流长。古希腊城邦是一种相对独立但规模有限的自治社会，城邦内工商业发达开创了人类社会早期的民主政治的实践。在古希腊城邦民主政治中，公民可以通过会议形式直接参与城邦重大政治制度的制定和讨论，公民有言论自由，可以对社会政治问题发表自己的意见，甚至可以褒贬统治者。正义成为民主政治的基本原则之一。因此，在古希腊的这种经济和政治体制是追求科学、智慧、民主的人文主义精神盛行，也为正义理论的产生与发展注入了现实运用与理论反思的动力。

古希腊哲学家首先将正义界定为一种德行，是四主德——"理智、勇敢、节制、正义"——之一，"其作用在于要求人们在个人生活和日常行动上保持一定的限度，以协调人与人、人与国家、人与社会之间的关系"[①]。西方伦理学的正义理论肇始于柏拉图的《理想国》一书。在书中，柏拉图认为就一个理想的城邦而言，正义是指人们各守本分、合作互

---

① 周辅成编：《西方伦理学名著选辑》（上卷），商务印书馆1987年版，第73页。

助。"然后,他从城邦的正义类比地推出个人的正义,认为那是大与小或外与内的关系。他认为个人的正义也就是'正义的人不许可自己灵魂里的各个部分互相干涉,起别的部分的作用。他应当安排好真正自己的事情,首先达到自己主宰自己,自己内秩序井然,对自己友善。'同时,'在挣钱、照料身体方面',或'在某种政治事务或私人事务方面',保持符合协调、和谐状态的行为,就是正义的好的行为。否则,是不正义的行为。正义的人又聪明又好,不正义的人又笨又坏。正义是心灵的德性,不正义是心灵的邪恶。正义的人生活得好,不不正义的人生活得坏。正义的人是快乐的,不正义的人是痛苦的。"①

亚里士多德在柏拉图正义理论的基础上,以正义作为人的美德之一入手来继续讨论正义理论。亚里士多德认为:"所谓公正,一切人都认为是一种由之而做出公正的事情来的品质,由于这种品质人们行为公正和想要做公正的事情……当一个依照选择并自愿地行为时,而且,当一个人知道他行为的对象、手段和何所为时,他如此的行为乃是公正的。"② 关于政治正义,他指出"这种公正就是为了自足存在而共同生活,只有自由人和比例上或算术上均等的人之间才有公正,对于那些与此不符的人,他们相互之间并没有政治上的公正,而是某种类似的公正……政治的公正是以法律为依据而存在的,是在自然守法的人们之中,这对于治理与被治理都是同等的",而且"以公共利益为依归"。③ 亚里士多德在区分公正和不公正时指出,"公正处于做不公正的事情和受不公正的待遇之间。一方面是所有的过多,另一方面是所有的过少,公正则是一种中庸之道。而不公正则是两个极端……公正还是一个公正的人在公正地选择中所遵循的一种行为原则。在分配中,不论是在自己与他人之间,还是他人与他人中间,都不是把有益的东西给自己多,而给同伴的少,对有害的东西则相反,而是按照比例平均分配,在他人与他人之间也不两样"④。另外,关于公平与公正的关系,亚里士多德指出:"公平是种优于公正的公平,虽然它优于公正,但并不是另一个不同的种,公平和公正实际上是一回事情,虽然公

---

① 周辅成编:《西方伦理学名著选辑》(上卷),第88页。
② [古希腊]亚里士多德:《尼各马科伦理学》,苗力田译,中国人民大学出版社2003年版,第92页。
③ [古希腊]亚里士多德:《尼各马科伦理学》,苗力田译,第105—106页。
④ [古希腊]亚里士多德:《尼各马科伦理学》,苗力田译,第104页。

平更有力些，但两者都是好事情。问题的困难在于，公平虽然就是公正，但并不是法律上的公正，而是对法律的纠正……纠正法律普遍性所带来的缺点，正是公平的本性。"[1] 亚里士多德首次提出公正政治学研究的核心。为了实现城邦的公正，他主张由中产阶级掌握政权，因为中产阶级是最能实现中道的阶级。亚里士多德还很重视正义对法律的意义。他认为法律是以公正的性质来维护城邦全体成员的利益和统治者的利益，国家政治权力应以法律为依据，这是维护社会公正的要求。亚里士多德的正义理论包含非常广泛，他的观点奠定了西方政治学的基本价值取向基础，开创了西方社会几千年正义思想经久不衰的源头。更为重要的是，亚里士多德在其正义理论中将自然的正义、个人的正义以及国家的正义三种范畴进行了区分，并开始将正义作为知识对象来进行更进一步的实证研究。

古罗马学者认为法律是维护社会公正的最有效且最广泛的手段，所以法律的健全与完善成为古罗马时期正义思想的主要内容。古罗马正义思想的代表是西塞罗的正义理论。西塞罗的正义理论是以古希腊斯多葛学派的理论为基础的。"自然"是斯多葛学派哲学思想的核心概念。斯多葛学派首次提出了人服从理性的命令并按照自然法则安排生活即为正义的"自然正义"的理念。西塞罗在斯多葛派观点的基础上发展了自己的自然正义理论。他认为正义是自然界所固有的，而且是人类集体福利的必要条件，理性将给予每个人以应得的东西，此即正义。

西塞罗之后正义成了自然法的基本原则。就如乌尔比安认为正义是使每个人获得其应得的东西的永久不变的理性。与古罗马法学家的理论相呼应，古罗马法体现出一种对正义强烈维护的倾向，尤其在保障公民的自由和财产权利上，这在很大程度上促进了古罗马奴隶制商品经济的繁荣。

欧洲进入中世纪后，西方伦理学开始试图脱离古希腊美德伦理学而向规范伦理学发展，但是对于正义理论的讨论并没有太多地脱离古希腊和古罗马学者讨论的范畴，一直到近代都是如此。"托马斯·阿奎那把正义描述为'一种习惯，依据这种习惯，一个人以一种永恒不变的意志使每个人获得其应得的东西'。他还明确指出正义不仅含有某种精神上的先入为主倾向而且还预设了一种行为模式而对查士丁尼《民法大全》中的正义

---

[1] ［古希腊］亚里士多德：《尼各马科伦理学》，苗力田译，第114—115页。

定义做了改进。"①

文艺复兴以后，伴随着资本主义生产方式的发展，西方思想家们开始从自由、效率等角度出发论证资本主义制度的道德合理性。正义由之前的强调人的责任转向强调人的权利。正义的核心价值在于对自由、平等原则的确立与维系，尤其是对私有财产权的保障。霍布斯设计了一种侧重于安全的方法解决政治正义和社会正义问题的一个范例。边沁"也以同样的方法将安全宣称为通过法律的社会控制的'主要而且的确是首要的目的'，而自由和平等在他的思想方案中则被分配到一个从属的地位。他认为，法律控制应将其注意力特别集中在人身的保护与财产权的不可侵犯等问题上"②。"康德从自由是属于每个人的唯一原始的和自然的权利这一前提出发，将正义定义为'一些条件之总和，在那些条件下，一个人的意志能够按照普遍的自由法则同另一个人的意志结合起来'。同时他还将自由作为评价一个法律制度价值和正当性的标准。"③

近代正义理论中需要特别介绍的是马克思的正义观。马克思在对古典自然法正义思想批判继承的基础上创立了自己的正义思想，马克思主义的正义理论是在对近代资产阶级正义观批判基础上建构的包括价值正义、制度正义和人的自由全面发展的"三位一体"的科学体系。马克思、恩格斯是通过对资本主义剥削制度的批判来建构自己的正义理论的。在马克思看来，资本主义生产资料私有制使得以雇佣劳动为前提的资本得到无限的增殖，财富在私人手里积累，贫富差距不断加大，这是资本主义社会剥削与压迫等不公平现象的根源。只有在高度发达的生产力基础上消灭资本主义私有制，从而消灭一切不正义的社会根源，才能实现真正意义上的社会正义，并最终实现全人类的彻底解放。

马克思、恩格斯对他们之前的正义观念进行了深刻的批判。首先，马克思之前的理论家们普遍认为，正义具有超越社会和历史的永恒价值。马克思主义认为，正义不是永恒不变的所谓自然法则的。正义赖以存在的主客观条件是生产力发展水平及生产力发展水平制约下的历史现实，以前的

---

① ［美］E. 博登海默：《法理学：法哲学及其方法》，邓正来译，第278页。
② ［美］E. 博登海默：《法理学：法哲学及其方法》，邓正来译，第267页。
③ ［美］E. 博登海默：《法理学：法哲学及其方法》，邓正来译，第265页。

思想家之所以会把正义作为一种永恒的价值，是因为他们不了解社会存在对社会意识的决定性作用，得到的只是一个抽象的理念。正义观作为一种社会意识，是从属于经济基础的，正义概念变化与进步的真正原因是社会生产方式的进步。其次，马克思之前的思想家并没有去考察当时的社会制度正义与否，仅仅停留在社会现象的表象层面去批判人们的道德水平。马克思主义是通过对资本主义生产关系的批判来实现对既有正义观念的批判的。马克思认为根据经济基础决定上层建筑的规律，作为上层建筑的正义观念的实现程度是由经济基础决定的。马克思主义的正义观念超越之前其他思想家之处，就在于他并不停留在抽象层面的概念分析中。他从现实的人和社会关系出发，在物质生产实践中探寻正义理论的根基，从而深刻地批判了正义永恒的理念，并彻底颠覆了西方正义观理论的形而上学基础。最后，马克思认为，正义的内容体现了经济交往中内在的利益关系。平等的经济关系，必然有与之相适应的平等的政治权力，任何形式的等级制和专制都是非正义的。私有制必然带来严重的社会分化，这一分化在政治上也必然表现出明显的不正义。正义的实质应当是一种超越政治和法律而深入社会及经济诸领域的现实的平等权利。

马克思对正义的探寻具有高度的理论和实践价值。第一，马克思所主张的正义并非"形式正义"，而是"实质正义"。他以历史唯物主义为基本方法论来考察社会历史发展的轨迹与规律，强调没有阶级压迫与剥削的制度，才是真正的社会正义。资本主义私有制会被更加正义的共产主义制度替代。第二，马克思认为正义的终极目标是实现人的全面而自由的发展，真正的正义只有在全人类的自由和解放中才能获得实现。这是马克思主义正义观的"终极关怀"。

美国当代伦理学家约翰·罗尔斯的正义论是 20 世纪最著名的正义理论。在近现代的西方思想家那里，"正义"的概念已经越来越多地被专门用于评价社会制度的一种道德标准，被看作是社会制度的首要价值。罗尔斯则更明确的规定，在他的正义理论中，正义的对象是社会的基本机构——即用来分配公民的基本权利和义务、划分由社会合作产生的利益和负担的主要制度。他认为：人们的不同生活前景受到政治体制和一般的经济社会条件的限制和影响，也受到人们出生伊始所具有的不平等的社会地位和自然禀赋的深刻而持久的影响，然而这种不平等却是个人无法自我选择的。因此，这些最初的不平等就成为正义原则的最初应用对象。换言之，正义原则要通过调节主要的社会制度，来从全社会的角度处理这种出发点方面的不平等，尽量排除社会历史和自然方面的偶然任意因素对人们生活前景的影响。"①

罗尔斯将正义的起点建立在一种假设的"原初状态"上。"我说过，原初状态是最恰当的最初状态，这种状态保证在其中达到的基本契约是公平的。这个事实引出了'作为公平的正义'这一名称。那么显然，如果理性的人在这种最初状态中选出某种正义观的原则来扮演正义的角色，这种正义观就比另一种正义观更合理，或者说可以证明它是正义的……我所说的原初状态的概念，是一种用于正义论目的的。有关这种最初选择状态的最可取的哲学解释。"②

罗尔斯同时为他的正义论设定了两个假设前提。其一是"正义的环境"。"正义的环境可以被描述为这样一种正常条件：在那里，人类的合作是可能和必需的。这样，像我一开始就注意的，虽然一个社会是一种为了相互利益的合作冒险，它却同时具有利益冲突和利益一致的角色。由于社会合作使所有人都能过一种比他们各自努力、单独生存所能过的生活更好的生活，就存在一种利益的一致；又由于人们谁也不会对怎么分配他们的合作所产生的较大利益无动于衷（因为追求他们的目的，每个人都想要较大而非较小的份额），这样就又存在一种利益的冲突。如此就需要有一些原则来指导人们在决定利益划分的各种不同的社会安排中进行选择，来签署一份有关恰当的分配份额的协议。这些要求表明了正义的作用。正义的环境就是产生这些必要性的背景条件。"③ 其二是"无知之幕"。"原初状态的观念旨在建立一种公平的程序，以使任何被一致同意的原则都将是正义的……我们必须以某种方法排除使人们陷入争论的各种偶然因素的影响，引导人们利用社会和自然环境以适于他们自己的利益。因而为达此目的，我假定各方是处在一种无知之幕的背后。他们不知道各种选择对象将如何影响他们自己的特殊情况，他们不得不仅仅在一般考虑的基础上对原则进行评价……首先，没有人知道他在社会中的地位，他的阶级出身，他也不知道他的天生资质和自然能力的程度，不知道他的理智和力量等情

---

① ［美］约翰·罗尔斯：《正义论》，何怀宏、何包钢、廖申白译，译者前言第5—6页。
② ［美］约翰·罗尔斯：《正义论》，何怀宏、何包钢、廖申白译，第17页。
③ ［美］约翰·罗尔斯：《正义论》，何怀宏、何包钢、廖申白译，第126页。

形。其次，也没有人知道他的善的观念，他的合理生活计划的特殊性，甚至不知道他的心理特征：像讨厌冒险、乐观或悲观的气质。再次，我假定各方不知道这一社会的经济和政治状况，或者它能达到的文明和文化水平。""因此，各方有可能知道的惟一特殊事实，就是他们的社会在受着正义环境的制约及其所具有的任何含义。"①

罗尔斯提出的"正义的环境"和"无知之幕"这两个假设前提，为他的正义理论奠定了几个基础性的原则：原初状态中人们地位平等，且有合作互助的需要；人们订立契约以实现正义；任何人都不会因偶然机遇而待遇不同。"由于这几个原则的存在，所有人的处境相似，没有人能够设计有利于其特殊情况的原则，正义原则必然是公平协议或契约的结果。由此形成的正义必是公平的正义。"②

在假定"原初状态"和两个前提后，罗尔斯指出，公平的正义是处在原初状态中的人们的必然选择。"我的目的是要提出一种正义观，这种正义观进一步概括人们所熟悉的社会契约理论（比方说：在洛克、卢梭、康德那里发现的契约论），使之上升到一个更高的抽象水平。为做到这一点，我们并不把原初契约设想为一种要进入一种特殊社会或建立一种特殊政体的契约。毋宁说我们要把握这样一条指导线索：适用于社会基本结构的正义原则正是原初契约的目标。这些原则是那些想促进他们自己的利益的自由和有理性的人们将在一种平等的最初状态中接受的，以此来确定他们联合的基本条件。这些原则将调节所有进一步的契约，指定各种可行的社会合作和政府形式。这种看待正义原则的方式我将称之为作为公平的正义。"③

罗尔斯认为，如何实现正义原则与社会基本制度安排相结合是社会制度安排的首要目标。为此，罗尔斯提出了两个原则。第一个是平等原则，即"每个人对与其他人所拥有的最广泛的基本自由体系相容的类似自由体系都应有一种平等权利"④。诸如"政治上的自由（选举和被选举担任公职的权利）及言论和集会自由；良心的自由和思想的自由；个人的自

---

① ［美］约翰·罗尔斯：《正义论》，何怀宏、何包钢、廖申白译，第136—137页。
② 彭诚信：《主体性与私权制度研究——以财产、契约的历史考察为基础》，第137页。
③ ［美］约翰·罗尔斯：《正义论》，何怀宏、何包钢、廖申白译，第11页。
④ ［美］约翰·罗尔斯：《正义论》，何怀宏、何包钢、廖申白译，第60—61页。

由和保障个人财产的权利;依法不受任意逮捕和剥夺财产的自由"①。第二个是差别原则,即"社会的和经济的不平等应这样安排,使它们①被合理地期望适用于每一个人的利益;并且②依系于地位和职务向所有人开放"。"第二个原则大致适用于收入和财富的分配,以及对那些利用权力、责任方面的不相等或权力链条上的差距的组织机构的设计。虽然财富和收入的分配无法做到平等,但它必须合乎每个人的利益,同时,权力地位和领导性职务也必须是所有人都能进入的。人们通过坚持地位开放而运用第二个原则,同时又在这一条件的约束下,来安排社会的与经济的不平等,以便使每个人都获益。"② 此外,罗尔斯又进而将"差别原则"分为两个子原则,第一个子原则是"最少受惠者"原则,即收入和财富的分配必须是对"最少受惠者"最有利;第二个子原则是平等机会原则,即权力的分配可以不平等,但掌握权力的地位和职务应该是对每个人开放,让具备同等条件的人都有相同机会担任此类职务。③

罗尔斯认为平等原则优于差别原则,"第一个原则优先于第二个原则。这一次序意味着:对每一个原则所要求的平等自由制度的违反不可能因较大的社会经济利益而得到辩护或补偿。财富和收入的分配及权力的等级制,必须同时符合平等公民的自由和机会的自由"④。"第一个优先规则(自由的优先性)。两个正义原则应以词典式次序排列,因此,自由只能为了自由的缘故而被限制。这有两种情况:①一种不够广泛的自由必须加强由所有人分享的完整自由体系;②一种不够平等的自由必须可以为那些拥有较少自由的公民所接受。第二个优先原则(正义对效率和福利的优先)。第二个正义原则以一种词典式次序优先于效率原则和最大限度追求利益总额的原则;公平的机会优先于差别原则。这有两种情况:①一种机会的不平等必须扩展那些机会较少者的机会;②一种过高的储存率必须最终减轻承受这一重负的人们的负担。"⑤ 罗尔斯最后总结,所谓正义的社会,是在这个社会里"所有社会价值——自由和机会、收入和财富、自尊的基础——都要平等地分配,除非对其中的一种价值或所有价值的一种

---

① [美] 约翰·罗尔斯:《正义论》,何怀宏、何包钢、廖申白译,第61页。
② [美] 约翰·罗尔斯:《正义论》,何怀宏、何包钢、廖申白译,第61页。
③ 参见 [美] 约翰·罗尔斯《正义论》,何怀宏、何包钢、廖申白译,第302—303页。
④ [美] 约翰·罗尔斯:《正义论》,何怀宏、何包钢、廖申白译,第62页。
⑤ [美] 约翰·罗尔斯:《正义论》,何怀宏、何包钢、廖申白译,第302—303页。

不平等分配合乎每一个人的利益"①。

在论述了人们在"原初状态"下选定的正义原则后,罗尔斯通过对正义在社会制度逐步展现的四个阶段的描述,进一步论述了社会基本制度如何体现正义原则的理论。第一个阶段是"原初状态"本身,在这一阶段中,人们选定了正义的两个原则。第二个阶段是召开议会,制定宪法的阶段。议会代表将根据正义原则制定体现社会正义的宪法。于此阶段中,"无知之幕"已部分消失,人们已经知道自己属于什么社会,但仍不知道自己的地位。第三个阶段是立法。这一阶段的主要任务是制定符合正义原则和宪法规定的法律与政策。第四个阶段是行政官员或法官将业已制定的符合正义的规范适用于具体事务或具体案件,从而公民也会普遍遵守这些正义性的规则。至此,"无知之幕"完全消失。

之后,罗尔斯提出了他的法治概念(即形式正义)。在他看来,形式正义和实质正义并行不悖。由于正义的前提是平等,因此法律和制度应平等地适用于每一个人,这是形式正义的内在要求。不过,平等地执行法律和制度却不一定能够实现实质正义。实质正义取决于社会基础制度所依据的原则。但形式正义可以排除有些明显的不正义。

罗尔斯的正义理论不像之前的大多数正义理论只强调个人正义,而是着重分析如何实现社会制度的争议,这使得他的理论具有了极高的学术和现实意义。但是,罗尔斯的正义理论也存在根本的缺陷。他所创立的正义观仍然是一种超阶级的抽象正义观,是一种唯心史观。英国法哲学家哈里斯在评述罗尔斯的正义论时,曾经设想了一个富人与穷人之间的对话。

> 穷人:"你有钱喝香槟酒,我只能喝啤酒。这个社会怎么能合乎正义呢?"
>
> 富人:"我拿的薪水比你高,因为我比你聪明,所以对社会贡献也大。再有,我的父亲也比你的父亲聪明,他存了钱留给我。当然,你缺乏才干并不是你的过错,但你也不应抱怨说,我的贡献大报酬多是不公正的。"
>
> 穷人:"你的才干大也不是你的过错,也不是一个出身的偶然事件。如果我们都已尽力工作,为什么我们不应拿同样的薪水呢?"

---

① [美] 约翰·罗尔斯:《正义论》,何怀宏、何包钢、廖申白译,第62页。

富人:"根据这种理论,为什么我们工作或不工作,就不应拿同样的薪水?因为为了刺激人们工作而必须支付薪水,那么对那些刚好有才干的、需要长期训练的人是否应给予额外的刺激?如果不这样的话,为了支付老年补助等费用所需的生产就会减少,如果我的财产分出去的话,工商业就会崩溃,你的生活就会比现在更坏,这值得吗?如果仅仅为了满足于知道我并不比你生活得好?"

从这个对话中,我们可以看出来,在资本主义社会中,穷人与富人(或者说无产阶级和资产阶级)对正义的看法是完全相反和对立的。①

所以,在阶级社会中也不可能存在罗尔斯认为的那种抽象的、超阶级的正义观。事实上,正义观是一种社会意识形态,其内容必然是由一定的社会经济基础所决定的。任何一种理论、法律或制度是否合乎正义,最终是要看它是否符合社会生产力发展的方向。

此外,罗尔斯提出的选定正义原则的"原初状态"也和自然法学家一致推崇的"自然状态"有所区别。自然法学家所设想的"自然状态"是人类建立国家以前的状态,而罗尔斯的"原初状态"其实是资本主义特别是美国资本主义以前的社会,人们在这个"原初状态"中选定的正义原则显然是资本主义生产方式和制度。罗尔斯所提出的正义原则,其实质也是资本主义的改良原则。即在维护资本主义基本制度、维护资本主义私有制和代议制民主政体的前提下进行的某些改良,包括政治上扩大民主权利,在经济上增加社会福利。所以罗尔斯才特别强调人们在财富和权力分配方面是不平等的,但在财富的分配上应符合"最少受惠者利益"原则,在权力的分配上也应使有同样条件的人拥有同样的机会。但是,在这里罗尔斯仍然忽视了一个根本的事实:资本主义制度绝不是在什么"原初状态"或"无知之幕"后出现的,它是因为符合当时历史条件下的社会生产力发展方向而出现的。当其不符合社会生产力发展方向的时候,也会被新的更符合生产力发展方向的生产方式替代。

---

① 时显群:《西方法理学研究》,第309页。

二 私有财产权是社会正义的保障

私有财产权与正义休戚相关，是社会正义的基础与保障。人类伦理道德产生的原因是因为群居生活的人们必须有一套规则来规范与调节人们之间的关系和行为，这套规范最初可能表现为一种本能，但是由于人类是有理性的动物，人们会不断地反思自己的行为，本能性的规范也就渐渐演变为一种理性的自觉，演变为一种思想和意识，道德也就随即产生了。所以道德产生的社会条件主要表现为人类的社会交往活动，表现为人们之间的社会互动。在人类的社会交往活动中，人类的生产活动是最主要的活动。人类的生产活动又可以分为两个方面：一是人类自身的生产，是维系族类存在的繁衍活动；另一个就是物质资料的生产活动，它是生存与发展的前提。与前一类生产相关，产生了有关家庭、婚姻、亲情的伦理关系；与后一类生产相关，产生了诸如自由、平等、正义的社会价值观。这两类生产活动在人类社会早期是交织在一起的，因为族类生产和物质生产的基本单位都是家庭。所以，人类的产生活动和经济交往是人类道德起源的核心基础之一。私有财产作为维系人类生产的基本要素，也是人类用来维护和肯定自身的正当、合理的手段，是和人类的伦理道德不可分割地联系在一起的。道德从根本上来说是为了维护人们之间一定的财产权利关系的。

作为一种生命形式，维护自身的存在与发展是人性最核心的本质要义之一。也就是说，人首先应当以自身为目的。因此只要诉诸生命的本质，私有财产及私有财产权的正当性无需翔实的历史考察或者复杂的逻辑论证，就能够自然显现。占有、处分自己的财产，表面看是财产主体面对外部对象的外在实践过程，但实质上是其作为人而成为人的内在实践过程。没有能力获取并持有私有财产是不能称为"人"的，个人的正义正是以私有财产权为前提的。

同理，私有财产权也是社会或国家制度正义的基石。在西方思想史中，有两个理论看似是反对私有财产权的。一是柏拉图在《理想国》中提出的反对财产私有，倡导共产的思想。但是柏拉图提出这个理论的前提是，他认为除了哲学家以外其他人都不具备引导和合理安排自己生活的能力，然而他并没有反对哲学家拥有私有财产；另一个应当是马克思和恩格斯基于资本主义社会基本矛盾提出的反对私有制的理论。但是马克思和恩格斯所反对的只是由少数资产者组成的资产阶级对占社会财产绝大多数的资本的私有以及对无产阶级的剥削，但他们并不否定对个人拥有的合法的私有财产进行保护。马克思和恩格斯同时也指出，从个人拥有私有财产到生产资料向少数人集中，根本上来说是非正义的。但是从阶级社会的发展规律来看，这种制度在特定的历史时期又具有一定的合理性。

所以私有财产权本身就蕴含着正义的道德因子，或者说它与生俱来就有正义的自我道德辩护的本质。在原始社会的时候，人们之间还没有形成一个完整的财产观念，没有形成"这是你的，这是我的；你的就属于你，我的就属于我"的清晰的财产权利观念，那时人们之间的道德情感也是模糊和不自觉的。随着社会生产力的发展和家庭私有经济的出现，拥有一定的私有财产权对维护人们的生存发展的意义也日益凸显，人们也从自发到自觉地形成了对尊重他人私有财产权的行为规范的要求。人类经过对各种权益无数次的博弈之后，产生了一种对财产权利的道德自觉意识，相关主体才可以避免"零和博弈"的结局。一个正义的财产权利安排对于社会道德具有影响和制约作用。如私有财产权的一个基本属性之一就是权利的排他性，这一属性包括对私有财产权的占有、使用、处分、收益的权能的独立自主的原则，它内在地要求权利和义务主体有相当层次的道德水平与其相适应。再有，现代商品经济制度是建立在商品自由交换的基础之上的，而自由交换的前提是所有权界限的明晰及交换主体具有起码的道德精神，否则这种交换的结果只能是损人而最终不利己。因此，要保证私有财产权的完整就必须有一个与之相适应的正义的财产权利道德观念。正如罗尔斯所说的："正义是社会制度的首要价值，正像真理是思想体系的首要价值一样。"① 不夸张地说，作为一种基本社会制度安排，私有财产权制度首要或最根本的道德正当性即正义。"我们可以把正义界定为私有财产权的一种根本的价值向度，是任何私有财产权确立的内在依据，是衡量一种私有财产权制度合理性的根本标准，是对私有财产权制度伦理特质的总体规定。"②

三 符合正义要求的物权制度应当具有的特征和基本内容

对于当代中国而言，符合正义要求的现代物权制度安排应当具有以下

---

① ［美］约翰·罗尔斯：《正义论》，何怀宏、何包钢、廖申白译，第3页。
② 罗能生：《产权的伦理维度》，第96页。

基本特征。第一，社会性的物权。物权应当是社会成员人人都可以享有的权利，而不是个别人的特权。同时，现代物权也应当是一种开放的权利，而不是孤立和封闭的权利，它应当处在最广泛的社会联系和交往中，以社会化的方式实现其价值。第二，自主的物权。自主性是指物权主体可以排他性地支配自己合法拥有的财产。在法律和道德允许的框架范围内，不受其他任何主体的干扰与侵害，依自己的意志行使权利和承担义务。第三，明晰的物权。相关权利主体的责权利被明确界定，这是资源合理有效配置的前提。第四，可流动的物权。这一特性是市场经济对物权的必然要求。以正义理论为指导的物权制度应当包括以下具体内容。

（一）主体平等

一个正义的物权制度，首先体现的就是权利主体的平等性，也就是应当赋予社会中每一个成员以平等地获取和使用财产的权利，并且每个主体在财产权利和义务上也是对等的。

这一个原则首要的就是表现在，社会共同体内的每个成员在获取财产上拥有平等的权利，不能使拥有财产的权利在等级或出身不同的人群之间存在差异。反观人类历史，在人类经过的最初三个社会形态中，除了原始社会由于生产力的低下，而形成了在一定范围内的原始财产共有制。在奴隶社会和封建社会中，人们的财产权利因身份等级差异而极为不平等。文艺复兴及思想启蒙之后，随着资本主义生产方式的发展，人们不仅自己追求平等地获取和拥有财产的自由，还要求国家立法对财产权利的平等性予以确认和保护。然而，资本主义生产关系是建立在私有制基础上的，它是基于对人性自利的前提假设，它所固有的矛盾，即生产资料建立在私有制基础上的雇佣劳动与社会化大生产之间的矛盾，必然导致两极分化严重。只有在公有制基础之上，才能真正实现人人皆有的平等的财产权利。这是在生产关系层面对物权平等性的描述，在同一生产关系下，对于同一物权，我们还应当注重它的开放性。即这一权利应当尽量向社会全体成员开放，排除身份特权和市场垄断，除了维护公共利益的需要，不能人为地设置障碍。消灭私有制，不能等同于消除一切私有财产及私有财产权利。

主体平等的第二个原则是主体的权利义务应当对等。权利与义务是相互依存、相互制约的。权利是利益的获得，而义务相对的就是一种成本的付出。一个正义的物权制度，所有主体自身权利义务的对等，也是实现全部主体平等的重要条件。人类历史长河中，很长一段时间里剥削阶级或特权阶层不劳而获，拥有大量财产却很少承担义务。广大劳动人民付出巨大的劳动，与他们的财产获得却极不相称。这种物权制度是不正义的，也是阻碍社会生产力发展的。所以在今天我们必须强调权利义务的对等，对因财产而权利扩张的限制本身就意味着一种社会正义。

（二）获取正当

"产权的正义性首先应来自于其获得的正当性。只有通过正当途径以正当方式获得的财产，才拥有正当的所有权。"[①] 从古罗马法到资本主义民法时代，西方学者都在宣扬"私有财产神圣不可侵犯"的原则，却忽略对财产的获得或来源正当性的价值判断，从而使得通过掠夺或欺骗获得的财产也能够成为"神圣而正义"的财产，导致判断财产权利是否正义的根本价值尺度出现偏差，产生了只问结果不问过程的诉求与弘扬正义的精神之间的二律背反。因此，在当代中国，要赋予物权以正义性，除了给予社会成员平等地获取财产的权利以外，还必须明确物权获得的正当性。这与儒家传统道德倡导的"以义生利""义然后取"的原则也是相通的。

正当地获取物权，就必须在市场经济环境中把握好义利关系。义利关系在我国传统文化中，一般指道德追求与利益获取以及个人利益与集体利益乃至社会利益之间的关系，即我们常说的公利与私利的矛盾。儒家传统伦理道德观强调以义为上、以义制利。儒家学说也并不否认物质利益的重要性，但强调"见利思义""义然后取"。如若违背道义而追逐私利，"不义而富且贵"，这是为传统义利观所不容的。我们今天所处的社会与古人的生存环境已有根本的不同。在"经济建设为中心"的原则指引下，利益成了经济活动的重要目标。过于忽视个人利益被实践证明是阻碍社会发展的。不过即便如此，传统义利观中的积极因素和合理成分，仍具有重要的指导意义。在价值观上，应当使人们在满足自身物质需求外，还应该追求更高尚的道德境界与人格尊严；在法律观上，不仅要依法行使自己的权利，也要依法履行自己的法律义务。在实现法定权利的同时，也不能滥用权利去损害他人的合法权益。

（三）严格保护

如果平等的主体通过合法、正当的手段获得的物权，得不到国家和法律的强有力的保护，处于随时都能被他人随意侵害和剥夺的境地的话，这

[①] 罗能生：《产权的伦理维度》，第97页。

种所谓平等、正当的物权只能算是形式上的，对维系人类的基本生存和促进社会发展没有任何实际意义。

从人类社会发展的历史来看，当财产权利不能够明确界定的时候，外部不经济大量存在，搭便车现象普遍存在，社会经济运行的成本极高。为了维护自身权利和使市场交易顺利进行，人们经过多次博弈才发现责权利明晰的私有财产权制度能够极大地起到激励和约束的作用，所以人类社会开始出现界定明确的物权制度安排。为了配合和维护这样的制度安排，人类从走出蒙昧后即形成了"你的归你，我的归我"的道德观念，并最终由国家以立法形式对这些道德观念予以确认和严格保护。对私有财产权的严格保护，能够避免弱肉强食、纷乱无序的社会局面出现，是社会安定并有序运行的前提基础。

（四）自主处分

在现代社会，要实现社会资源的最优配置和个人福利的最大化，财产必须有进入市场进行流通的自由，即财产权利人在法律允许的框架下有自由处分财产的权利。黑格尔认为"财产是自由意志的定在"。马克思也指出人作为社会实践的主体，人的实践活动的成败得失取决于人的主体性及其发挥，自由是人作为实践主体在对客体的作用过程中所表现出来的自主性、自为性和能动性的统一，是人的主体性的本质。财产权利作为人的一种内在权利，对财产的自主处分也应当符合一个正义的物权制度的内在道德要求。

财产的处分包括物权的使用、流转以及交易等一系列活动。那么，在当代中国如何能够实现财产的自主处分呢？这需要制度作出正义的安排。首先，对于财产的处分必须出于权利人的真实、自主的意思表示。古典经济学的一个理论假设前提是，只有财产权利主体才真正知道自己需要什么。亚当·斯密主张，每个人都有权采用合法的方法参与竞争并追求自己的利益。在中华人民共和国成立之后很长一段时期所实行的计划经济体制，财产是不能由权利主体自主支配的，工农业产品也是不能自由地到市场上进行交易的，一切都要由行政部门统购统销。这种对于财产处分的完全干预违背了市场运行的规律，已经被证明是效率极其低下的。因此，在现代经济环境中，财产的使用、流转和交易过程应当完全出于权利主体自己的意愿，只要在法律框架之下，国家、政府以及相关组织就无权对之设置人为的障碍。其次，财产处分的自主性还要体现在权利主体对自己自主使用或交易财产中的责任自觉承担，这是权利义务对等原则的体现。在市场交易过程中，财产权利主体应当自觉承担处分财产而产生的后果负责，不能允许权利主体把成本外化，这也是一个正义的物权制度应有的一种道德规范。质言之，财产权利主体既然能自主地进行财产处分，那么这种处分行为就必须是出自他的自由意志的行为，作为道德要求，他也就必须承担起财产处分的责任，起码要对财产的合理使用和对社会无害负责。

第四节　促进效率的实现

一　功利主义伦理理论源头

19世纪是自由资本主义大发展时期，19世纪30年代第一次工业革命基本完成，以功利主义为伦理基础，体现工业资产阶级利益需求的自由主义政治法律思想开始大行其道。这种理论通过自由放任、自由竞争、自由贸易、私权扩张等政策措施进行利润追逐，同时通过议会改革、扩大选举在法律上保障这些政策的实施。功利主义思想由边沁奠基，密尔发展，并在20世纪波斯纳法律经济学对法律的效率分析中达到顶峰。

杰里尔·边沁是功利主义伦理学和实证分析法学的鼻祖与奠基人。他生活在18—19世纪英国由农业社会向工业社会的转型时期，作为当时英国资产阶级的代言人，他反对当时在西方法哲学领域占统治地位的古典自然法理论。在他看来，人都是受功利支配的，"趋乐避苦"乃人之本性。由此从人性角度出发，凡能增加快乐减轻痛苦，在道德上即为善，在法律上就可以设定为权利。个人有权追求自身最大的幸福，社会或政府应当追求最大多数人的最大幸福，此为功利主义的最高价值所在。边沁认为，人们正是根据功利来决定赞成还是反对某种行为。社会利益是"组成社会的各个成员的利益之和"，社会利益不能阻碍个人利益实现，政府的职责在于增进社会福利，"最大多数人的最大幸福"是判断政府法律或政策是否正当的道德标准。

边沁不承认自然权利，他认为法律的制定与形成都是人们有意识的活动，立法应当遵循功利的原则，衡量一个法律的好坏，不是以一部分人的利益为准，而应以整个社会的利益为准，即"最大多数人的最大幸福"。边沁特别强调，立法者在制定法律并给人们分配权利义务时，必须确保增进社会幸福，努力达到保存生命、达到幸福、促进平等、维护安全的目标。立法的一个基本目的就是保护私有财产权。他认为,"一国富裕的唯一办法便是维护私有财产权的神圣尊严,社会应当鼓励私人的创造努力和进取心"①。

二 最大限度促进效率实现是私有财产权道德正当性基础之一

资本主义社会化大生产是追求效率的生产方式,效率也是功利主义伦理原则"最大多数人的最大幸福"中"幸福"之一种。从功利主义原则出发,效率成了衡量私有财产权道德正当性的基本标准之一。

（一）西方产权经济学的产权效率理论

19世纪末20世纪初,随着西方社会股份公司的大量涌现,传统的微观经济学和福利经济学已经无法解决资本主义生产领域出现的一系列新问题,产权经济学随之应运而生,并很快成为一个比较成熟的经济学流派。西方学者对产权的概念理解不一,波斯纳在《法理学问题》一书中以"具有普遍性（Universality）、独占性（Exclusivity）、可转让性（Transferability）"②来定义产权。阿尔奇安则认为,"产权是人们资产的排他性资格和维护资产有效运作的制度安排,产权一方面是国家所强制实施的对某种经济物品的各种用途进行选择的权利,另一方面是市场竞争机制的本质,他认为正是市场竞争机制才形成动态的产权,因此亦可定义为市场竞争机制,即产权不仅是国家强制的法权,也是市场经济运行中的固有权利"③。科斯和阿尔钦在《财产权利与制度变迁》一书中提出"产权是一个社会所强制实施的选择一种经济品的使用的权利"④,他们还进一步指出,产权是"授予特定的个人以某种权威的方式,利用这种权威可从不被禁止的使用方式中,选择任意一种对待物品的使用方式。"⑤"菲吕博腾和配杰威齐在综述产权理论文献时指出,产权这一概念指的是因物的存在而产生的,与这些物的利用相联系的,人们之间一组被认可的行为性关系。他们指出,所谓行为性关系,也就是说产权规定了人们的行为规范,

---

① [美] E. 博登海默:《法理学:法哲学及其方法》,邓正来译,第110—111页。
② [美] 波斯纳:《法理学问题》,苏力译,中国政法大学出版社1994年版,第98页。
③ 胡戎恩:《走向财富——私有财产权的价值与立法》,法律出版社2006年版,第7页。
④ [美] R. 科斯、A. 阿尔钦、D. 诺斯等:《财产权利与制度变迁——产权学派与新制度学派译文集》,刘守英等译,上海三联书店、上海人民出版社1994年版,第10页。
⑤ [美] R. 科斯、A. 阿尔钦、D. 诺斯等:《财产权利与制度变迁——产权学派与新制度学派译文集》,刘守英等译,第11页。

人们之间在发生联系时必须遵守这些规范，不遵守者要负担由此产生的成本。"①

严格地说来，产权与私有财产权在适用的主要领域和侧重点不同，两者所表达的实质内涵也不同。产权这一概念重在对财产作经济学意义上的规范，强调通过界定财产的利益界限来优化资源配置、降低交易成本、提高经济效率。私有财产权是产权的基础，产权是私有财产权派生出来的，它们的主要区别在于私有财产权是一元的，即财产只能归属对象是单一的。而产权是多元的，它反映了不同经济主体在不同的交易中或同一交易的不同过程中，对财产的权利范围是多方面的。

"不确定性"和"外部性"是产权经济学的两大理论基石。产权界限不明会导致交易双方分配的不确定，从而导致一方侵害另一方的利益，这就是"不确定性"。当存在两个或更多的所有者的情况下，不确定性会带来"公共产品"，即各方权利都及，但是又都不能及的状态。"公共产品"的存在会导致"外部性"，即本应由这个所有者得到的利益被他人无偿占有，或者应当由其承担的损失，却被他们转嫁他人。因为"不确定性"和"外部性"的存在，人们发现通过法律对所有权的明确，实现将经济交往中所有者之间的权责利关系一并明确的目标，经常是无法实现的。产权的主要功能就是引导人们在更大程度上将外部性内在化，从而促进社会效率的最大化

意大利经济学家帕累托在其1906年出版的著作《政治经济学》教程中提出了"帕累托最优"的概念。即假设人群数量及可分配的资源数量都是固定的，一种分配状态过渡到另一种分配状态，在没有使任何人受损的前提下，可以实现至少一个人境况变得更好。则这种资源配置状态即为最优的，也是最有效率的。20世纪六七十年代，美国经济学家诺斯结合帕累托最优理论，提出了制度效率理论。诺斯提出，生产参与者的最大化，应当能带来产出的最大化。如果在某种约束机制下，生产参与者的增加不能带来产出的增加，则说明这种约束机制是无效率的。如果有一套有关权责利的规范，使人类的一切经济活动都可以以最小的投入取得最大的产出，即获得帕累托最优，这便是最有效率的制度。

从诺斯站在产权经济学角度给效率下的定义可以看出，产权经济学是

---

① 罗能生：《产权的伦理维度》，第42页。

在古典经济学理论基础之上,以交易成本作为基础分析工具,将经济分析深入生产的制度结构所形成的一个理论体系。那么,产权安排对效率如何发挥其作用呢?科斯在《社会成本问题》一文中举了一个例子。牧场和农场相邻,牧场的牛跑到农场吃庄稼而产生纠纷。假设交易费用为零,如果牧场主和农场主对产权是存在界定前提的,则他们会通过谈判从而订立契约,作出对利益损失最小的交易安排,以实现总产出最大化。而在交易成本不为零的情况下,科斯认为只有通过立法确定产权结构才能降低交易成本,提高市场效率。"一旦考虑到进行市场交易的成本,合法权利的初始规定就对经济运行效率产生影响。一种权利的调整会比其他安排产生更多的产值。"[1] 由此,科斯提出了著名的"科斯定理",即如果交易费用为零,人们可以不考虑资源的初始界定状况,只需通过协议将产权重新分配,即可实现社会福利最大化;如果交易费用为正,再加上市场并不完备,损人利己现象时有发生,此时产权的初始界定对资源配置至关重要。产权明晰可以降低交易费用,提高资源配置效率。

从以上的介绍中可以看出来,产权经济学的主要研究对象是资源稀缺条件下如何约束人们的行为以更好地促进资源配置,其核心思想是效率问题,理论基础则是公平和平等原则。西方学者从产权效率理论中推论出私有财产权比公共财产权更有利于资源有效配置。他们认为私有财产权具有人格属性。在利益的驱使下,社会经济主体的需要更加明晰责权利的市场机制,并可以充分利用这样的机制进一步降低交易成本。而公共财产权的收入在很大程度上取决于别人的劳动成果,公共财产权人在行使权利时很少考虑外部性问题,在侵犯他人权利时,他们需要承担的责任将由所有人来承担。同时,被公共财产权侵犯的权利人,在索赔时交易费用非常之高,远远大于收益。因此,公共财产权的资源配置效率低下,外部性内部化过程非常复杂。更困难的情况是市场交易行为无法矫正这种外部性内部化的问题。所以西方产权经济学一直强调只有私有财产权才能够使外部性内部化的成本降低,从而达到提高资源配置效率的目的。

(二)马克思主义政治经济学对效率与产权关系的讨论

效率也是马克思主义政治经济学研究的重要内容之一。"恩格斯指

---

[1] [美] R. 科斯、A. 阿尔钦、D. 诺斯等:《财产权利与制度变迁——产权学派与新制度学派译文集》,刘守英等译,第45页。

出，价值是生产费用对效用的关系。价值首先是用来解决某种物品是否应该生产的问题，即这种物品的效用是否能抵偿生产费用的问题。只有在这个问题解决之后才谈得上运用价值来进行交换的问题。如果两种物品的生产费用相等，那么效用就是确定它们的比较价值的决定性因素。之后，恩格斯又再次重申了这个观点，指出在共产主义社会也还存在对效用和劳动花费的衡量比较问题。在这些地方，生产费用指生产某个物品所必须花费的劳动时间，由活劳动和物化劳动消耗构成；效用则是指使用价值，即社会需要的产品。如果能够以尽可能少的生产费用取得尽可能多的效用，这将是价值的最优境界。人们讲经济效率，就是要争取以尽可能少的劳动消耗与物质消耗，生产出更多的符合社会需求的产品。所以，恩格斯所说的价值是生产费用对效用的关系，实际上讲的是经济效率的概念。"[1]

马克思主义政治经济学是在研究生产资料所有制理论时涉及产权理论的，其前提是生产力与生产关系的辩证关系。产权作为所有制的法律表现，从属于生产关系，必须要把它放在经济关系的整体中对待，不存在抽象的产权关系。马克思主义还认为，如果一种所有制形式符合生产力发展的客观要求，此种所有制形式中所内含的产权制度，并不是被动地适应所有制，而是能主动巩固和发展该所有制形式，从而促进社会生产力的发展。资本主义生产关系诞生与发展的早期，资本主义产权制度能够实现明晰经济主体的权责利，优化资源配置，极大地促进了生产力发展，具有十分重大的进步意义。

马克思主义政治经济学始终将公平作为判断产权制度效率与否的首要标准。公平实现后效率才能实现。如商品经济产生与存在的一个重要前提是劳动力成为商品。西方产权经济学在论述劳动力商品时，认为劳动者有支配与出卖自己劳动力的自由，所以劳动力交易是平等的。而马克思主义政治经济学恰恰认为资本主义私有制下的劳动力商品交换是一种不平等。首先，由于工作机会是由企业给予的，提供就业机会的企业天然占有强势地位；其次，在劳动力交易契约执行过程中，劳动者实现自由的机会成本要高得多。因为劳动力必须要与生产资料结合才能产生收益，而恰恰生产资料都是掌握在企业手中的。劳动者不拥有生产资料，必然不能拥有对自己劳动力产权使用与支配的自由权利。所以，马克思主义认为产权是生产

---

[1] 胡戎恩：《走向财富——私有财产权的价值与立法》，第92—93页。

关系在上层建筑即社会制度中的体现,生产关系的变革是产权关系变革的前提与决定性因素。在公有制生产方式中,劳动者与自身订立契约,这样可以体现出最大的公平,并真正提高效率。

(三)波斯纳对私有财产权如何促进法律制度实施效率的分析

随着20世纪60年代自由竞争资本主义向垄断资本主义过渡,国家干预经济的趋势越来越明显,经济分析法律学说随之兴起。经济分析法律是把经济的效率原理和方法运用于对法律制度的分析,其理论基础仍然是新制度经济学中产权对效率的影响问题,但是为法律问题的分析提供了一个全新的视角和评价标准。美国大法官、经济伦理学家理查德·A. 波斯纳就是其中的最具代表性的人物。波斯纳在其著作《法律的经济分析》中,运用经济学方法论,特别是效率分析方法,对法律制度进行评价,得出效率是法律所追求的最重要的道德目标之一,大大拓宽了人们研究法律制度的视野。

传统的法律分析把制度以及其中蕴含的权利观念与外部世界隔离开,从而较为重视分析法律制度自身的语言与规范。波斯纳的法律经济分析方法开拓了一种创新的思维视角。在经济分析法律出现之前,当出现现有法律无法解决的疑难问题时,常常要借助伦理学进行道德正当性分析。但波斯纳认为道德正当性标准并非客观标准,"我的观点是,如果那些从哲学上论证我们应当改变道德信仰或行为方式的人想做的事只是改变这些信仰以及可能受信仰影响的行为方式,那么他们就是在浪费时间。因为,道德直觉既不服从,而且也不应当服从哲学家可能提出的、同道德争议相关联的一切羸弱论证"。所以,"任何法律现象都是以一定的经济关系为基础的,所有的法律规范都有其经济根源,一切法律问题归结起来都是经济问题,都是解决如何提高经济效率的问题"。[1] 而且,波斯纳在以效率标准分析制度的时候,也非常关注正义所具有的效率内涵。波斯纳对正义的论述包括两层含义:一是认为正义包括分配正义和效率,而且效率是达到正义的一个有效途径;二是认为正义包含很多内涵,效率作为内涵之一不能涵盖正义所有的内涵或超越正义。波斯纳将效率作为正义的内涵,在很大程度上是有利于正义的实现的。特别是在司法程序中,如果没有司法效

---

[1] [美]理查德·A. 波斯纳:《道德和法律理论的疑问》,苏力译,中国政法大学出版社2001年版,原书序Ⅲ。

率，法律的目的和权利主体的利益都得不到保障，毋宁说正义的追求了。

当然，波斯纳的经济分析法律学说也有缺陷。第一，稳定性是法律制度的一个基本特征，如果法律频繁改动会导致社会秩序的紊乱。但是，波斯纳认为为了保证效率，可以将人们的权利特别是私有财产权随着价值的变化而重新界定。如果波斯纳的这个设想成为现实，那么人们将会时刻担心自己的权利某天被认定为无价值而被重新界定，这个理论也会被某些强势群体利用，成为他们随意攫取财富的借口，导致社会的动荡与不安。第二，效率的标准要求法官在司法过程中，面对保障权利和效率不能两全的时候必须作出一个抉择，如果法官为了实现效率而根本不顾及法律的规定和当事人权利的保障，那么会大大损害法律的权威性。第三，效率原则运用到社会整体财富最大化过程中，势必带来忽视个人权利的弊端。如果一部分人的财富迅速增加，而另一部分人的财富减少。但是社会财富整体上升，这从表面看也是满足效率原则的。但是无法达到全体社会成员的财富都增加的结果，必然不是正义或者说不是理想中正义的结果。假如一个人上法院去寻求保护自己个人财富时，法官只保护能为社会增加整体财富的人的权利，而剥夺不能为社会增加财富的人的权利，这种判决结果显然是非正义的。

虽然波斯纳的经济分析法律学说存在缺陷，但我们不能否定它的积极意义。特别是波斯纳将私有财产权的法律制度安排纳入效率范畴进行思考，比新制度经济学对于产权与效率关系的讨论更具有现实性和实践意义，也更明确了追求效率是私有财产权的道德目标之一。

波斯纳首先以牧牛为例，论述了财产权的排他性是资源有效利用的必要条件。"试想，几个牧主共同拥有一块牧地，亦即没有人拥有排他权，由此没有一个人能对其他人使用牧地收费。我们还可以假设这块牧地是自然（未开垦）的土地，从而可以避免这一问题的动态方面。即使这样，牧牛数量的增长也会加大所有牧主的成本：为了使牛吃到同量的牧草，不得不增加放牧时间和范围，而这将降低牛的体重。但由于没有一个牧主对牧地的使用支付成本，所以谁也不会在决定牧地牧牛增加量时考虑这种成本，结果是牧牛的数量超过了有效率的牧牛数量……如果某人对牧地有所有权并能对其他使用它的人收费（为了分析，不考虑征收成本），这个问题就会消失了。对每一牧主征收的费用将包括由其增加放牧量而使其他牧主增加的成本，因为这种成本降低了牧地对其牧主的价值从而降低了他们愿意支付给所有者的牧地放牧权价格。"① "排他性的创设是资源有效率地使用的必要条件，但并非是充分条件：这种权利必须是可以转让的。假设我们第一个例子中的农民拥有土地并种有庄稼，但由于他不是一个耕种的能手，他的土地如果在其他人手中会有更高的生产率。效率就要求有这样一种机制：通过它可以诱导这一农民将财产权转让给某些能更有效使用它的人，可转让性财产权就是这么一种机制。"②

由此，波斯纳得出结论，私有财产权拥有的三个特征普遍性、排他性和可转让性，使得私有财产权能够促进资源价值的最大化。"如果任何有价值的（意味着既稀缺又有需求的）资源为人们所有（普遍性，universality），所有权意味着排除他人使用资源（排他性，exclusivity）和使用所有权本身的绝对权，并且所有权是可以自由转让的，或像法学学者说的是可以让渡的（可转让性，transferability），那么，资源价值就能最大化。"③

波斯纳提出的经济分析理论，独到之处在于以下几个方面。第一，论证了财产权利广泛程度与资源丰富程度之间成正比例关系。波斯纳的这个观点，有着突出的现实意义。第一，资源的稀缺性是财产权利具体内容设定的前提。"对家畜和野生动物进行不同的法律处置的理由是，对野生动物实施财产权既是困难的，又是相当无用的……大多数野生动物是没有价值的，所以建立对此投资的激励是没有益处的。但是，假设这种动物是有价值的……财产权是需要的……对此，可能有两种解决方法。其一，更为通常的，是通过国家行使管制权将狩猎减少到动物被猎最佳比率的适当水平。这是在矫正私人和社会的成本和收益间偏差时用管制替代财产权的一个例证。另一种方法是由一个人买下某一处动物全部栖息地。因为他将从此获取全部收益，他就会对其财产进行最佳管理。"④ 其二，将先占作为所有权创设的标准是最为经济的。"经常有些非常有价值的物（如失事船残骸中的财宝）过去曾经为人所有但现在却已被抛弃。在此，普遍规则是发现者就是保管人。在某种意义上，这与野生动物所有权规则是一样的。这些物的所有权是通过将之变为实际占有而取得的。然而，在这种物

---

① [美]理查德·A. 波斯纳：《法律的经济分析》（上），蒋兆康译，中国大百科全书出版社1997年版，第41页。
② [美]理查德·A. 波斯纳：《法律的经济分析》（上），蒋兆康译，第41页。
③ [美]理查德·A. 波斯纳：《法律的经济分析》（上），蒋兆康译，第42页。
④ [美]理查德·A. 波斯纳：《法律的经济分析》（上），蒋兆康译，第44—45页。

为人所有之前（未产的河狸、被遗弃的船），这种所有权间隔——即无人对此有所有权的阶段——是经济问题的根源。"①

第二，论述了法律经济学中的财产权问题（即事实上的财产权概念）。波斯纳首先举了一个美国政府对无线电广播管制的例子。他说，在无线电广播早期，美国并没有全面的综合管制。美国联邦无线电广播委员会于1928年成立后，开始颁发一种3年一期的许可证，这种许可证是领受人在某一地区使用某一频道的权利证明。但是该许可证领受人对被分配使用的频道并不拥有财产权利。经济学家由此提出批评，认为国会的规定侵犯了无线电频道的私有财产权。然而，波斯纳指出，在联邦广播管制计划中，一种事实上的财产权制度已经产生。"广播频道虽在正式法律上没有财产权，但在经济学意义上却有财产权……一旦获得，这种权利就是可以转让的，尽管它在法律上是有缺陷的。它是具有排他性的（干扰许可证受领人对频道的使用是被禁止的），且为了各种实在的目的，它还具有永久性。这一权利的所有者受限于各种管制性制约，但比公共事业所受的制约要少。在严格的法律意义上，这一权利的主要财产是私人财产。"②

波斯纳同时指出，因为政府管制具有的大量不确定性，故以创设这种财产权的方式进行资源配置的结果是成本高且效率低的。"这种首先分配广播权的办法比拍卖和其他销售法效率低。由于政治管制过程中存在大量的不确定性，那些向他的律师、院外活动集团成员等支付了最多钱的，也即那些为取得广播权而投入最大价值的申请人，却往往会得不到它。而且，这种配置方法的社会成本比通过市场进行配置的成本要高得多。为取得许可证而进行的竞争可能在法律、游说和其他费用上消除许可证的预期价值。参与广播频道的拍卖并不需要成本很高的法律和游说工作，至少如果能以较低的成本防止操纵拍卖时是这样的。"③

第三，分析了未来使用权。波斯纳借着无线电广播许可证的例子指出，通过类似颁发许可证的方式来分配资源，不仅成本高和不公开，还有一个重要方面就是这种方式使得取得未来使用权显得困难。未来使用权对于配置资源具有重要意义。波斯纳反驳了两种反对承认未来使用权的观

---

① ［美］理查德·A. 波斯纳：《法律的经济分析》（上），蒋兆康译，第45页。
② ［美］理查德·A. 波斯纳：《法律的经济分析》（上），蒋兆康译，第57页。
③ ［美］理查德·A. 波斯纳：《法律的经济分析》（上），蒋兆康译，第56页。

点。他认为一种观点可能与广播例子中明显的"意外收益"因素相关。反对者认为在广播许可证的例子中,权利是在不收费的条件下授予的,领受人可以相当高的利润将其转卖,并获得"意外收益"。但波斯纳认为"以申请者群体而言,可能会只有盈亏相当"①。另一方面,也有人认为购买未来使用权是一种投机交易。波斯纳则认为"未来使用权的购买并非必然具有投机性,它们可能与投机恰恰相反,是套头交易……鼓励非商业性使用和不为满足需求而只为保留权利主张的使用"②。

第四,首次提出权利的相容性。波斯纳认为:"[绝对的、无条件的]排他财产权是不可能的。如果铁路享有道路的排他使用权,它就必然被允许无法律限制地抛撒机车火花。否则,它的财产价值就会受到损害。但如果允许它这么做,那么邻近农田的价值将因火花引起火灾的危险而受到减损。抛撒火花是铁路财产权的附属权利还是对农民财产权的侵犯呢。"不过在利益的驱动下,铁路和农民可以达成某种妥协。"各种可能的权利组合是无限多的,而期望法院发现最佳组合并不现实,并且使他们过于艰难地去寻求这一最佳组合也是不经济的。但在大多数情况下,只要不存在过度的成本,他们还是可能接近最佳财产权界定的,并且这些近似的最佳界定可能会比财产权的经济性随机分配更有效地引导资源的使用。"③

第五,提出了国家征用权的必要性及公平补偿原则。波斯纳指出,铁路无须征得土地所有者的同意,只需因机车火花而对土地所有者进行的补偿是解决冲突性权利主张的方式,因为侵扰者(铁路)能够证明它的使用具有更高价值。而对于另一种冲突性使用的情况,如邻居强行将车停进自己的车库,只能用市场谈判的方式解决,使用者必须征得所有者的同意并支付相应的费用才可以使用他人的土地。但是,波斯纳接着指出,国家征用权与上述两种情况都不相同。在讨论国家征用权的时候,"对资源的冲突性权利主张和冲突或不相容使用的区分已经不重要了,重要的是低交易成本和高交易成本情形之间的区分"④。对于低交易成本,法律要求双方进行市场交易,而至于高交易成本,国家征用权是必需的。它可以防止垄断。波斯纳同时又指出了国家征用权的两个原则。第一是"公共利益"

---

① [美]理查德·A. 波斯纳:《法律的经济分析》(上),蒋兆康译,第58页。
② [美]理查德·A. 波斯纳:《法律的经济分析》(上),蒋兆康译,第59页。
③ [美]理查德·A. 波斯纳:《法律的经济分析》(上),蒋兆康译,第65页。
④ [美]理查德·A. 波斯纳:《法律的经济分析》(上),蒋兆康译,第70页。

原则，即政府取得土地必须是用于公路、机场或军事基地等公共利益的用途，而私人开发者集中土地用以建设购物中心和度假村是不适用的。第二是"公平补偿"原则。波斯纳认为国家的对于被征用者的补偿应当真正建立在效率标准基础上。"如果我的住房的市场价值由于某些政府的管制而下降了1万美元，我就有权取得同量的赔偿，正如政府占用了我价值1万美元的一部分财产一样。"①

三　私有财产权对社会效率促进作用的现实表现

（一）减少资源浪费，提高资源配置效率

经济外部性会降低资源配置效率，为此必须要实现外部性的内部化。根据科斯定理，对于资源配置，最有效的形式是使财产成为个人理性的产物，如此，个人将对财产作最有效率的配置。对于整个社会而言，通过个人对财产作最有效率的配置，也会使这种配置具有整体的效率。所以，从一般意义上说，由于在公有财产权使用中存在着不可避免的负面效益，私有财产权在实现资源有效配置方面具有优势。这是有现实的案例可循的。例如，美国华盛顿州海滩养蚝的自然条件并不如中国香港地区海滩的养殖条件好，但是华盛顿州允许私人拥有海滩，甚至水面之下的土地也可以归私人所有，所以华盛顿州就成了养蚝的盛地。相反，由于中国香港地区的养蚝场是公有资产，所以污染程度惊人，养殖效率反而低于自然条件相对恶劣的华盛顿州。

（二）健全激励机制，提高经济主体的生产效率

私有财产权是在财产上发生的责权利的统一，其社会意义在于可以使得人们在进行经济交往时对自己行为的后果作出合理预期。财产权利的制度化，必然会影响人们的行为方式，从而影响社会资源配置的结果。明晰的财产权利，意味着经济主体应负有的法律责任也是明确的，其可以选择的法律行为也是既定的。按照法律的要求选择自己的行为，可以最大限度保障权利主体有稳定的收益预期。

同时，私有财产权也是一种约束。私有财产权在企业生产中，可以作为一种收益权，使得团队生产问题得到解决。在团队生产理论中，由于企业是一种团队生产，根本没有办法保证每个成员都努力干活，所以

---

① ［美］理查德·A. 波斯纳：《法律的经济分析》（上），蒋兆康译，第73页。

必须对团队的每个成员进行监督。但是，又如何约束监督者呢？按照阿尔钦和德姆塞茨的理论，最好的方法是给监督者以产权。当产权（或称剩余索取权）给予了监督者后，所有的约束问题都会被内部化。不用另外的监督，他也会努力工作，因为最后的收益是归属于他的。这也就是另一种形式的激励。相反在所有者缺位的公共财产权领域，国家只是一个虚拟的所有者，国家所委派的监督者并不拥有剩余索取权。所以对这些管理者也就缺乏应有的约束和激励。所以，有学者根据这一现象指出，"私有财产权的确立是人类创造物质财富的第一推动力，对私有财产权的保护可以最大限度地释放公众创造财富的智慧和热情，进而推动社会的文明进步。从这个意义上讲，私有财产权是人类社会发展进步的强大推动力"[1]。

（三）减少不确定性，提高经济效率和鼓励创新

不确定性是指经济活动会受复杂多变的各类社会和自然因素的影响，增加人们作出选择和决策的困难，并增加交易费用。明晰的私有财产权是减少不确定性的重要前提之一。在现代经济生活中，创新已经成为现代社会经济效益的重要来源，甚至是决定性的力量。创新同时也是不确定性最强的投资活动之一，所以也导致市场对创新活动的激励不足。为了弥补这方面的不足，就有必要给予创新活动以特殊的保护和鼓励。其中最重要的就是给予创新者以私有产权，使他可以从中获得排他性的收益。这样创新者就可以预见到自己的风险并给予企图剽窃和抄袭的人以惩罚。这也是知识产权规则的由来。如果没有明确私有产权保护，创新活动就会因为不确定性而受到阻碍，因为创新的成本巨大，但传播的成本相对较少，大家也就都希望做仿效者，那么整个社会的创新能力最终都会受到损害。

---

[1] 胡戎恩：《走向财富——私有财产权的价值与立法》，第97页。

第七章　马克思主义的物权道德观：在一定条件下保护私有财产权

马克思主义所创立的共产主义奋斗目标，其中具有根本意义的内容就是在消灭私有制的前提下实现人类的完全解放和全面发展。人类解放是马克思主义理论的中心议题。马克思早就意识到作为现实的人与特定社会中的财产关系是紧密相连的。马克思在经历了19世纪人类社会的巨大变革，并目睹了资本主义社会大生产发展的强劲势头后，从《1844年经济学哲学手稿》（以下简称《手稿》）到《资本论》乃至到其晚年的《人类学笔记》，对厘清人类财产关系理论倾注了巨大的热情和精力，以试图揭开其中的必然规律。马克思在对洛克、黑格尔、斯密等前人思想批判继承的基础上，继承并发展了劳动价值论，创立了异化劳动理论，并指出在资本主义生产资料私有制条件下，人类劳动是异化劳动，而异化劳动的实质是不平等，因此以资本主义生产资料私有制为前提的资本私有权在道德上是不正当的。

但是长期以来在我们的观念中，我们一直认为社会主义和共产主义的目标之一是消灭私有财产，私有财产本身就是异化劳动的产物。原因在于马克思在《手稿》中所表达的诸如"私有财产是外化劳动即工人对自然界和对自身的外在关系的产物、结果和必然后果"[1]以及"共产主义是私有财产即人的自我异化的积极的扬弃"[2]的观点。笔者认为，这是我们在认识上的一个误区。马克思在《手稿》原文中所使用的是德语词汇 Privateigenthum，这一词汇在德语中既可以用来指称"私有财产"，也可以用

---

[1] 《1844年经济学哲学手稿》，第57页。
[2] 《1844年经济学哲学手稿》，第77页。

第七章 马克思主义的物权道德观：在一定条件下保护私有财产权

来指称"私有制"。而综合分析马克思在《手稿》中所表达的思想，以及马克思在其他著作中的观点，《手稿》中 Privateigenthum 一词指向的应当是"私有制"，是资本主义生产资料私有制，而不是私有财产权本身。这一点从恩格斯的著作中也可以得到印证。恩格斯于 1844 年 2 月发表在《德法年鉴》第 1 期双刊号上的《国民经济学批判大纲》一文对马克思的影响非常深，正是在恩格斯的这篇著作影响下马克思才开始研究国民经济学，从而使得《手稿》得以形成并流传于世。而在《国民经济学批判大纲》一文中，恩格斯明确地使用了"私有制"这一概念。因此，马克思所研究与批判的是资本主义生产资料私有制及被这种生产关系异化的私有财产权。

马克思认为在资本主义生产资料私有制下的资本私有权在道德上是不正当的，但是马克思并不认为私有财产权本身完全不具备道德正当性。相反，马克思明确指出，虽然私有财产权是私有制的产物，但是消灭资本主义生产资料私有制并不代表一定要立即且完全消灭私有财产权。私有财产权在一定历史条件下具有存在的必要性，特定条件下保护私有财产权具有必然性。在过去很长的一段时期内，由于我们教条式地理解了马克思关于消灭"私有财产"的观点，甚至试图以人为手段消灭全部私有财产权，以达到所谓"纯而又纯"的社会主义模式，结果却严重阻碍了生产力发展。改革开放之后，虽然私有财产权逐步得到法律的认可和保护，但是人们观念中对私有财产权到底是否符合社会主义要求而带来的种种疑虑，仍然心有余悸，由此也导致了对法律平等保护私有财产权是否有违共产主义和社会主义性质的质疑。所以，在观念上重新梳理马克思主义私有财产权道德属性的理论，特别是正确理解资本主义生产资料私有制下资本私有权的道德非正当性所在，对于我们理解私有财产权的伦理本质，以及法律保护私有财产权的必要性，具有十分重要的现实意义。

第一节 资本主义生产资料私有制下资本私有权的道德非正当性

一 所有权及土地私有权

与黑格尔相同，马克思对私有财产权的分析是以所有权为基础的。马克思在《资本论》中指出，所有权是以占有、使用、处分、收益为主要内容的一种法权关系，它的实质是人与人、人与社会之间关系的体现。所有权主要是由权利主体对生产资料、劳动力和劳动成果的所有，所有权关系的存在是一种客观事实。而在所有权关系中，生产资料、劳动力和劳动成果的关系表现为：生产资料是取得劳动成果的客观条件，劳动力是取得劳动成果的主观条件，两者的结合形成了劳动成果。生产资料、劳动力和劳动成果之间的关系决定了生产资料的所有者和劳动力的所有者，是劳动成果当然的所有者。当生产资料的所有者与劳动力的所有者为同一主体时，劳动的主体就是劳动成果当然的所有者；而当生产资料与劳动力分离时，劳动成果的所有权也会发生分离，社会中的习惯会根据生产资料与劳动力在形成劳动成果中的作用，相应地分配劳动成果。因此所有权关系的实质就是根据生产资料与劳动力在生产过程中的不同作用而占有、使用、处分劳动成果的权利。在这里，对劳动成果的占有、使用、处分的权利，从属于对生产资料和劳动力的权利。[1]

土地是人类社会早期最基本的生产资料，土地所有权不仅是各所有权类型中最为重要的类型，而且其与劳动之间关系的演变，决定着人类社会的发展，也决定了人类道德关系的演变。因此，马克思对私有财产权道德属性的考察，是从对土地私有权的考察开始的。马克思认为土地私有权是对土地的私有权利。土地指的是广义的土地，不仅包括地表的土层，还包含地下的矿藏、水流和地表上附着的植物，甚至包括空气。在自由资本主义社会中，土地私有权代表了一种强大的权力，"这种土地所有权，在和产业资本结合在一个人手里时，实际上可以使产业资本从地球上取消为工资而进行斗争的工人的容身之所。在这里，社会上一部分人向另一部分人要求一种贡献，作为后者在地球上居住的权利的代价"[2]。因此，土地私有权作为最重要的资本私有权，是资本所有者占有劳动者剩余价值的权力和手段，"土地所有权本来就包含土地所有者剥削土地，剥削地下资源，剥削空气，从而剥削生命的维持和发展的权利"[3]。

马克思认为，资本主义制度下的资本私有权是由土地私有权演变而来的，而土地私有权的变革又是资本主义生产方式得以形成的根本前提，因

---

[1] 参见胡贤鑫《〈资本论〉伦理思想研究》，湖北人民出版社2006年版，第221页。
[2] 《马克思恩格斯全集》第25卷，人民出版社1974年版，第872页。
[3] 《马克思恩格斯全集》第25卷，第872页。

此研究土地私有权的历史形态对于认识所有权的道德本质有着极为关键的作用。所以马克思在《资本论》和《手稿》中用了较大篇幅来描述土地所有权的历史形态及其演变过程，在此基础上进一步指出资本主义土地所有权或者资本私有权的实质是资本对劳动的占有，并在所有制这一根本层面上批判了资本对劳动的剥削，最终指出了资本主义生产资料私有制在道德上的非正当性。根据马克思的观点，土地所有权有四种历史形态。

（一）原始的"自然形成的共同体"的公共所有权

在这种土地所有权形式下，占有使用的权利与所有权是分离的，土地的所有者是全体部落成员。这种所有权以"家庭和扩大成为部落的家庭，或通过家庭之间相互通婚而组成的部落，或部落的联合"[1] 为存在前提。这种土地所有权的特点有二。一是土地暂时地共同占用与使用。人类早期逐水草而居的生活方式导致人们不可能把一块土地当作自己的私有财产，也不可能产生土地私有的观念。个人只有以共同体成员的身份才能拥有所有权，单个人不能实现这种所有权。二是劳动是土地所有权的基础，与后来通过对雇佣劳动的剥削所取得的私有权是有本质区别的。

（二）古典时代的土地所有权体系

马克思所说的古典时代是指东方君主制国家和古希腊、古罗马城邦时期。这一时期的土地所有权的特点是国家所有权与私人所有权并列，且国家所有权决定私人所有权，私人只能拥有小面积的土地。而且，这种所有权制度也是以身份为基础的，社会成员取得了某种身份而取得土地所有权；又因为取得土地所有权而获得某种身份。因此这一时期的土地所有权又是与特权相关的。

（三）日耳曼人的土地私有权形式

马克思认为日耳曼人时期是以松散的家庭联盟为基础的社会体系，各个不同的家庭相互独立，但因为共同的利益、文化和宗教信仰联系在一起。在这一时期，主要的大部分土地归私人或家庭所有，小部分供全体日耳曼人狩猎、放牧、采樵的公有土地归国家所有，公有土地占次要地位，是私人土地的附属物，国家土地所有权是私人土地所有权的补充。

在马克思看来，前资本主义时期的三种土地所有权形式虽然各有特点，但是共性很明显。首先，劳动导致对土地的所有，而不是土地所有

---

[1] 《马克思恩格斯全集》第46卷（上册），人民出版社1979年版，第472页。

催生劳动。"个人把劳动的客观条件简单地看作是自己的东西,看作是自己的主体得到自我实现的无机自然。劳动的主要客观条件并不是劳动的产物,而是自然。"①

其次,土地所有权与所有权人的人格直接相联。"土地所有者只有作为罗马人才是土地私有者,但是,作为罗马人,他一定是土地私有者。"②这说明个人人格的形成与个人拥有土地所有权是直接同一的。

最后,马克思认为身份是获得土地所有权的前提,只有当其获得某种身份之后才能获得土地。也就是说身份是个人拥有土地所有权的依据,而社会与国家是个人获得土地所有权的媒介。

二 前资本主义时期土地私有权具备道德合理性

马克思的理论为我们分析各个时期的土地所有权的道德合理性提供了方法论上的指引,"土地所有权的正当性,和一定生产方式下的一切其他所有权形式的正当性一样,要由生产方式本身具有的历史的暂时的必然性来说明,因而也要由那些由此产生的生产关系和交换关系具有的历史的暂时的必然性来说明"③。根据马克思的这一观点,前资本主义时期的土地所有权有其符合当时生产关系的正当性,而这种正当性在道德上则体现为其合理性。具体而言,前资本主义时期的土地所有权在道德上的合理性主要表现在以下几个方面。

(一) 与当时的生产力、生产关系相适应

前文所提及的马克思归纳的三个前资本主义时期,其中的劳动基本上都是以自给自足的个体劳动为主。东方君主制国家中劳动者主要从事的是为满足个人及其家庭需要的必要劳动,此外也从事一些满足君主和国家需要的劳动,这种生产方式"在自身中包含着再生产和扩大生产的一切条件"④。这也是东方君主制国家中君主专制制度得以不断延续并长期稳定的根本原因。古希腊、古罗马城邦制国家中亦延续着这种以家庭为基本单位的小生产方式,因此古希腊、古罗马时期的小土地私有权也是适应这一时期生产方式的。而日耳曼人的生产方式则是另一种更为典型的小生产方

---

① 《马克思恩格斯全集》第46卷(上册),第483页。
② 《马克思恩格斯全集》第46卷(上册),第477页。
③ 《马克思恩格斯全集》第25卷,第702页。
④ 《马克思恩格斯全集》第46卷(上册),第473页。

式，他们的松散家庭联盟决定了生产只能以个人或家庭为单位进行，因此日耳曼人施行的是一种更为直接的小块土地私有制度。由此可见，前资本主义时期的土地所有权是由前资本主义时期的小生产方式所决定的，其土地所有权的合理性与正当性就存在于这一时期的生产方式中，也只能由这种生产方式来说明。

（二）实现了劳动者与生产资料的直接结合

生产资料是劳动的前提，要保证劳动的正常开展，就必须实现劳动者与生产资料的有效结合。马克思指出，前资本主义时期的土地所有权在不同程度上实现了土地与劳动者的结合。由于土地是前资本主义时期最重要的生产资料，因此前资本主义时期的土地所有权在一定程度上保证劳动者既能获得相应的劳动条件，也能够占有部分劳动成果，从而保证了人类社会的稳定与发展。

（三）在一定程度上体现了自由原则

马克思认为劳动者在劳动中将自己的意志赋予劳动对象，并将自己的计划与目的体现在劳动成果上，这在一定程度上表现为劳动者在劳动中实现了自己的自由。但是马克思同时指出，质言之，只有当劳动的主客观条件都属于劳动者的时候，劳动者的劳动才是自由劳动。劳动者实现自己自由的客观前提是劳动资料与劳动对象属于劳动者。马克思区分了两种不同性质的劳动：自由的劳动和不自由的劳动。前资本主义时期的土地所有制度允许劳动者拥有一部分生产资料并占有一定的劳动成果，从而劳动体现了部分自由劳动的性质。而资本主义制度下的土地所有，直接剥夺了劳动者占有生产资料和劳动成果的权利，使劳动异化为不自由的劳动。

（四）体现了劳动与社会发展的统一

马克思认为，前资本主义时期人们劳动不是为了获取交换价值，而是为了获取使用价值，是为了满足个人、家庭以及整个社会的存续和发展。因而人们从事劳动归根到底是以人为目的，以人的天赋、才能和全部力量的全面发展为目的。因此，前资本主义时期的土地所有权在道德上是正当的。马克思接着指出，现代人（指当时的人）却抛弃了人的全面发展的目的，而以财富本身为目的。所以，现代人虽然发展了生产力，创造了巨大的物质财富，但"人的内在本质的这种充分发挥，表现为完全的空虚；这种普遍的异化过程，表现为全面的异化，而一切既定的片面目的的废弃，则表现为为了某种纯粹外在的目的而牺牲自己的目的本身……凡是现代以自我满足而出现的地方，它就是鄙俗的"①。

马克思的论述，深刻地揭示了人类劳动的本来面目。前资本主义时期劳动比资本主义时期的劳动更接近人们劳动的本质，应当归功于古代社会的土地私有权制度，是它将劳动与自己结合在一起。马克思认为资本主义社会颠倒了劳动成果本身与劳动目的的关系，颠倒了生产的发展与人的发展的关系，其原因在于资本主义狭隘的生产资料私有制制度。只有消灭这种私有制，劳动的本来意义才会显现出来。当然，我们也要看到，前资本主义时期的土地私有权也是一种局限性非常明显的制度，它的局限性源于其所依附的生产方式的局限性，源于当时社会结构本身的局限性。它虽然反映了人类劳动的本来面目，但是它也是不成熟的，随着生产力和社会结构的发展，它必然走向崩溃。真正合理的所有权，完全正当的所有权，只存在于未来社会。②

三 资本主义生产资料私有制的实质是资本对劳动的异化

从马克思对前资本主义时期土地私有权的分析可以看出，马克思认为在前资本主义社会，劳动者因在一定程度上占有生产资料而能占有部分劳动成果。但是在资本主义生产资料私有制下，这种关系却发生了根本的改变，生产的所有权关系演变成了资本的所有权关系。资本家因占有生产资料而可以无偿占有劳动者创造的剩余价值。这一关系不仅表现了资本主义生产资料私有制关系的非正当性、不合理性，而且还表现为人与人、资本与劳动、资产阶级与无产阶级之间在道德上的对抗性。

马克思对这一问题的分析是以其劳动价值论为基础的。马克思的劳动价值论可以追溯到洛克的财产权劳动价值理论，洛克认为劳动创造了财产的价值，因此劳动者对于其所创造的财产应当享有所有权。亚当·斯密和大卫·李嘉图的古典经济学也是基于这一观点展开对私有财产的论述的。而马克思认为，在资本主义社会，劳动包含具体劳动和抽象劳动的双重性质，而价值可以分为使用价值和交换价值。就劳动创造商品的价值而言，具体劳动创造了商品的自然属性即使用价值，而商品的价值则是由人类一般性的无差别抽象劳动所创造的。此即马克思劳动价值论的基础内容。

---

① 《马克思恩格斯全集》第46卷（上册），第486—487页。
② 参见胡贤鑫《〈资本论〉伦理思想研究》，第254—255页。

第七章 马克思主义的物权道德观：在一定条件下保护私有财产权

马克思在劳动价值论的基础上提出了劳动本体论。马克思认为劳动、人及人的生命过程具有同一性，劳动对人来说是本体论意义上的活动。"正是在改造对象世界的过程中，人才真正地证明自己是类存在物。"① 即劳动是人对自我本质的自我确证，从而是人的存在方式。人在劳动中创造并确证了自身的存在。这就是劳动在本体论上的意义。

同时，马克思也看到了现实中有关劳动的矛盾现象。"劳动者创造的商品越多，他就越是成为廉价的商品。"② 马克思认为这正是异化劳动的结果。"劳动的这种现实化表现为工人的非现实化，对象化表现为对象的丧失和为对象奴役，占有表现为异化、外化。"③ 但是对于异化劳动，马克思在运用唯物史观和辩证法对其进行宏观考察后，指出异化劳动有其产生的历史必然性和存在的现实合理性。"人同作为类的存在物的自身发生现实的、能动的关系，或者说，人作为现实的类存在物即作为人的存在物的实现，只有通过下述途径才有可能的：人确实显示出自己的类的力量——这又只有通过人的共同劳动，只有作为历史的结果，才是可能的——并且把这些力量当作对象来对待，而这首先又只有通过异化这种形式才是可能的。"④ 在此基础上，马克思指出私有财产（生产资料资本主义私有制）是异化劳动的一种存在形式或异化劳动的一种必然结果，也有其产生和存在的必然性与合理性。

马克思指出，资本主义所有权的实质内容是资本通过剥削劳动者创造的剩余价值，取得对劳动者生产的产品的所有权，而劳动者由此失去了对自己生产的产品的所有权。从而，劳动与财产权相分离，劳动产品的所有权不归劳动者而归资本家所有，资本家不劳动但却可以借助资本而获取对劳动产品的所有权。"为了把资本同雇佣劳动的关系表述为所有权的关系或规律，我们只需要把双方的价值增值过程中的关系表述为占有的过程。例如，剩余劳动变为资本的剩余价值，这一点意味着，工人并不占有他自己劳动的产品，这个产品对他来说表现为他人的财产，反过来说，他人的劳动表现为资本的财产。"⑤ 资本主义生产资料私有制导致了资本主义所

---

① 《1844年经济学哲学手稿》，第54页。
② 《1844年经济学哲学手稿》，第47页。
③ 《1844年经济学哲学手稿》，第47页。
④ 《1844年经济学哲学手稿》，第98页。
⑤ 《马克思恩格斯全集》第46卷（上册），第468—469页。

有权关系的异化。"私有制作为公共的、集体的所有制的对立物，只是在劳动资料和劳动的外部条件属于私人的地方才存在。但是私有制的性质，却依这些私人是劳动者还是非劳动者而有所不同。"①

为了更好地理解这个问题，我们有必要回顾一下马克思对占有规律演变的解析。马克思认为占有权与所有权同时产生，但从属于所有权，所有权决定占有权。在前资本主义时期，生产资料所有权和劳动力所有权在一定程度上实现同一，因此所有权与占有权是同一的。而在资本主义社会，由于生产资料所有权与劳动力所有权是分离的，就出现了合法占有与不合法占有、合理占有与不合理占有两种不同的情形。合法占有是根据所有权对劳动成果的占有；不合法占有是根据所有权以外的其他强力而实现对劳动成果的占有。合法与不合法是以法律规范为标准来界定的，并不涉及道德上的合理性。合理占有是从公平、正义的角度来评价所有权的合理性，当生产资料的所有权是根据劳动所获得的，则其占有劳动成果也是合理的；相反，如果生产资料不依劳动获得而是依劳动之外的强力获得，则其生产资料所有权也不合理，相应的依此所有权而占有劳动成果也是不合理的。

资本主义生产关系可以表述为商品流通与交换的关系，在资本主义商品经济产生之前，经济生活中的简单交换与流通已经长期存在了，马克思将其称为"简单流通"，即劳动者依据自己的劳动而对自己劳动成果拥有所有权，从而拥有对自己劳动的权利。当劳动投入流通领域用于交换时，则表现为劳动者通过交换占有其他劳动者等量劳动的权利，对方也获得通过交换占有自己等量劳动的权利。简单流通中的占有权体现人类社会一系列基本的伦理关系。第一，劳动者能够占有自己的劳动，体现了最基本的社会。以劳动为基础占有劳动产品，体现了社会最基本的公正原则，这一点应当是不言而喻的。第二，通过对自己劳动成果的占有实现通过交换而对他人劳动成果的占有，体现了平等原则。在简单流通的条件下，劳动者要占有他人的劳动成果，必须让渡自己的劳动成果，并且这种让渡只能是在等价、等量交换的基础上进行。这一过程促进了交换双方平等主体地位的实现，并实现了过程的平等，从而在一定程度上体现了社会平等原则。第三，简单流通下的所有权关系体现了自由原则。马克思曾经指出，人的

---

① 《马克思恩格斯全集》第 23 卷，人民出版社 1972 年版，第 829—830 页。

自由原则首先生成于商品交换领域，人在政治、文化等领域中的自由都是由经济领域中的自由发展而来的。从这个意义上讲，商品交换的自由是最基本的自由，是一切自由的发源地。① 但是，简单流通条件下的商品交换是适应自给自足的自然经济生产方式的，是偶然的交换，交换的目的是获取使用价值而不是价值，有其不可避免的历史局限性。因此，简单流通下的商品交换必定要被资本主义商品经济生产方式替代。

从表面上来看，资本主义商品交换过程中也要体现公正、平等、自由的原则，但是由于资本主义商品生产与交换是建立在资本主义生产资料私有制基础之上的，这种私有制与前资本主义时期那种以自己的劳动为基础的私有制完全不同，它是以"劳动者被剥夺为前提的"②。资本主义生产资料私有制的特点在于：一是以剥削劳动为基础；二是以劳动与生产资料分离为特征。在资本主义生产资料私有制的基础上，劳动与财产权的同一性被打破，劳动过程表现为为他人的劳动，劳动者不再占有自己的劳动成果，劳动成果反而被不劳动者占有。资本主义生产资料私有制以及在此条件下的财产权利的实质就是资本对雇佣劳动的占有，是资本对他人劳动的异己性的否定。

四 资本主义生产资料私有制具有道德上的非正当性

马克思认为，资本主义生产方式是以劳动者的人身自由与地位平等为前提的，劳动者的劳动力可以自由而平等地交换是商品经济社会的基础。但是，马克思通过异化劳动理论，抨击了18—19世纪的哲学研究，认为当时的哲学领域中只有自由、平等与功利，只是看到了问题的表象。在马克思看来，资本主义社会在商品交换领域体现出的形式的自由和平等，不能掩饰其背后隐藏着的实质的不平等和不自由。

劳动力作为可以自由与平等交换的商品，其价值与使用价值并不同一。在劳动力交换过程中，劳动者尽管看似可以自由与平等地交换劳动力，但买受人支付的只是劳动力的价值；而当劳动力进入其本身的交换领域之外进行消费时，则能创造出比劳动力本身价值高得多的价值，它除了补偿业已支付的劳动力价值之外，还为劳动力购买者提供了大额的

---

① 参见胡贤鑫《〈资本论〉伦理思想研究》，第260—261页。
② 《马克思恩格斯全集》第23卷，第843页。

剩余价值。所以，马克思认为这种表面上自由与平等的等价劳动力商品交换本质上是不平等的。"从根本上说，是作为交换价值的物化劳动同作为使用价值的活劳动之间的交换。"[1] 雇佣劳动与资本互为前提，资本与流通领域中自由和平等是天然的敌人，所以资本主义社会中所谓的平等只不过是资本追逐利润最大化机会的平等，其实质是不平等的。

同时，马克思认为"法权关系，是一种反映着经济关系的意志关系"[2]，"每种生产形式都产生出它所特有的法的关系"[3]。因此，遵循着劳动力所有者不拥有其劳动产品的所有权，以及资本所有者与劳动力所有者相分离的资本主义生产规律，资本主义法的关系中的所有权势必只能使得资本平等地追寻利润最大化的权力不断正当化，而不可能实现真正的平等和自由。

资本主义生产资料私有制中的劳动是被异化的劳动，体现了资本主义生产关系中资本与劳动的关系本质就是资本对劳动的无偿占有，并通过这种占有来实现自身的增值。资本对劳动的无偿占有，恰恰就是资本主义私有制非道德性的集中体现。虽然资本主义商品交换中也需要体现平等、自由与公正的原则，但是由于资本主义生产资料私有制关系中劳动被异化而导致的劳动与劳动成果所有权的分离，使得在生产资料所有权与劳动同一性基础上形成的财产权利与自由、平等、正义的统一变成了形式上的统一，从而暴露了资本主义私有制前提下的财产权利关系的虚伪性。

首先，在资本主义私有制中，劳动与劳动成果所有权的分离，使得劳动者无法占有自己的劳动成果。因此，资产阶级所鼓吹的"私有财产神圣不可侵犯"实质上是对资本私有权的尊重与保护，是对劳动者所有权的否定。

其次，在资本主义私有制中，劳动者不占有任何劳动成果，毋宁说任何可以交换的商品，因此劳动也就无法体现任何对商品的自由意志。资本主义商品交换中的自由原则，实质上是资本私有者的自由，亦即资本家的自由。这种自由对于劳动者而言不啻为一纸空文。

---

[1] 《马克思恩格斯全集》第46卷（上册），第519页。
[2] 《马克思恩格斯全集》第23卷，第102页。
[3] 《马克思恩格斯文集》第8卷，第12页。

再次，在资本主义私有制中，由于劳动者不占有任何可交换的商品，等价交换对于劳动者来说也是镜中花、水中月。资本主义商品交换中所体现的平等只是商品所有者的平等，是资产阶级的平等。

最后，资本主义生产关系中最具迷惑性的一项内容，就是劳动或者是劳动力本身的买卖。资产阶级一再鼓吹，劳动者对自己劳动力的出卖最具平等、自由和等价的精神，也体现了劳动者对自己劳动的所有权。然后恰恰是劳动力的买卖，使劳动者不得不从属于资本，不得不从属于整个资产阶级。也正是这种从属关系，最终剥夺了劳动者对自己劳动力的所有权，剥夺了劳动者的自由，也剥夺了人与人之间的平等。它实现了资本的增殖，却使劳动者的价值贬值。① 从这个意义上讲，资本主义生产资料私有制不仅在道德上缺乏合理性，而且与整个人类社会发展的目标是相悖的。

这里又出现了另一个问题，从道德属性上来说，前资本主义时期的所有权关系在道德上要高于资本主义所有权，但是前资本主义时期的所有权因为其历史局限性已经被资本主义所有权取代，而资本主义所有权将走向何方呢？马克思认为，前资本主义所有权虽然比资本主义所有权高尚得多，但是它也一样是建立在私有制（尤其是土地私有）基础之上的，前资本主义所有权被资本主义所有权取代之后，资本主义所有权也将走向消亡，人类社会发展的最终目标是消灭私有制。在马克思看来，生产资料特别是土地，是人类的共同财产，任何人都无权占有，不论是前资本主义时期、资本主义社会还是未来社会，土地私有制都是"多余而且有害的"②。土地私有的实质就是"一些人垄断一定量的土地，把它作为排斥其他一切人的，只服从自己个人意志的领域"③。"从一个较高级的社会经济形态的角度来看，个别人对土地的私有权，和一个人对另一个人的私有权一样，是十分荒谬。甚至整个社会，一个民族，以至一切同时存在的社会加在一起，都不是土地的所有者。他们只是土地的占有者，土地的利用者，并且他们必须像好家长那样，把土地改良后传给后代。"④ 所以，任何以生产资料私有制特别是土地私有为基础的所有权关系，其合理性都只能是

---

① 参见胡贤鑫《〈资本论〉伦理思想研究》，第278页。
② 《马克思恩格斯全集》第25卷，第702页。
③ 《马克思恩格斯全集》第25卷，第695页。
④ 《马克思恩格斯全集》第25卷，第875页。

暂时的。人类社会发展的目标，或者称为人类解放的目标，是要消灭一切建立在生产资料私有制基础之上的所有权关系。只有在消灭了生产私有制之后，所有权（包括一般伦理学意义上的私有财产权）关系才能真正体现自由、平等、正义的道德精神。

第二节 在一定条件下保护私有财产权是马克思主义的基本观点

一 私有财产权不能等同于私有制

重新梳理马克思关于资本主义财产权利道德属性的理论之后，我们应当可以得出一个结论，而且是一个前提性的结论，即马克思所讨论的私有财产权是在资本主义生产资料私有制前提下的，以资本私有权为核心的私有财产权。这一私有财产权概念与我们在本书中讨论的、法律所要平等保护的私有财产权既有联系又有区别。社会主义和共产主义所要消灭的私有财产权是被生产资料私有制异化的权利，是需要放到所有制这个概念中去理解的。马克思主义的所有制理论是为人们所熟知的，但是所有制和所有权这两个概念的联系与区别，在我国现有学术语境中，并不十分清楚。甚至出现因为对私有制的反感，就转而对公民私有财产权也反感、轻视、不尊重、不保护。由于我国特有的社会历史背景，理解与区分所有制和所有权这两个概念，将对未来我国社会政治、经济的制度和政策选择的方向带来重大的影响。

所有制是哲学、历史学、经济学、政治学、社会学等学科的常用词语。在现代汉语语境中，经过长期的特定使用，所有制已经形成相对确定的含义：它是指对作为生产资料的物的占有、利用的各种主体形式的总称。它包括对生产资料的私人占有、利用，集体占有、利用，或国家占有、利用，或者社会共同占有、利用。所有制形式依据占有、利用生产资料的主体的不同而划分为个体所有制、集体所有制、国家所有制、社会所有制等。但是，任何一种所有制形式都不像它的概念在字面上所显示的那样仅仅表示一定的主体对生产资料的占有。任何一种所有制形式都表示在一种特定的主体对社会生产资料占有之条件下的由社会生产组织方式、社会生产的交换运作方式、社会生产成果的分配方式等内容综合的特定的社会生产方式。所以，马克思认为，对一种所有制形式加以解释和描述实际上就是要将一种特定的社会生产方式加以解释和描述。[1] 在马克思主义经典作家的论述中，所有制通常都是被作为生产关系的同义词来使用的。"如马克思在《道德化的批评和批评化的道德》一文中指出的，私有制不是一种简单的关系，也绝不是什么抽象概念或原理，而是资产阶级生产关系的总和（不是指从属的、已趋没落的，而正是指现存的资产阶级私有制）。还如马克思在《哲学的贫困》中指出的，在每个历史时代中所有权以各种不同的方式，在完全不同的社会关系下面发展着。因此，给资产阶级的所有权下定义不外是把资产阶级生产的全部社会关系描述一番。这里讲的所有权，指的就是所有制。在这里马克思无疑是把资产阶级私有制当作资产阶级生产关系来理解的。"[2]

私有财产权与所有制（私有制）的关系，从本质上来讲是上层建筑和经济基础的关系。私有财产权是随着私有制的产生而产生的，一定社会的私有财产权利制度的性质是由该社会占统治地位的所有制性质所决定的，私有财产权的内容也是由所有制的内容所决定的。但是，私有财产权与私有制属于两个不同的范畴，私有财产权绝不能等同于私有制。

首先，所有制是一个宏观概念，是一个对社会生产方式中生产关系进行抽象描述的结果，它所描述的内容是一定社会结构中社会生产的组织、交换、分配等方式的综合体现，其核心是对生产资料占有形式的定义。所有制无法通过具体的、微观的、个别的人与人之间的关系来体现和认知。

而私有财产权是一个微观概念，它描述的是财产的归属情况，直接体现了人与人之间的社会关系。私有财产权是内嵌在所有社会主体具体的交往行为中的，必须通过具体的、微观的、个别的人与人之间的关系来感知。

在任何社会形态中，所有制与所有权都是共存的，但两者所涵盖的内容不尽相同。所有制强调的是对生产资料的占有形式。不同所有制之间的根本区别在于对生产资料的占有方式的不同。但是就私有财产权而言，无论是什么所有制形式下，权利本身的表现方式与内容都是相同的。

其次，所有制和财产权利可以有多种的组合。同一种所有制中可以有

---

[1] 参见张恒山《论财产所有权的必要性及正当性依据来源》，《清华法治论衡（第二辑）》，清华大学出版社2002年版，第168页。

[2] 钱明星：《物权法原理》，第15页。

多种财产权利形态共存,如在社会主义公有制中,国营财产权利与国家持股的财产权利可以共存。同理,同一种财产权利制度也可以适用于不同的所有制形式,比如社会主义与资本主义经济体制下都可以存在股份制公司这种财产权利形式。财产权利制度是人类社会共有的文明属性,私有财产权不能等同于私有制。

二 我国法律现阶段平等保护私有财产权并未否定共产主义理想

私有财产权有其产生和存在的必然性,私有财产权作为一般伦理学意义的物权,确证了个体与具有普遍本质的权利体系之间的伦理关系,具有不可否认的道德正当性基础。马克思提出,共产主义的奋斗目标之一就是消灭资本主义生产资料私有制。资本主义生产资料私有制消灭之后,随着社会生产力的高度发达和产品的极大丰富,社会将进入"按需分配"的时代,私有财产权方才能够恢复其本来面目,真正地成为为了人类全面发展而存在的基本人权。

对于私有制的灭亡,马克思认为也是分阶段进行的。马克思认为共产主义对私有制的扬弃分三个阶段。第一个阶段是"粗陋的共产主义",是"对私有财产的最初的积极的扬弃",这种扬弃"不过是想把自己作为积极的共同体确定下来的私有财产的卑鄙性的一种表现形式","是私有财产关系的普遍化和完成"。在第二个阶段中,共产主义"还具有政治性质,是民主的或专制的";或者是"废除国家的,但同时是还未完成的,总还是处于私有财产即人的异化的影响下"。但是"这两种形式的共产主义都已经认识到自己是人向自身的还原或复归,是人的自我异化的扬弃;但是,因为它还没有理解私有财产的积极的本质,也还不了解需要所具有人本性,所以它还受私有财产的束缚和感染。它虽然已经理解私有财产这一概念,但是还不理解它的本质。"第三个阶段才是扬弃了私有制即扬弃了人的自我异化的真正的共产主义。"这种共产主义,作为完成了的自然主义,等于人道主义,而作为完成了的人道主义,等于自然主义,它是人和自然界之间、人和人之间矛盾的真正解决,是存在和本质、对象化和自我确证、自由和必然、个体和类之间的斗争的真正解决。"[①] 所以,在一定历史阶段中实行私有制并未否定共产主义理想。我国现阶段还处在社会

---

① 《1844年经济学哲学手稿》,第78页。

主义初级阶段，马克思当年设想的共产主义是从生产力高度发达的资本主义社会脱胎而来的，而我国则是因特殊的历史条件，跨越资本主义发展阶段直接进入社会主义社会的。现阶段我国的社会生产力还不发达，劳动仍然是人们谋生的主要手段。在现有历史条件下，完全消灭生产资料私有制是不明智的，而且也是无法实现的。如果要消灭私有财产权，更是一种历史的倒退。

中华人民共和国成立后，我国曾经实行过一切生产资料归公有的社会制度，并基本上消灭了人民的私有财产。但事实证明，这种经济模式扼杀了劳动积极性，阻碍经济发展，无法体现社会主义优越性。改革开放之后，我国实行了多种所有制形式协调发展的模式，多种生产方式互相补充、互相竞争，极大地促进了我国社会生产力的快速发展。这才是科学理解马克思主义理论的结果。因此，在一定条件下保护私有财产权是马克思主义的基本观点。在我国现阶段，无论是私有财产权还是公共财产权，只要是合理、合法的权利，都是神圣而不可侵犯的。以马克思主义的理论来质疑法律平等保护私有财产权，其本身就是对马克思主义的错误理解。

第八章 对《民法典》"物权编"征收规定的伦理考察*

征收是政府对公民私有财产权可能造成最大不利影响的行为之一。私有财产的政府征收应当涉及两个层面的问题。第一个法律层面的问题，即法律应当如何处理政府行为不利于公民私有财产权的情况。这主要是一个宪法问题，具体的应对和处理规则由《物权法》来完成。第二层面的问题是道德层面的问题，即一个社会在道德规范和伦理价值取向上应当如何应对政府不利于公民私有财产权的情况。道德层面的问题是根本性的问题，因为由道德所提供的任何抽象的解决途径和终极的价值取向会影响宪法、民法（主要是物权法律）以及其他法律规范的适用性。所以，对物权法律伦理层面的考察应当指导其对具体法律问题的适用，并且在必要的时候应当矫正某些既存的法律规定。

第一节 我国现有民事法律对征收制度的创新

对于私有财产权而言，平等保护的含义不仅仅是保护财产权人对抗第三人的侵害，更重要的是对抗国家公权力的侵害。长期以来，我国并不承认国家可能侵害公民的财产权利，似乎国家的一切行为都可以在公权力的旗帜下寻找到合法依据。但是，国家的任何行政行为都是通过具体的行政机关和行政官员做出的，行政决定和执法均有可能侵害相对人的财产权利。规范各类具体行政行为，避免可能存在的公权力侵犯私有财产权的情

---

* 本章的核心内容收录在拙作《公共利益的伦理判定与国家征收制度之正当性探析——以〈物权法〉第四十二条的法律解释为例》（方兴、田海平合著）中，发表于《南京社会科学》2008 年第 8 期；《纾解征收之痛——〈物权法〉关于征收的条款应当修订》（方兴独著）中，发表于《法制与社会》2010 年第 2 期。

况发生,就成为平等保护私有财产权的"应有之义"。为实现这一目的,规制具体政府行政行为的法律主要是行政法,而民法则是对具体原则和标准的调控,以界定政府行为合法性的最低边界。

随着社会的发展,私有财产权已经不再是一个绝对的、完全不能受到任何限制的权利,现代国家为了更好地实现社会正义,需要通过调整财产最终分配的方式增进全体公民福利,征收就是其中最常用的方式之一。征收制度,是公权力可以"侵害"私有财产权的"合法"途径,除此之外其他妨害、侵占私有财产的行为都是非法侵害,应当承担法律责任。因此,平等保护的原则不是明示地写在民法中就能够起到保护私有财产权的应有之用途的,而是必须通过对征收制度的规范确定地体现出来的。因此,完善征收制度是对公民私有财产权的最大保护。在这方面,相对于原《物权法》之前的法律,原《物权法》已经有长足的进步,新颁布的《民法典》在融合、修订原《物权法》的基础上,作出了更为详细的规定。

一 在民事法律上明确了征收的前提是"公共利益"

征收是法律赋予国家公权力唯一合法"剥夺"私有财产权的手段。征收本质上是强制"购买",不管私有财产权人是否愿意,必须放弃财产权利,因此有"剥夺"财产权的特征。征收之所以合法,是因为它是为了公共利益。公共利益与国家利益不是同一个范畴,公共利益指向的是大多数公民的共同福祉。因此在个人利益与公共利益冲突的时候,个人利益必须让位于公共利益,政府也就可以为了实施公共利益,而强制性要求个人放弃私有财产权。

我国《宪法》第十三条第三款明确规定:"国家为了公共利益的需要,可以依照法律规定对公民的私有财产实行征收或者征用并给予补偿。"然而由于在司法实践中面对具体案件时,法院不能直接援引《宪法》的条款裁判案件。从而使得在很长一段时期里,部分国家机关或者行政人员随意确定征收的具体民事法律标准,以征收为名,行侵害合法私有财产权之实。当被侵害人提起诉讼后,却因为无法引入《宪法》的规定而导致案件审理困难。因此,原《物权法》第四十二条明确规定:"为了公共利益的需要,依照法律规定的权限和程序可以征收集体所有的土地和单位、个人的房屋及其他不动产。"[①] 这是从基本民法层面对征收的前

---

① 现为《民法典》"物权编"之第二百四十三条。

提进行得首次明确。

二 确定了征收的合理补偿原则，对具体补偿措施也进行了改进

征收本身是一种平衡的安排：一方面赋予政府只有在为了公共利益时，才可实施强制"剥夺"私有财产权的行为，以约束政府滥用权利；另一方面由于私有财产权人所牺牲的只是放弃财产权，在价值上仍然得到充分的补偿。在私有财产权人放弃财产权时利益应当受到合法及合理的补偿。因此，原《物权法》进一步规定了符合"公共利益"的征收必须具有的基本条件——合理补偿。原《物权法》第四十二条第二款和第三款规定："征收集体所有的土地，应当依法足额支付土地补偿费、安置补助费、地上附着物和青苗的补偿费等费用，安排被征地农民的社会保障费用，保障被征地农民的生活，维护被征地农民的合法权益。""征收单位、个人的房屋及其他不动产，应当依法给予拆迁补偿，维护被征收人的合法权益；征收个人住宅的，还应当保障被征收人的居住条件。"《民法典》第二百四十三条第二款则将"农村居民住宅"也增加为被补偿的范围。

相较于物权法之前的法律，原《物权法》对某些既有法律法规中对征收规定的混乱与空白之处进行了弥补和调整，特别是对征收农民集体土地的一些具体规定，统一了补偿对象、标准等问题。在2007年原《物权法》颁布时是立法上的长足进步。

第一，在补偿标准中新增了被征地农民的社会保障费用

农村土地承包经营权具有生存保障功能，失地农民在土地被征收后无法获得足够的社会保障，其生存权将面临现实的威胁。但是在以往对土地征收补偿的相关法律规定中，缺乏对失地农民日后生活保障的足够关注。原《物权法》将"安排被征地农民的社会保障费用"规定为补偿范围，是加强了对失地农民日后生活的关注。

第二，明确土地承包经营权人也是受补偿主体

我国的土地实行两级所有，集体土地主要用于农业生产。同时我国又实行统分结合的农村家庭联产承包经营制，土地承包权对于农民而言具有生活保障的意义。而且现行法律并不禁止农村土地承包权以转让、出租、互易等方式进行流转。随着国家对农业生产税负的一再降低，有大量的投资主体开始投资农业生产，农村土地承包经营成了集体土地最主要的利用方式之一，土地承包经营权也成了一种私有财产权利。征收补偿是对原财

产权人财产所内含的经济利益的补偿，应当将包括土地承包经营权人在内的所有与被征收土地利益相关的人，都纳入受偿主体范围。

另外，根据我国2004年修订《土地管理法》第四十八条的规定，各地征地补偿安置方案要经市、县人民政府批准后组织实施，对补偿方案有异议或不能达成协议的，由政府部门处理。如果农民个人对补偿方案有异议，无法以个人名义向法院提起诉讼来寻求司法救济。因为按照我国《土地管理法》之规定，补偿安置方案是由农村集体经济组织与征收单位签订的，村民个人并不是补偿方案的一方当事人，不能行使这种诉权。这样就使得相关农村集体经济组织负责人与征收单位非法串通损害农民利益，而农民却投诉无门的事情时有发生。对此《物权法》将农村土地承包经营权规定为一种用益物权，将其物权化。原《物权法》第一百三十二条规定，承包地被征收的，土地承包经营权人有权依法获得相应补偿。① 这样在实体上既符合公平原则，又能在司法程序上明确诉讼主体身份问题，更能有效保护私有财产权。

第三，区分了征收与征用、拆迁的概念

（1）征收与征用

《民法典》"物权编"第二百四十八条规定："因抢险救灾、疫情防控等紧急需要，依照法律规定的权限和程序可以征用组织、个人的不动产或者动产。被征用的不动产或者动产使用后，应当返还被征用人。组织、个人的不动产或者动产被征用或者征用后毁损、灭失的，应当给予补偿。"征收与征用有很多相类似之处，甚至原《物权法》制定过程中，立法机关原本是准备将征收、征用在同一个条文中进行规定的。② 征收与征用都是国家基于公共利益的需要对公民私有财产权进行强制性剥夺。在现代社会里，征收与征用是国家公权力对公民私有财产权予以限制的主要形式之一。但这并不意味着征收与征用的概念是一致的。

征收，究其本质在于"收"，国家因为某个需要（原则上必须是公共利益的需要）而将私有财产收归国有。而征用则是国家强制性地使用公

---

① 现为《民法典》"物权编"之第二百三十八条。
② 如2005年6月26日至7月1日举行的十届全国人大常委会第十六次会议进行三审的《物权法草案》第四十九条规定："为了公共利益的需要，县级以上人民政府依照法律规定的权限和程序，可以征收、征用单位、个人的不动产或者动产，但应当按照国家规定给予补偿；没有国家规定的，应当给予合理补偿。"

民私有财产，原则上也是必须为了公共利益的需要，但其本质在于"用"。在原《物权法》出台之前，我国一直未对征收和征用的法律概念进行严格区分，实践中两者适用的条件和范围也比较模糊。2004年《宪法》修正案对征收、征用作出了明确区分的界定后，《物权法》也对这两个不同的规范进行了区分，这为在实践中正确适用法律提供了依据。从《物权法》的规定来看，征收与征用的区别主要在于三个方面。

在适用范围上，征收主要针对不动产，即土地和附着在土地上的房屋。征用则基本适用于所有有形财产。在适用前提上，征用一般是在遇到涉及国防以及重大公众安全事件等重大紧急状态时才发生。而征收并非必须在紧急状态中适用，征收的前提是为公共利益的需要，征收的程序比征用更为严格，但是也可能耗时更长，甚至最终因为某个原因而停止征收。

在法律后果上，征收是所有权永久移转的法定原因之一。如果仅是对所有权的权能作出限制，不能称为征收。征收是对财产的原始取得，而征用是在一定时期内获得财产的使用权。在紧急状态结束后，被征用财产应当返还给权利人。征收是不存在返还的问题的。

在补偿标准上，征用的补偿对象是使用行为对被征用财产造成的损害。而征收尽管不同于买卖，但征收补偿时必须考虑到被征收财产的现有市场价格。

（2）征收和拆迁

原《物权法》第四十二条第二款规定："征收单位、个人的房屋及其他不动产，应当依法给予拆迁补偿，维护被征收人的合法权益；征收个人住宅的，还应当保障被征收人的居住条件。"[①] 在该条中出现了一个被大量引用、一直是社会关注热点的名词——拆迁。拆迁的对象系房屋等建筑物，而房屋与土地事实上很难分割，因此拆迁制度与土地征用制度密不可分。在新中国拆迁制度发展的早期，二者之间没有根本区别，房屋是作为土地的附着物于征用时同时处理的。如国务院于1958年1月6日颁布施行的《国家建设征用土地办法》，对土地征用进行了全面的规定，为土地征用时涉及的房屋拆迁规定了更为合理明确的标准，其中第七条第三款就规定："遇有征用土地必须拆除房屋的情况，应当在保证原来住户有房屋

---

① 该条已为《民法典》第二百四十三条所修订，已经将"拆迁补偿"修改为"征收补偿"。

居住的原则下，给房屋所用人相当的房屋，或者按照公平的原则发给补偿费。"在《物权法》制定过程中，《物权法草案》也一度将拆迁作为与征收同质的制度进行规定。① 但是《物权法》最终将征收和拆迁进行了区分，再一次明确了现行征收制度的启动事由只能限定为公共利益的需要，并将政府及政府部门作为征收主体，从而排斥了民事主体因非公共利益需要启动征收程序的可能，从制度上解决了民事主体特别是房地产开发企业借助国家公权力实现其商业目的的问题，有效地分离了政府公共利益建设项目与企业非公共利益的开发项目。

原《物权法》将征收与拆迁分开，更有利于解决现实中存在的矛盾，因为征收的主体必须是政府，因此政府在作出征收决定后必须负责对被征收土地进行合理的价值补偿和拆迁补偿，这样就避免了在出现纠纷时无法确定责任主体，从而无法维护原财产权人合法权益的现象了。

第二节 公共利益及国家征收之正当性的伦理判定

《民法典》第二百四十三条规定："为了公共利益的需要，依照法律规定的权限和程序可以征收集体所有的土地和组织、个人的房屋以及其他不动产。"该条是对国家征收的一个原则性规定。对于该条规定，争议最大、最难以解决的首要问题就是法律是否有必要对公共利益作出明确界定或概括性规定。一种意见认为，为防止商业开发以公共利益的名义进行征收，损害广大群众的利益，法律应当对公共利益作出具体界定或概括性规定。另一种意见认为由于公共利益存在的多样性和复杂性，现行法律难以对公共利益作出概括性规定，虽有极少数国家对公共利益作出了规定，但很不科学。所以从立法技术上讲，是很难对公共利益作出概括性规定的。实际上，与其说是公共利益的多样性和复杂性导致其难以界定，还不如说是因为法律语言的局限性而导致了公共利益难以界定。语言的非精确性、模糊性是语言的固有属性之一。公共利益是过于抽象且主观性很强并随着

---

① 如2005年6月26日至7月1日举行的十届全国人大常委会第十六次会议进行三审的《物权法草案》第六十八条规定："国家保护私人的所有权。禁止以拆迁、征收等名义非法改变私人财产的权属关系。"

社会的发展其内涵和外延都会发生变化的概念。用有限的、模糊的、静止的语言是不能穷尽其表述的。

国家征收是一种公共政策的制度安排,具有深刻的伦理特质。制度是国家制定的用于约束和调节人们行为的强制性准则,伦理是一种依靠内心信念、传统习俗和社会舆论来调整人与自然、人与人及人与社会之间的关系并将个体与其公共本质进行联结的非强制性规范。伦理与制度虽然属于不同的范畴,但二者在本质上都是一种规范体系。从制度的起源与本质上看,制度其实就是一种底线伦理。因此,从伦理的层面拓展,公共利益作为国家征收这样一种制度安排的正当性标准,首先应当是一种伦理理念,是衡量一个制度是否具有正当性的价值判断。就如亚里士多德曾指出的:"种种政体都应以公民共同的利益为着眼点……仅仅着眼于统治者利益的政体就都是错误的政体或正确政体的蜕变。"[1] 因此,当法律又难于对公共利益作出明确界定的时候,我们首先也必须从道德上明确公共利益的内涵,并对征收制度进行制度伦理的探析。

一 公共利益的伦理内涵及其判定的伦理标准

伦理学的核心问题是道德的善。然而社会发展离不开利益问题。因为,在某种程度上,公共利益问题也一直是伦理学关注的对象。公共利益的概念源自西方,最早可以追溯到古希腊时期。古希腊的城邦文化造就了一种群体本位的政治观,古希腊人把公共利益看作一个社会存在所必需的一元的、抽象的价值,是全体社会成员的公共目标,是城邦追求的最高的善。亚里士多德就认为:"所有共同体都是为着某种善而建立起来的(因为人的一切行为都是为着他们认为的善)……所有共同体中最崇高、最有权威,并且包含了一切其他共同体的共同体,所追求的就一定是至善。"[2] 亚里士多德所说的"最高的善"就是公共利益。这种突显公共利益的做法对当时的城邦存在起了决定性作用,也在一定程度上促进了社会的延续和发展。

近代以后,确切地说是16世纪以后,公共利益开始取代"最高的善"而成为判断公共政策的伦理价值的关键词。洛克从自然权利的角度

---

[1] [古希腊]亚里士多德:《政治学》,颜一、秦典华译,第84页。
[2] [古希腊]亚里士多德:《政治学》,颜一、秦典华译,第1页。

出发,认为"一个人放弃自然赋予的自由并受制于公民社会约束的唯一途径,就是通过社会契约同其他人联合组成一个共同体"①。而政府的目的只能限定在保护社会成员的和平、安全和公共利益,最终是为了保护人们的自由和财产。卢梭在论述社会契约时指出,"唯有公意才能按照国家创制的目的,即公共幸福,来指导国家的各种力量;因为,如果说个别利益的对立使得社会的建立成为必要,那么,就正是这些个别利益的一致才使得社会的建立成为可能"②。"公意永远是公正的,而且永远以公共利益为依归"③。边沁认为,公共利益绝不是什么独立于个人利益的特殊利益,因此,一个社会的公共利益,就是这个社会中所有的人的个人利益之和,国家的目的就是最大程度地促进公共利益,实现社会"最大多数人的最大幸福"。庞德在对利益进行分类(即个人利益、公共利益和社会利益)的基础上指出,公共利益是指人们"在一个政治组织社会生活中并基于这一组织的地位而提出的各种要求、需要或愿望"④。博登海默并未明确界定公共利益的概念,而只是指出了一些基本的原则来明确其内容和范围,他认为,公共利益既不是个人欲望和要求的简单的总和,也不能简单地视为政府当局所做的政策决定,公共利益是实现公共福利的社会生活的基础和条件。公共利益"意味着在分配和行使个人权利时决不可以超越的外部界限"⑤。哈耶克则对公共利益的解释与众不同,他将公共利益称为普遍利益,"普遍利益,乃是由那些被我们认为是法律规则的目的的东西构成的,亦即整体的抽象秩序;这种抽象秩序的目的并不在于实现已知且特定的结果,而是作为一种有助益于人们追求各种个人目的的工具而存续下来"⑥。

以上对公共利益伦理内涵的诠释见仁见智,都存在着一些合理的因素,其中最重要的是它们都注意到了公共利益的伦理价值性特征,即公共利益从当初的公共团体的喜好善恶取舍,发展到近现代的规范国家制度和

---

① [英]洛克:《政府论》,刘晓根译,第100页。
② [法]卢梭:《社会契约论》,何兆武译,商务印书馆1963年版,第31页。
③ [法]卢梭:《社会契约论》,何兆武译,第35页。
④ [美]罗斯科·庞德:《通过法律的社会控制—法律的任务》,沈宗灵译,商务印书馆2010年版,第41页。
⑤ [美] E. 博登海默:《法理学:法律哲学与法律方法》,邓正来译,第325页。
⑥ [英]弗里德利希·冯·哈耶克:《法律、立法与自由》(第二、三卷),邓正来等译,中国大百科全书出版社2000年版,第2页。

社群、共同体等组织的行为目的与思想，都凝结着社会共同体的一致的观点和态度，也折射出一种公益价值的正当价值需求和评判。

《民法典》第二百四十三条规定公共利益是国家可以征收私有不动产的唯一前提。国家征收是以国家公权力消除既定私有财产权并重新配置资源的过程。在这个过程中，公共利益作为唯一前提，其直面的伦理问题就是如何平衡公共利益和个人利益的冲突。目前在我国，就公共利益本身而言，除了以上提到的其缺乏法律上的明确边界以外，最主要的问题在于公权力单方面垄断了公共利益的话语权，导致公共利益的真实属性被人为地掩盖。公共利益是以个人利益为出发点和终点的，没有个人利益的地方，也就不存在公共利益。但是自从维护公共利益成为一种特殊职业以后，即国家公权力出现后，公权力掌握者为了说明其特权的合法性，将本来源于个人利益、服务于个人利益的公共利益无限拔高，直到描述成为个人利益的源泉和目的。所以，许多人对于什么是公共利益，如何保障和实现公共利益，对于为实现公共利益做出牺牲的当事人如何补偿等问题，都错误地认为应由公权力机关说了算，使得对公共利益的滥用大行其道，最终导致个人利益对公共利益的不满，与公权力关系的紧张。在这种现实情况下，从伦理层面厘定公共利益价值判断的标准成为必然选择。我们对《民法典》中"公共利益"的判定应遵循基本的伦理价值标准，大体上如下几点是关键。

首先，公共利益的伦理价值指向是不特定多数人的共同利益。不特定多数人既不是某一类具有共同特征的人群，也不是某一特定区域范围内的群体。公共利益强调的是整体性和公众性。政府利用公权力损害某人利益而使另一人得利，绝不是公共利益的体现。

其次，公共利益应符合重大性原则。重大性原则是公共利益在质的方面的规定性，它指在公共理性视域中获得衡度且在公共生活的伦理价值排序中居重要位次的利益或事项。公共利益不能仅仅是某个范围内个人利益简单叠加的总和，而应当是在这个范围内对不特定多数人来说都是非常重大的事件。

再次，应当区分经济性公共利益和非经济性公共利益。非经济性公共利益即非营利的公共利益，对于非经济性公共利益，国家在进行征收时所体现的对于全社会的公共性要求和道义性要求是比较明显的。而经济性公共利益的公共性相对降低，其审查程序、补偿标准要严格得多。

最后，要开放公共利益认定的话语权。一般来说，公共利益的认定属于公共行政决策的范围，公共决策要体现基本公正的制度伦理原则，一般应当经过三个环节：征求意见、可行性论证和最终决定。最终决定应以前两项的结果为重要依据。开放公共利益认定的话语权，应让公众尽可能地参与公共利益的认定，甚至直接交付公众决定，其必要性由公共利益的伦理判定决定。

二 征收正当性的伦理判断

"正义是社会制度的首要价值，正像真理是思想体系的首要价值一样。"[①] 征收的正当性就是征收要符合绝大多数人的利益，保证正义、公平、公正。目前国内学术界对于国家征收制度以及公共利益的态度处于一个比较复杂的境地。我国是一个计划经济痕迹相对较重的国家，直到目前为止，很多涉及社会共同利益的问题都要由国家承担其责任。而且我国目前社会的城乡二元性特征仍然十分明显，在城市化过程中，征收制度还是具有特殊的重要性的。同时，由于我国是一个传统上"重实体，轻程序"的国家，在这一背景下，包括政府在内对公共利益本身的程序性内涵也缺乏足够的认识，对公共利益的范围界定比较注意形而上学的分析，因而内涵模糊，缺乏操作性，进入操作层面后，就给公权力掌握者太大的自由裁量余地。因此，在法律无法亦不可能对公共利益明确界定的前提下，对国家征收制度本身的正当性价值判断亦成为重中之重，主要目的是防止其被滥用。

（一）征收的必要性

在历史上包括当今各国的财产法律及政策，除了 1804 年《法国民法典》依据古典自然法理论对私有财产作出绝对不可剥夺和限制的规定外，绝大多数国家法律及学者都赞同对私有财产进行限制。特别是在 20 世纪 30 年代凯恩斯主义开始盛行后，国家对经济和社会的干预成为必要而经常的手段。征收就是对私有财产限制和干预的典型形式。公共利益作为征收的唯一前提，征收的必要性就成了首要的正当性标准。

现代社会分工越来越细致，人与人之间的依赖性更加明显。人们之间的依赖亦越来越不可能通过私人自治的领域予以解决，必须通过凌驾于个

---

① ［美］约翰·罗尔斯：《正义论》，何怀宏、何包钢、廖申白译，第 1 页。

人之上的国家进行。为公民提供最基本的社会待遇，提供必要的医疗救助，并根据个人的经济状况提供必需的经济补助，改善不特定多数人的生存环境，实现可持续发展，这些都是国家必须完成的社会公共事业。而国家从其本源上来说是没有自己的财产的，其原初财产的来源基于私人财产的让与。因此国家对公共事业的发展往往需要通过对私人财产的介入而完成。这时，征收的必要性就凸显其价值。

征收作为国家公权力的具体表现，以强制性为后盾，国家可以在违背被征收人意愿的情况下通过单方行为实现目的。如果被征收人拒绝配合，国家可以动用强制手段强迫被征收人搬迁。被征收人的意愿只有在部分环节中起到参考性的作用，如在土地征收前期反映意见，对补偿方案反映意见，参与订立补偿协议等，但均不能左右国家的征收行为。然而，带有强制性的征收权，并不表示国家可以对于任何公共事业的发展都可以行使。国家征收权的强制性只能在必要时方可动用。必要性原则又称最少侵害原则，是指公共政策不超越实现目的之必要程度，也即为达成目的面对多种可能选择的手段须尽可能采取影响最轻微的手段。具体而言，必要性原则可体现在如下几大方面。

征收范围以社会公共事业必须为限。征收对于被征收人而言，意味着一种牺牲，而非自由市场条件下的等价交换。因此，征收必须是为了解决贫困、疾病、愚昧、环境保护等影响社会进步、经济发展和人民生活的社会公共事业的必需为限。

如果通过其他方式能够实现征收目的，征收程序尽量不启动。当公共事业可以选择闲置土地或者没有建筑物的空地，不一定通过拆除现有建筑进行建设。在征收必要性原则运用较好的国家，公路弯道较多，其原因即在于公路建设时尽量选择没有建筑物的土地或国家自有土地，避免征收私人土地或房屋。同时，如果能够通过非征收方式如协议购买、置换取得被征收房屋，国家也可以不启动房屋征收程序。

（二）补偿的公平性

根据社会契约理论，国家对私人财产的征收是对私有财产权的一种限制，虽然它由于具有公共利益的前提而被假定为社会契约下的公众意思对财产权限制的同意，从而获得合法性基础，但是征收仍然是一种侵犯私有财产权的行为。因此国家就必须根据市场的规则同被征收人进行合意，并给予完全的补偿。波斯纳就认为，一个合乎道德的国家征收行为，其关键前提就是被征收人能够获得完全和公平的补偿。

征收必须要进行补偿，这是大部分国家都有的规定。然而补偿应以何为标准，各国规定不尽相同。1791年《法国人权宣言》规定对于征收要给予"公平而预先"的赔偿，德国1949年《基本法》规定了"公平补偿"原则，日本《宪法》规定了"正当补偿"的标准，美国《宪法修正案》第五条规定征用的补偿标准是"公正补偿"，一般理解为按市场平均价格补偿。我国法律对于征收的补偿标准一般设定为"合理补偿"。但是在"合理补偿"的前提下，"公平补偿"也必须被考虑，这样才更能体现征收制度的伦理价值标准。

公平原则是人们对利益分配合理性的认定，公平在于人们所应得到的东西应与其具有或支付的某种东西相适应，主要是地位与作用、权利与义务、行为与报偿相称。公平补偿要求征收补偿以被征收财产的市场价值为基础，评估原则应与市场经济的基本规律相吻合。公平补偿的另一个重要特征就是，补偿亦必须考虑被征收人的因素。对于某些弱势群体的被征收人而言，房屋或土地对其不仅具有财产属性，更有很强的生存属性。即使房屋窄小，市场价值不高，但对被征收人而言，有其历史形成的经营、就医，甚至子女上学便利。如果搬迁，则不可能复制旧有条件。如果该类被征收人选择货币补偿，则无房可住，如果选择产权置换，又因最低标准的置换房源价值也远超其被征收房屋市场价值，被征收人无力承担安置用房与被征收房屋之间的差价，仍然无房可选。因此，对于处于弱势群体的少数被征收人而言，不应仅以其房屋为价值基础实施补偿，而同时也应以被征收房屋赖以居住、生存的个人为基数实施安置，可以这样形象地说，对于被征收人而言，房屋征收以被征收房屋市场评估价格为补偿原则时，基于公平原则，仍应例外实施从"砖头"向"人头"的变化。

（三）程序的正义性

国家征收的实质是一种公共行政政策的实施，现代法治国家对行政权力公正行使的最低限度是行政正当原则，程序正义是保障现代行政正当原则的基本价值追求之一，主要体现为行政公开和行政参与原则，即在行政行为行使过程中公众都享有知情权和参与权，并实现行政行为的司法审查。

具体来说，当公共利益的主张引起对个人利益的限制与减损时，就必须存在一种程序系统来保证这种限制与减损的正当性与合法性。因此，实现征收程序的正义性应注重以下几方面问题。

1. 公共利益的代表主体合法性

公共利益的代表主体必须是合法存在的政府机构或其他社会组织，其所代表、代言的公共利益要在其法定权限之内，在内容上要具有必要性、正当性。

2. 事前与事中程序的设置

不动产征收对于被征收人而言属于影响其重大权益的事项，被征收人对于该征收项目是否符合公共利益标准的意见，在征收补偿方面的要求，都有必要设置事前程序以使其充分表达。同样，在实现公共利益的过程中出现对个人权益造成不利影响时，需要配置一种事中程序以保障当事人的基本权利，如要求听证的权利等。

3. 实现必要的司法审查

当个人权益受到基于公共利益理由的损害时，受损害人必须具有获得司法上救济的权利，对最终被确定为非公共利益的侵害，当事人还应拥有获得赔偿的权利。这里的司法审查应当特别注意一个问题，即公共利益的范围应当接受司法审查。行政机关根据公共利益这样不确定的概念所作出的决定，应当纳入司法审查的范围中来，由司法机关根据法律规定及一般伦理道德准则来衡量行政机关根据公共利益标准限制公民基本权利的行政行为是否合法、合理，这样能够更好地避免滥用公益概念，行侵害公民权利之实的行为发生，保证征收前提的正当性。

第三节 立法的探讨与建议——修订并完善《民法典》相关法律条文

征收补偿是指在征收过程中，相应政府机关依法给予被征收财产（主要指不动产）所有权人以及与被征收财产有法律上利害关系人一定补偿的行为。征收补偿是征收的核心问题。

原《物权法》颁布之前，我国适用的是一套城市房屋征收补偿制度，在这套制度体系中，政府作出征收决定后，被征收不动产的所有权仍然未转移。只有在被征收人签署了安置补偿协议，或者在达不成协议的情况下，有权机关作出拆迁裁决，且补偿机关履行了补偿安置义务后，被征收人才可以被课以强制搬迁的义务。质言之，在未获安置补偿之前，被征收人依法享有拒绝搬迁的权利。如国务院原《房屋征收与拆迁补偿条例》第十六条规定，在已有安置补偿协议或者拆迁裁决的情况下，如果征收人未对被征收人进行货币补偿或提供安置用房、周转用房，被征收人甚至可以在诉讼中拒绝强制拆迁。

然而，原《物权法》却适用了一种征收决定与征收补偿分处不同阶段的进路，导致征收决定与征收补偿的分离。原《物权法》第二十八条规定："因人民法院、仲裁委员会的法律文书或者人民政府的征收决定等，导致物权设立、变更、转让或者消灭的，自法律文书或者人民政府的征收决定等生效时发生效力。"该条现被《民法典》第二百二十九条修订，即"因人民法院、仲裁机构的法律文书或者人民政府的征收决定等，导致物权设立、变更、转让或者消灭的，自法律文书或者征收决定等生效时发生效力"。现行的征收补偿法律框架是政府先下达征收决定再对被征收人进行补偿。按照一般理解，政府征收决定向社会公布或者向相对人送达时生效，而依《民法典》第二百二十九条之规定，会在此时产生被征收不动产所有权的变化：被征收人消灭所有权，征收人取得所有权。补偿尚未完成时即消灭被征收人的所有权，会导致被征收人要承担不利的法律后果，被征收人都已经不能以所有权人身份与征收人主张补偿，遑论遭遇不当征收时的拒绝搬迁权了。

征收是对财产权利绝对神圣性的否定，它肯定了国家在符合法定条件时对私有财产权的合法限制，而补偿是对这种限制的制衡。在法治国家，征收条款与补偿条款被视为法律上的"唇齿条款"，也就是说无补偿即无征收。如果被征收人搬迁后，无法及时获得补偿或安置，将会危及被征收人的基本人权。只有对被征收人予以公正补偿，才能保障公民的私有财产权，维系征收权与私有财产权之间的平衡。补偿是与房屋征收密切相依的制度，也是房屋征收的前置与必备条件。我国2004年《宪法》第二十二条规定："国家为了公共利益的需要，可以依照法律规定对公民的私有财产实行征收或者征用并给予补偿。"《宪法》其实是强调了补偿之于征收的重要意义。因此，有必要对《民法典》第二百二十九条作出修改或补充规定，明确将征收补偿作为征收决定生效的条件，只有征收补偿确定或完成后，方产生所有权变动的法律效果。

参考文献

著作类

《1844年经济学哲学手稿》，人民出版社2018年版。
《马克思恩格斯全集》第23卷，人民出版社1972年版。
《马克思恩格斯全集》第25卷，人民出版社1974年版。
《马克思恩格斯全集》第31卷，人民出版社1998年版。
《马克思恩格斯全集》第46卷（上册），人民出版社1979年版。
《马克思恩格斯全集》第8卷，人民出版社2009年版。
《马克思恩格斯选集》第3卷，人民出版社1972年版。
曹刚：《法律的道德批判》，江西人民出版社2001年版。
陈弘毅：《法治、启蒙与现代法的精神》，中国政法大学出版社1998年版。
樊浩：《伦理精神的价值生态》，中国社会科学出版社2001年版。
高清海：《哲学的奥秘》，吉林人民出版社1997年版。
何勤华主编：《外国法学经典解读》，上海教育出版社2006年版。
胡戎恩：《走向财富——私有财产权的价值与立法》，法律出版社2006年版。
胡贤鑫：《〈资本论〉伦理思想研究》，湖北人民出版社2006年版。
梁慧星：《民法总论》，法律出版社1996年版。
罗国杰、马博宣、余进编著：《伦理学教程》，中国人民大学出版社1985年版。
罗能生：《产权的伦理维度》，人民出版社2004年版。
彭诚信：《主体性与私权制度研究——以财产、契约的历史考察为基础》，中国人民大学出版社2005年版。

钱明星：《物权法原理》，北京大学出版社 1994 年版。

时显群：《西方法理学研究》，人民出版社 2007 年版。

王利明、杨立新、姚辉：《人格权法》，法律出版社 1997 年版。

王泽鉴：《民法总则（增订版）》，中国政法大学出版社 2001 年版。

杨春福：《权利法哲学研究导论》，南京大学出版社 2000 年版。

张恒山：《论财产所有权的必要性及正当性依据来源》，《清华法治论衡（第二辑）》，清华大学出版社 2002 年版。

张宏生、谷春德主编：《西方法律思想史》，北京大学出版社 1990 年版。

张文显：《法哲学范畴研究（修订版）》，中国政法大学出版社 2001 年版。

周辅成编：《西方伦理学名著选辑》，商务印书馆 1987 年版。

［爱尔兰］约翰·莫里斯·凯利：《西方法律思想简史》，王笑红译，法律出版社 2010 年版。

［德］阿图尔·考夫曼、温弗里德·哈斯默尔主编：《当代法哲学和法律理论导论》，郑永流译，法律出版社 2002 年版。

［德］黑格尔：《法哲学原理》，范扬、张企泰译，商务印书馆 1961 年版。

［德］黑格尔：《美学》（第一卷），朱光潜译，商务印书馆 1979 年版。

［德］黑格尔：《小逻辑》，贺麟译，商务印书馆 1980 年版。

［德］康德：《道德形而上学原理》，苗力田译，上海人民出版社 1986 年版。

［德］马克斯·韦伯：《新教伦理与资本主义精神》，彭强、黄晓京译，陕西师范大学出版社 2002 年版。

［法］卢梭：《社会契约论》，何兆武译，商务印书馆 1963 年版。

［法］孟德斯鸠：《论法的精神》，申林编译，北京出版社 2007 年版。

［古希腊］亚里士多德：《尼各马科伦理学》，苗力田译，中国人民大学出版社 2003 年版。

［古希腊］亚里士多德：《政治学》，颜一、秦典华译，中国人民大学出版社 2003 年版。

［美］R. 科斯、A. 阿尔钦、D. 诺斯等：《财产权利与制度变迁——产权学派与新制度学派译文集》，刘守英等译，上海三联书店、上海人民出版社 1994 年版。

［美］理查德·A. 波斯纳：《道德和法律理论的疑问》，苏力译，中国政法大学出版社 2001 年版。

［美］波斯纳：《法理学问题》，苏力译，中国政法大学出版社 1994 年版。
［美］理查德·A. 波斯纳：《法律的经济分析》（上），蒋兆康译，中国大百科全书出版社 1997 年版。
［美］伯纳德·施瓦茨：《美国法律史》，王军等译，中国政法大学出版社 1997 年版。
［美］E. 博登海默：《法理学：法律哲学与法律方法》，邓正来译，中国政法大学出版社 2004 年版。
［美］罗纳德·德沃金：《认真对待权利》，信春鹰、吴玉章译，中国大百科全书出版社 1998 年版。
［美］罗纳德·德沃金：《至上的美德：平等的理论与实践》，冯克利译，江苏人民出版社 2007 年版。
［美］路易斯·亨金：《权利的时代》，信春鹰等译，知识出版社 1997 年版。
［美］罗伯特·考特、托马斯·尤伦：《法和经济学》，张军等译，上海三联书店、上海人民出版社 1994 年版。
［美］约翰·罗尔斯：《正义论》，何怀宏、何包钢、廖申白译，中国社会科学出版社 1988 年版。
［美］罗斯科·庞德：《通过法律的社会控制——法律的任务》，沈宗灵译，商务印书馆 2010 年版。
［美］斯蒂芬·芒泽：《财产理论》，彭诚信译，北京大学出版社 2006 年版。
［英］戴维·米勒、韦农·波格丹诺（英文版主编）：《布莱克维尔政治学百科全书》，邓正来（中译本主编），中国政法大学出版社 1992 年版。
［英］哈耶克：《法律、立法与自由》（第二、三卷），邓正来等译，中国大百科全书出版社 2000 年版。
［英］洛克：《政府论》，刘晓根译，北京出版社 2007 年版。
［英］A. J. M. 米尔恩：《人的权利与人的多样性——人权哲学》，夏勇、张志铭译，中国大百科全书出版社 1995 年版。
［英］亚当·斯密：《国富论》（上、下），郭大力、王亚南译，译林出版社 2011 年版。

期刊

曹刚：《从权利能力到道德能力》，《中国人民大学学报》2007 年第 2 期。

曹刚：《伦理学视阈中的〈物权法〉》，《道德与文明》2007年第4期。

樊浩：《耻感与道德体系》，《道德与文明》2007年第2期。

方兴：《纾解征收之痛——〈物权法〉关于征收的条款应当修订》，《法制与社会》2010年第2期。

方兴、田海平：《道德权利如何为正当的权利体系奠基》，《南京社会科学》2012年第2期。

方兴、田海平：《公共利益的伦理判定与国家征收制度之正当性探析——以〈物权法〉第四十二条的法律解释为例》，《南京社会科学》2008年第8期。

方兴、田海平：《〈物权法〉的道德性：从法律的功利判断到法律的价值判断》，《南京社会科学》2011年第2期。

甘绍平：《人权平等与社会公正》，《哲学动态》2008年第1期。

高国希：《人的发展的道德意蕴——马克思的贡献初论》，《上海师范大学学报》（哲学社会科学版）2007年第5期。

李锡鹤：《人为什么生而平等——论法律人格与自然人格》，《法学》1996年第4期。

罗能生：《保护私有财产权的伦理分析》，《湖南大学学报》（社会科学版）2004年第5期。

罗能生：《产权安排是社会道德的基础》，《伦理学研究》2005年第6期。

罗能生：《产权正义论》，《山东社会科学》2003年第2期。

罗能生：《公有制的伦理思考》，《湖南经济管理干部学院学报》2006年第1期。

彭柏林、赖换初：《道德起源的三个视角》，《哲学动态》2003年第11期。

王利明：《平等保护原则：中国物权法的鲜明特色》，《法学家》2007年第1期。

吴清旺、贺丹青：《物的概念与财产权立法构造》，《现代法学》2003年第6期。

尹田：《无财产即无人格——法国民法上广义财产理论的现代启示》，《法学家》2004年第2期。

俞田荣：《自然法·自然权利·自然的权利》，《浙江社会科学》2005年第1期。

詹世友、雷斌根:《对自由与平等的现代人伦的道德哲学阐释》,《江西师范大学学报》(哲学社会科学版) 2007 年第 1 期。

学位论文:

曹险峰:《人格、人格权与中国民法典》,博士学位论文,吉林大学,2005 年。

后　　记

　　我们有理由相信法律平等保护私有财产权不仅没有违宪，也没有否定共产主义的奋斗目标。更为重要的是，它是对人的内在价值的肯定与体现，是对人权的保护。在经历了《物权法》及《民法典》颁布的欣喜之后，我们应当更加清醒地认识到，这只是朝着正确的方向迈出的第一步，接下来尚有许多工作需要完成。在中国传统观念，以及中华人民共和国成立初期对私有财产权的漠视的影响下，都使我们没能将私有财产权作为一种人权来进行规定和保护。法律平等保护私有财产权，是在人权道德标准指导之下对私有财产权法律保护的一个开端，或者说，它所具有的象征意义仍然占有较大比重。对于转型期的中国社会，作为人权之私有财产权的平等保护必将有利于中国建立公平、公正的社会秩序。在观念上我们应当更加明确，私有财产权的核心价值在于它是人格独立的有力保障。它不仅仅是一种法律权利，还是一种道德权利，更是一种人权。在制度层面，我们应当以《宪法》和《民法典》为基准，在各项法律法规中落实对私有财产权的平等保护。以上种种，皆为建立作为人权之私有财产权平等保护体系的必要环节。在完善了种种对私有财产权的平等保护机制之后，人的内在价值才能够得到完全的实现，国家权力也将沿着更加正义的轨道运行。

方　兴
2023 年 3 月于南京